Джон Коулман

ДИПЛОМАТИЯ ПУТЕМ ЛЖИ
Рассказ о предательском поведении правительств Великобритании и США

OMNIA VERITAS®

Джон Колман

Джон Коулман - британский писатель и бывший сотрудник Секретной разведывательной службы. Коулман подготовил различные аналитические материалы о Римском клубе, Фонде Джорджио Чини, Forbes Global 2000, Межрелигиозном коллоквиуме мира, Тавистокском институте, Черном дворянстве и других организациях, близких к теме Нового мирового порядка.

ДИПЛОМАТИЯ ПУТЕМ ЛЖИ

РАССКАЗ О ПРЕДАТЕЛЬСКОМ ПОВЕДЕНИИ ПРАВИТЕЛЬСТВ ВЕЛИКОБРИТАНИИ И США

DIPLOMACY BY DECEPTION
An account of the treasonous conduct by the governments of Britain and the United States

Переведено с английского и опубликовано компанией
Omnia Veritas Limited

© Omnia Veritas Ltd - 2022

ⓄMNIAVERITAS.

www.omnia-veritas.com

ПРЕДИСЛОВИЕ

Я решил написать эту книгу, потому что многие люди, прочитавшие *"Иерархию заговорщиков"[1]* , просили меня привести конкретные примеры и конкретные случаи того, как Комитет осуществляет контроль в таких больших масштабах. Эта книга - способ ответить на эти просьбы.

После прочтения книги *"Дипломатия лжи"* практически не остается сомнений в том, что британское и американское правительства являются самыми коррумпированными в мире и что без их полного сотрудничества в осуществлении планов Комитета 300 этот наднациональный орган не смог бы реализовать свои планы по созданию единого мирового правительства, которое бывший президент Буш, один из самых способных его слуг, назвал "новым мировым порядком".

Я искренне надеюсь, что эта книга позволит лучше понять, как действуют тайные общества и как их приказы выполняются теми самыми людьми, которые должны служить национальным интересам и обеспечивать национальную безопасность своих стран и населения.

Доктор Джон Коулман

---

[1] См. *"Иерархия заговорщиков, история Комитета 300"*, Omnia Veritas Limited, www.omnia-veritas.com.

I. Угроза со стороны Организации Объединенных Наций

История создания Организации Объединенных Наций - это классический случай дипломатии путем обмана. Организация Объединенных Наций пришла на смену прекратившей свое существование Лиге Наций - первой попытке создания единого мирового правительства после Парижской мирной конференции, на которой был заключен Версальский договор.

Мирная конференция открылась в Версале, Франция, 18 января 1919 года, с 70 делегатами, представлявшими международных банкиров 27 "победивших" союзных держав. Фактом является то, что делегаты находились под руководством международных банкиров с момента их отбора и до возвращения в свои страны, и даже долгое время после этого.

Давайте проясним, что мирная конференция была направлена на то, чтобы обескровить Германию; она была направлена на получение огромных сумм денег для международных банкиров-бригадиров, которые уже пожинали непристойные прибыли в дополнение к ужасным потерям пятилетней войны (1914-1919). Только в Великобритании погибло 1 000 000 человек и более 2 000 000 было ранено. По оценкам военного историка Алана Бругара, международные банкиры получали прибыль в размере 10 000 долларов на каждом погибшем солдате. Жизнь дешева, когда речь идет о Комитете 300 илуминатов - ротшильд-варбургских банкиров, хозяев Федеральной резервной системы, которые финансировали обе стороны войны.

Стоит также вспомнить, что Г. Г. Уэллс и лорд Бертран Рассел предвидели эту ужасную войну, в которой без нужды погибли миллионы людей - цветы преимущественно христианских народов. Члены Комитета 300 планировали войну так, чтобы международные банкиры получили большую прибыль. Уэллс был известен как "пророк" Комитета 300. Это правда, что Уэллс просто обновил идеи Британской Ост-Индской компании (БОК), которые были реализованы Джереми Бентамом и Адамом Смитом, и это лишь два из тех разрушителей, которых использовал король Георг III, чтобы подорвать и разрушить экономическое будущее североамериканских колонистов, которые пытались спастись от экономических трудностей, вызванных захватом их страны венецианской кастой банкиров в конце 1700-х годов.

В статье, написанной Уэллсом и опубликованной в журнале *Banker* (копию которой я нашел в Британском музее в Лондоне), Уэллс описывает будущую роль Международного валютного фонда (МВФ) и банка банков, Банка международных расчетов (БМР). Когда мы, суверенные народы, поймем роль международных банков в разжигании войн и последующем финансировании обеих сторон, войны вполне могут уйти в прошлое. До тех пор войны будут оставаться любимым инструментом международных банков для увеличения своих доходов и избавления от нежелательного населения, как метко выразился Бертран Рассел.

В своей книге "*После демократии*" Уэллс утверждает, что после установления экономического порядка (социальной энергии) единого диктаторского мирового правительства будет навязан политический и социальный порядок. Именно на это были нацелены Парижские мирные переговоры, начавшиеся в 1919 году, основанные, в первую очередь, на меморандуме, подготовленном Королевским институтом международных отношений (RIIA).

RIIA разработала предложение из 23 пунктов и отправила

его Вудро Вильсону, который передал его Манделу Хуису (он же полковник Хаус), голландско-еврейскому контролеру Вильсона. Полковник Хаус немедленно отправился в Магнолию, свою частную резиденцию в Массачусетсе, где он сократил количество предложений до 14, создав тем самым основу для "14 пунктов", представленных на Парижской мирной конференции президентом Вильсоном в декабре 1918 года.

Прибытие Вильсона в Париж было встречено с безудержным энтузиазмом бедным и заблуждающимся населением, которое устало от войны и увидело в Вильсоне предвестника вечного мира. Вильсон облекал свои речи в правдивые формулировки, с новым духом идеализма, намереваясь при этом обеспечить контроль над миром со стороны международных банкиров через Лигу Наций.

Читатель не должен упускать из виду сходство между тем, как были представлены договор Лиги Наций и его преемник - Организация Объединенных Наций. Немецких делегатов не допускали к обсуждению до тех пор, пока условия не были готовы к представлению на конференции. Россия не была представлена, поскольку общественное мнение яростно выступало против большевизма. Премьер-министр Великобритании Ллойд Джордж и президент Вильсон прекрасно понимали, что большевистская революция вот-вот увенчается успехом, что приведет к ужасным последствиям для русского народа.

С самого начала Верховный совет Большой десятки (предтеча Совета Безопасности ООН) имел преимущество. Совет состоял из Вильсона, Лансинга, Ллойд Джорджа, Бальфура, Пишона, Орландо, Соннино (оба представляли черных знатных банкиров Венеции), Клемансо, Сайонджи и Макино.

25 января 1919 года повестка дня RIIA возобладала, и делегаты конференции единогласно приняли резолюцию о создании Лиги Наций. Был выбран комитет (члены которого фактически были назначены RIIA) для решения вопроса о

репарациях Германии. 15 февраля 1919 года Вильсон вернулся в США, а Ллойд Джордж - в Лондон. К марту, однако, оба мужчины вернулись в Париж, чтобы решить, как лучше обескровить Германию финансово, а Совет десяти, оказавшийся слишком большим, был сокращен до Совета четырех.

Британцы пригласили генерала Яна Кристиана Смэтса, ветерана англо-бурской войны, принять участие в обсуждении, чтобы придать ореол добросовестности этому прискорбному заговору. Сматс был предателем своего собственного народа. Будучи премьер-министром, он втянул Южную Африку в Первую мировую войну вопреки возражениям 78% своего народа, который считал, что у него нет никаких разногласий с Германией. Сматс входил в комитет, состоящий из Вильсона, Хауса, лорда Сесила, контролера британской королевской семьи (см. мою монографию *King Makers/King Breakers*[2]), Буржуа и Венизелоса.

Лига Наций была создана в январе 1920 года. Расположенная в Женеве, она состояла из Генерального секретаря, Совета (выбранного из пяти великих держав) и Генеральной Ассамблеи. Немецкий народ был продан, условия мира намного превышали те, которые были согласованы, когда Германию убеждали сложить оружие. Немецкая армия не была разбита на поле боя. Она потерпела поражение благодаря обманчивой дипломатии.

Международные банкиры оказались в большом выигрыше, в итоге лишив Германию всех ее основных активов и получив огромные выплаты в качестве "репараций". RIIA теперь считало, что у него "все схвачено", по выражению Уилсона. Но RIIA не учла большое количество сенаторов США, которые знали Конституцию США. Для сравнения, число сенаторов и конгрессменов, которые действительно знают Конституцию США, сегодня составляет всего около

---

[2] *Kingmakers and Kingbreakers*, NDT.

20 человек.

Например, сенатор Роберт Берд, явный ставленник Рокфеллера, недавно заявил, что договор является высшим законом страны. Очевидно, сенатор Берд не знает, что для того, чтобы договор был действительным, он должен быть заключен с суверенной страной, а Организация Объединенных Наций, как мы увидим, не имеет суверенитета. В любом случае, договор - это всего лишь закон, который не может отменить Конституцию США и не может быть поддержан, если он угрожает суверенитету и безопасности Соединенных Штатов.

Если сенатор Берд так считает, мы удивляемся, почему он голосовал за передачу Панамского канала. Когда Соединенные Штаты приобрели землю у Колумбии для строительства Панамского канала, эта земля стала суверенной территорией США. Поэтому уступка Панамского канала была неконституционной и незаконной, как мы увидим в главе, посвященной договору Картера-Торрихоса о Панамском канале.

Когда в марте 1920 года договор Лиги Наций был представлен на рассмотрение Сената США, 49 сенаторов поняли огромные последствия и отказались его ратифицировать. Было много дискуссий, по сравнению с тем, что было во время представления Устава ООН в Сенат в 1945 году. Несколько поправок к договору Общества были представлены RIIA. Они были приемлемы для президента Вильсона, но были отвергнуты Сенатом. 19 ноября 1920 года Сенат отклонил договор с оговорками и без них, проголосовав 49-35.

Затем международные банкиры попросили Вильсона наложить вето на совместную резолюцию Конгресса об окончании войны с Германией, чтобы они могли продолжать истребление немецкого народа в течение целого года. Лишь 18 апреля 1945 года Лига Наций была распущена, передав все свои активы (в основном деньги, отобранные у немецкого народа после Первой мировой войны, и непогашенные военные займы союзников США) Организации Объединенных Наций. Другими словами, Комитет 300 никогда не отказывался от своего проекта единого мирового правительства и ждал, пока не будет создана Организация Объединенных Наций, чтобы распустить дискредитировавшую себя Лигу Наций.

Деньги, которые Лига Наций передала Организации Объединенных Наций, по праву принадлежат суверенному народу Соединенных Штатов. Соединенные Штаты выделили миллиарды долларов так называемым союзникам, чтобы взять трофеи после того, как они сражались с Германией в 1914 году и рисковали проиграть битву...

В 1923 году американский наблюдатель был направлен на конференцию союзных держав в Лозанне для обсуждения вопросов возврата долга США в размере 10,4 миллиарда долларов и раздела между ними нефтедобывающих стран Ближнего Востока. Международные банкиры выступили против вмешательства США в Лозанне на основании инструкций, полученных из Chatham House, штаб-квартиры RIIA. Первое соглашение о погашении было заключено с Великобританией, которая должна была погасить военные кредиты в течение 62 лет по процентной ставке 3,3%.

В ноябре 1925 и апреле 1926 года США достигли соглашений с Италией и Францией о погашении их доли военных займов за тот же период. К маю 1930 года 17 стран, которым Соединенные Штаты ссудили деньги, подписали соглашения о погашении всех своих военных займов, почти 11 миллиардов долларов.

В ноябре 1932 года был избран первый открыто социалистический президент США Франклин Д. Рузвельт. Его приход в Белый дом начался с убийства президента Уильяма Маккинли, за которым последовало избрание "патриота" Тедди Рузвельта, чья миссия заключалась в том, чтобы открыть двери социализму, который должен был быть провозглашен Франклином Д. Рузвельтом. По указанию из Чатем-Хауса Рузвельт не терял времени, чтобы подтвердить невыполнение кредитных соглашений, подписанных союзниками. К 15 декабря 1932 года все страны, задолжавшие США миллиарды долларов за военные долги, объявили дефолт. Великобритания была крупнейшим должником и крупнейшим неплательщиком.

Большая часть этих денег, как и большая часть того, что было вымогано у Германии после Первой мировой войны, поступила в казну Лиги Наций и в конечном итоге на счет Организации Объединенных Наций. Таким образом, не только Америка без нужды жертвовала своими солдатами на полях сражений в Европе, но и страны, развязавшие Первую мировую войну, набили ее карман. Хуже того, на финансовый рынок США были выброшены бесполезные облигации военных репараций, что обошлось налогоплательщикам еще в миллиарды долларов.

Если мы что-то и узнали о Комитете 300, так это то, что они никогда не сдаются. Есть поговорка, что история повторяется; это, безусловно, верно в отношении намерения Комитета 300 навязать Соединенным Штатам единое мировое правительство. Г. Г. Уэллс в своей книге *"Форма грядущих вещей"*[3] описал эту организацию как "разновидность открытого заговора - культ мирового государства" (т. е. единого мирового правительства).

Всемирное государство (ВГ), говорит Уэллс, "должно стать единственным землевладельцем на земле". Все дороги должны вести к социализму". В своей книге *"После демократии"* Уэллс ясно дает понять, что после установления мирового экономического порядка (через Международный валютный фонд и Банк международных расчетов), политический и социальный порядок будет навязан тоталитарным образом. В главе о Тавистокском институте человеческих отношений будет рассказано о том, как "оперативные исследования" Тавистока стали движущей

---

[3] "Форма грядущих событий", NDT.

силой радикальных реформ в экономике и политике.

В случае с США план состоит не в том, чтобы свергнуть правительство США или его Конституцию, а в том, чтобы "сделать его незначительным". В основном это было достигнуто путем медленного и тщательного выполнения социалистического манифеста, написанного в 1920 году Фабианским обществом, который был основан на Коммунистическом манифесте 1848 года.

Разве это не делает Конституцию "неактуальной" именно то, что происходит? На самом деле, когда правительство США нарушает Конституцию почти ежедневно и безнаказанно, это делает Конституцию "неактуальной". Исполнительные приказы, такие как вступление в войну без официального объявления войны, как во время войны в Персидском заливе, способствовали тому, что Конституция стала совершенно "неактуальной". В Конституции нет абсолютно никакого положения об издании исполнительных приказов. Исполнительные приказы - это всего лишь прокламации, которые президент не имеет ни власти, ни полномочий издавать. Только король может издавать прокламации.

Вновь созданная Лига Наций была проведена через Сенат США в 1945 году под новым названием - Договор об Организации Объединенных Наций. У сенаторов было всего три дня, чтобы обсудить последствия договора, которые не могли быть полностью рассмотрены по крайней мере за 18 месяцев обсуждения. Если бы сенаторы полностью понимали, что они обсуждают, чего, за редким исключением, они не делали, они бы потребовали адекватного периода обсуждения. Дело в том, что Сенат не понял этот документ и поэтому не должен был голосовать по нему.

Если бы сенаторы, обсуждавшие договор ООН, правильно поняли документ, он, несомненно, был бы отвергнут. Помимо любых других соображений, документ был настолько плохо написан и, во многих случаях, настолько расплывчатым, вводящим в заблуждение и противоречивым, что его можно было бы отклонить только на этом основании.

Закон, по самому определению договора, должен быть четко написан и недвусмысленен. Договор ООН был далек от этого. В любом случае, Соединенные Штаты, связанные своей Конституцией, не могли ратифицировать договор ООН по следующим причинам:

(1) Наша Конституция основана на фундаменте суверенитета, без которого не может быть Конституции. Внешняя политика США основана на "праве наций" Ваттеля, которое ставит вопрос о суверенитете. Хотя в Конституции ничего не говорится о мировом правительстве и иностранных агентствах, когда в Конституции ничего не говорится о какой-либо власти, и она не является случайной по отношению к другой власти в Конституции, тогда это является запретом этой власти или ее запретом.

(2) Организация Объединенных Наций не является суверенным органом, у нее нет измеримой власти, ограниченной собственной территорией. Он находится на территории США, в Нью-Йорке, в здании, предоставленном Рокфеллерами. Согласно Конституции США, мы не можем заключить договор с несуверенным государством или органом. Соединенные Штаты не могли (и не могут) заключить договор с организацией или страной, не имеющей суверенитета. Соединенные Штаты могут заключить соглашение с несуверенным государством или агентством, но никогда не могут заключить договор с несуверенным агентством.

(3) Если Сенат попытается ратифицировать договор с органом, государством или страной без суверенитета, определенных границ, демографических показателей, денежной системы, свода законов или конституции, а именно с Организацией Объединенных Наций, это означает предательство клятвы защищать Конституцию, которую дали сенаторы. Это известно как государственная измена.

(4) Чтобы Соединенные Штаты стали членом Организации

Объединенных Наций, необходимо принять две поправки к Конституции. Первая поправка должна была бы признать существование всемирного органа. В своем нынешнем виде Конституция не может признать Организацию Объединенных Наций в качестве всемирного органа. Вторая поправка должна гласить, что Соединенные Штаты могут иметь договорные отношения с несуверенным мировым органом. Ни одна из этих поправок никогда не была предложена, не говоря уже о том, чтобы быть принятой Сенатом и ратифицированной всеми штатами.

Таким образом, "договор" ООН, который вызывает большие подозрения, никогда не имел силы закона в США. По состоянию на 1945 и 1993 годы, хотя президент имеет право голоса в иностранных делах, у него нет и никогда не было полномочий заключать соглашения - не говоря уже о договорах - с мировыми организациями. Это означает, что ни один мировой орган, особенно Организация Объединенных Наций, не имеет права развертывать вооруженные силы США или приказывать США действовать вне конституционных ограничений, установленных нашими отцами-основателями.

Сенатор Дэвид И. Уолш, один из немногих политиков, понимавших конституционную опасность, которую представлял собой серьезно несовершенный Устав ООН, сказал своим коллегам:

> "Единственные акты агрессии или нарушения мира, с которыми Хартия наверняка сможет справиться, это акты, совершенные малыми государствами, то есть государствами, наименее способными и наименее вероятными начать новый мировой конфликт. Даже в этих случаях, господин президент, расследование и превентивные действия могут быть произвольно парализованы любой из пяти крупных держав, которые являются постоянными членами Совета Безопасности...".

Таким образом, любое малое государство, пользующееся покровительством одной из великих держав или служащее для нее инструментом или марионеткой, находится в такой же безопасности от вмешательства, как и сама "большая пятерка". Давайте посмотрим правде в глаза: Устав дает нам инструмент для прекращения военных действий со стороны стран, которые не имеют возможности вести войну. Угроза крупномасштабного конфликта кроется не в ссорах между странами. Эти споры можно ограничить и смягчить.

"Угроза скорее заключается в том, что малые державы действуют в интересах большого соседа и провоцируются им на действия. Но в этом случае привилегия вето, которая делает большую державу неуязвимой для действий ООН, может сделать неуязвимой и маленькую страну-сателлит. Превентивный механизм работает безотказно до тех пор, пока не будет достигнута точка реальной опасности, точка, в которой возникает нация, достаточно сильная, чтобы спровоцировать мировую войну, и тогда ее можно остановить."

"На самом деле, мы можем предположить, что любая маленькая страна может поддаться искушению и искать покровительства великой державы. Только таким образом она может получить косвенную долю монополии на контроль, которой обладает "большая пятерка". Один из недостатков Хартии, господин президент, заключается в том, что ее карательные и принудительные рычаги могут быть применены только против действительно маленькой и независимой нации". (Ирак - прекрасный пример гнилости Устава ООН).

"Ценой своей независимости одна из этих наций могла бы освободиться от принудительной власти хартии, просто заключив соглашение с нацией, имеющей право вето...".

Сенатор Хирам В. Джонсон, один из немногих, кроме сенатора Уолша, кто видел Устав Организации Объединенных Наций, сказал

"В некоторых отношениях это довольно слабый

тростник. Он ничего не делает для того, чтобы остановить войну, начатую любой из пяти великих держав; он дает каждой стране полную свободу вступать в войну. Поэтому наша единственная надежда на сохранение мира во всем мире заключается в том, что ни одна из пяти великих наций не решит вступить в войну...".

Тот факт, что американский народ не имеет никакой защиты и никакого средства правовой защиты от военного потенциала ООН, подтвердила война в Персидском заливе, когда президент Буш пошел на бесчинства, попирая положения Конституции. Если бы президент Буш следовал надлежащим процедурам и добивался объявления войны, война в Персидском заливе никогда бы не состоялась, потому что ему было бы отказано. Миллионы иракцев и более 300 американских военнослужащих не погибли бы без необходимости.

Президент не является главнокомандующим нашими вооруженными силами до тех пор, пока Конгресс не объявит войну, и страна официально не будет находиться в состоянии войны. Если бы президент был главнокомандующим в любое время, он обладал бы теми же полномочиями, что и король, что прямо запрещено Конституцией. Перед войной в Персидском заливе CNN приняла ложную предпосылку о том, что Буш, как главнокомандующий нашими вооруженными силами, имеет право отправлять армию на войну. Эта опасная интерпретация была быстро подхвачена СМИ и теперь принимается как факт, хотя это не соответствует конституции.

Грубый обман американского народа заключается в том, что президент является главнокомандующим вооруженными силами в любое время. Члены Сената и Палаты представителей настолько плохо осведомлены о Конституции, что позволили президенту Джорджу Бушу избежать наказания за отправку почти 500 000 солдат в Персидский залив для ведения войны в интересах British

Petroleum и удовлетворения личной ненависти к Саддаму Хусейну. На данный момент Буш утратил доверительные отношения с американским народом, которые он должен был иметь. Президент Билл Клинтон недавно использовал эту ложную идею "главнокомандующего", чтобы попытаться заставить военных принять геев на службу, на что у него нет полномочий. Это не столько вопрос морали, сколько вопрос превышения президентом своих полномочий.

Трагическая правда о том, что американских военнослужащих и женщин отправляют воевать - как это было сделано Организацией Объединенных Наций в Корейской войне и войне в Персидском заливе - заключается в том, что погибшие в этих войнах не умирали за свою страну, потому что смерть за нашу страну под нашим флагом представляет собой акт суверенитета, который полностью отсутствовал в Корейской войне и войне в Персидском заливе. Поскольку ни Совет Безопасности, ни какой-либо другой совет ООН не обладает суверенитетом, флаг ООН не имеет смысла.

Ни одна резолюция Совета Безопасности ООН, прямо или косвенно затрагивающая Соединенные Штаты, не имеет никакой силы, поскольку эти резолюции принимаются органом, который сам не обладает суверенитетом. Конституция Соединенных Штатов выше любого так называемого мирового органа, и это включает, в частности, Организацию Объединенных Наций, Конституция Соединенных Штатов выше и превосходит любое соглашение или договор с любой нацией или группой наций, независимо от того, связана ли она с ООН или нет. Но Организация Объединенных Наций дает президенту США де-факто и де-юре неограниченные диктаторские полномочия, не предусмотренные Конституцией США.

То, что сделал президент Буш во время войны в Персидском заливе, обошло Конституцию, издав прокламацию (исполнительный приказ) непосредственно от имени Совета

Безопасности ООН. Палата представителей и Сенат, со своей стороны, не выполнили свой конституционный долг по предотвращению незаконного издания такого приказа. Они могли бы сделать это, отказавшись финансировать войну. Ни Палата представителей, ни Сенат не имели и не имеют права сегодня финансировать соглашение (или договор) с мировым органом, который ставит себя выше Конституции США, особенно когда этот мировой орган не имеет суверенитета, и особенно когда этот орган угрожает безопасности США.

Публичный закон[4] 85766, раздел 1602, гласит:

> "...Никакая часть средств, выделенных в этом или любом другом Законе, не должна быть использована для оплаты ... любому лицу, фирме или корпорации, или комбинации лиц, фирм или корпораций для проведения исследования или разработки плана, когда, как или при каких обстоятельствах правительство Соединенных Штатов должно уступить эту страну и ее народ любой иностранной державе".

Публичный закон 471, раздел 109, далее гласит:

> "Незаконно использовать средства на любой проект, который продвигает мировое правительство или гражданство в едином мире".

Как же Организация Объединенных Наций рассматривает это фундаментальное право? Войны в Корее, Вьетнаме и Персидском заливе также нарушили Конституцию США, поскольку они нарушили статью 1, раздел 8, пункт 11:

> "Конгресс имеет право объявлять войну".

Не говорится, что такое право есть у Госдепартамента, президента или ООН...

Организация Объединенных Наций хотела бы, чтобы мы обязали нашу страну вести войну на чужих территориях, но статья 1, раздел 10, пункт 1, гласит, что не должно быть

---

[4] Государственное право, NDT.

предусмотрено, чтобы Соединенные Штаты как государство участвовали в войне в чужих странах. Кроме того, статья 1, раздел 8, пункт 1, разрешает расходовать налоговые поступления только на следующие цели:

(1) "...выплачивать долги, обеспечивать общую оборону и общее благосостояние Соединенных Штатов".

В нем ничего не говорится о выплате взносов (дани) в ООН или любой другой мировой орган, и не дается никаких полномочий, чтобы разрешить это. Кроме того, существует запрет, содержащийся в статье 1, раздел 10, пункт 1, который гласит:

(2) "Ни один штат не должен без согласия Конгресса... содержать войска или военные суда в мирное время... или вступать в войну, за исключением случаев фактического вторжения или непосредственной опасности".

Поскольку со времен Второй мировой войны не было действительного конституционного объявления войны Конгрессом, Соединенные Штаты находятся в состоянии мира, и поэтому наши войска, размещенные в Саудовской Аравии или где-либо в регионе Персидского залива, Ботсване и Сомали, находятся там в нарушение Конституции и не должны финансироваться, а должны быть немедленно возвращены домой.

Актуальный вопрос для Соединенных Штатов должен звучать так: "Как ООН санкционировала применение силы против Ирака (т.е. объявила войну), когда у него нет суверенитета, и почему наши представители согласились на такую пародию и нарушение нашей Конституции, которую они поклялись защищать? "Кроме того, ООН не обладает суверенитетом, который необходим для заключения договора с США, согласно нашей собственной Конституции.

Что представляет собой суверенитет? Оно основано на достаточной территории, форме конституционной валюты, значительном населении, в четко очерченных и окончательно измеряемых границах. Организация Объединенных Наций совершенно не соответствует этим условиям, и что бы ни говорили наши политики, ООН никогда не может считаться суверенным органом в смысле определения суверенитета, данного в Конституции США. Из этого следует, что мы никогда не сможем заключить договор с ООН, ни сейчас, ни когда-либо. Ответ может быть таким: либо по незнанию Конституции, либо как слуги Комитета 300, сенаторы в 1945 году одобрили Устав ООН в нарушение своей клятвы защищать и отстаивать Конституцию США.

Организация Объединенных Наций - это бесцельная, бескорневая пиявка, паразит, питающийся своим американским хозяином. Если в этой стране находятся войска ООН, они должны быть немедленно высланы, поскольку их присутствие в нашей стране является осквернением нашей Конституции и не должно, по сути, допускаться теми, кто дал клятву соблюдать Конституцию. Организация Объединенных Наций является продолжением фабианской социалистической платформы, созданной в 1920 году, каждый элемент которой был реализован в точном соответствии с фабианским социалистическим проектом для Америки. Присутствие ООН в Камбодже, ее бездействие в Боснии и Герцеговине не нужно усиливать.

Некоторые законодатели увидели в соглашении ООН неладное. Одним из них был представитель Джесси Самнер из Иллинойса:

> "Господин президент, вы, конечно, знаете, что мирная программа нашего правительства - это не мир. Ее возглавляют все те же старые поджигатели войны, все еще выдающие себя за принцев мира, которые втянули нас в войну, утверждая при этом, что их целью было не втянуть нас в войну (очень точное описание дипломатии лжи). Подобно Ленд-лизу и другим законопроектам, которые вовлекали нас в войну, обещая при этом оградить нас от войны, эта мера (договор ООН) вовлечет нас во все будущие войны.

К представителю Самнеру присоединился другой знающий законодатель, представитель Лоуренс Х. Смит:

"Проголосовать за это предложение - значит дать согласие на мировой коммунизм. Иначе почему он пользуется полной поддержкой всех форм коммунизма в других странах? Эта мера (ООН) наносит удар в самое сердце Конституции. Он предусматривает, что полномочия по объявлению войны отбираются у Конгресса и передаются президенту. Это суть диктатуры и диктаторского контроля, за которым неизбежно должно следовать все остальное".

Смит также заявил:

"Президент наделен абсолютными полномочиями (которых Конституция США не дает), чтобы в любое время по своему усмотрению и под любым предлогом забирать наших сыновей и дочерей из их домов, чтобы сражаться и умирать в бою, не только на такой срок, какой он может выбрать, но и на такой срок, какой может выбрать большинство членов международной организации. Имейте в виду, что Соединенные Штаты будут в меньшинстве, так что политика в отношении продолжительности пребывания наших солдат в иностранных государствах во время любой будущей войны будет в большей степени делом иностранных государств, чем нашим собственным...".

Опасения Смита оказались верными, поскольку именно это и сделал президент Буш, когда забрал наших сыновей и дочерей из их домов и отправил их воевать в Персидском заливе под прикрытием Организации Объединенных Наций - всемирного органа, не имеющего суверенитета. Разница между договором (а именно такими должны были быть документы, принятые Сенатом в 1945 году) и соглашением заключается в том, что договор требует суверенитета, а соглашение - нет.

В 1945 году Сенат США обсуждал договор всего три дня - если это можно назвать обсуждением договоров. Как мы все знаем, договоры имеют тысячелетнюю историю, и Сенат не мог, да и не стал, изучать Устав ООН в полном объеме. Госдепартамент США направил своих самых ловких персонажей, чтобы оболгать и запутать сенаторов. Хорошим примером этого являются показания покойного Джона Фостера Даллеса, одного из 13 ведущих американских иллюминатов, члена Комитета 300 и единого мирового правительства по их призыву.

Даллесу и его команде, подобранной Комитетом 300, было поручено подмять под себя и полностью запутать Сенат, большинство членов которого были незнакомы с Конституцией, о чем достаточно ясно свидетельствуют записи Конгресса. Даллес был бесчестным человеком, который откровенно лгал и трусил, когда думал, что его могут уличить во лжи. Тщательно продуманный и вероломный спектакль.

Даллес пользовался поддержкой сенатора У. Лукас, агент банкиров, внедренный в Сенат. Вот что сказал сенатор Лукас от имени своих хозяев, банкиров с Уолл-стрит:

> "...Я очень сильно переживаю по этому поводу (Устав ООН), потому что сейчас настало время для сенаторов определить, что означает Устав. Мы не должны ждать год или полтора, когда условия станут другими (по сравнению с непосредственным послевоенным периодом). Я не хочу, чтобы сенатор отказался от своего решения раньше, чем через полтора года...".

Очевидно, что это молчаливое признание сенатора Лукаса подразумевало, что для надлежащего рассмотрения Устава ООН Сенату потребовалось бы не менее восемнадцати месяцев. Это было также признанием того, что если документы будут рассмотрены, то договор будет отклонен.

К чему эта неприличная поспешность? Если бы здравый смысл возобладал, если бы сенаторы сделали свою домашнюю работу, они бы увидели, что для надлежащего изучения представленного им устава и голосования по нему потребуется как минимум год, а возможно и два года. Если бы сенаторы 1945 года сделали это, тысячи военнослужащих были бы живы и сегодня, а не отдавали бы свои жизни за этот не суверенный орган под названием Организация Объединенных Наций.

Какой бы шокирующей ни казалась правда, суровая реальность такова, что война в Корее была антиконституционной войной, которая велась от имени не суверенного органа. Значит, наши храбрые солдаты погибли не за свою страну. То же самое можно сказать и о войне в Персидском заливе. Будет еще много "корейских войн"; война в Персидском заливе и Сомали являются повторением провала Сената США отклонить договор ООН в 1945 году. Из-за этого США участвовали во многих неконституционных войнах.

В своем фундаментальном труде по конституционному праву судья Томас М. Кули писал:

> "Сама Конституция никогда не отступает перед договором или законодательным актом. Он не меняется со временем и не прогибается, теоретически, под силу обстоятельств... Конгресс черпает свои полномочия на законотворчество из Конституции, которая является мерилом его власти. Конституция не накладывает никаких ограничений на эту власть, но на нее распространяются подразумеваемые ограничения, согласно которым ничто не может быть сделано на основании Конституции страны или лишить какой-либо департамент правительства или какой-либо из штатов их конституционных полномочий - Конгресс и Сенат, заключая договор, не могут придать сущность договору большую, чем они сами, или делегированные полномочия Сената и Палаты представителей. "

Профессор Герман фон Хойст в своем монументальном труде "*Конституционное право Соединенных Штатов*" писал

> "Что касается объема договорных полномочий, Конституция молчит (т.е. они зарезервированы - запрещены), но ясно, что они не могут быть

неограниченными. Эти полномочия существуют только в силу Конституции, и любой договор, противоречащий одному из положений Конституции, является неприемлемым и, согласно конституционному праву, ipso facto недействительным".

Договор ООН нарушает по меньшей мере дюжину положений Конституции, и поскольку "договор" не может отменить Конституцию, каждая из резолюций Совета Безопасности ООН не имеет юридической силы в отношении Соединенных Штатов. Это касается и нашего предполагаемого членства в этой паразитической организации. Соединенные Штаты никогда не были членом Организации Объединенных Наций, не являются им сегодня и никогда не смогут им стать, если мы, народ, не согласимся на то, чтобы Сенат внес поправки в Конституцию и ратифицировал ее всеми штатами, чтобы разрешить членство в Организации Объединенных Наций.

Существует большое количество случаев, когда судебная практика подтверждает это утверждение. Поскольку здесь невозможно привести их все, я упомяну три дела, где этот принцип был установлен: "Чероки Тобакко против Соединенных Штатов", "Уитни против Робертсона" и "Годфри против Риггса" (133 U.S., 256).

Резюмируя нашу позицию по вопросу членства в ООН, можно сказать, что мы, суверенный народ Соединенных Штатов, не обязаны подчиняться резолюциям ООН, поскольку принятие Сенатом Устава ООН, который призван привести Конституцию в соответствие с законодательством ООН, противоречит положениям Конституции и поэтому ipso facto является недействительным.

В 1945 году сенаторов обманули, заставив поверить, что договор имеет полномочия, превышающие Конституцию. Очевидно, что сенаторы не читали, что хотел сказать Томас Джефферсон;

"Считать полномочия по заключению договоров неограниченными - значит превратить Конституцию в чистый лист бумаги по конструкции. "

Если бы сенаторы 1945 года потрудились прочитать обширную информацию о заключении договоров и соглашений, содержащуюся в протоколе Конгресса, они не действовали бы по незнанию, одобряя Устав ООН.

Организация Объединенных Наций фактически является органом единого мирового правительства, созданным с целью сокрушения Конституции США - что, несомненно, является намерением ее первоначальных авторов, фабианистов Сиднея и Беатрис Вебб, доктора Льва Посвольского и Леонарда Вульфа. Хороший источник подтверждения вышесказанному можно найти в книге *"Fabian Freeway, High Road to Socialism in the U.S."* Роуз Мартин.

Основы социалистического заговора по подрыву Соединенных Штатов можно найти в таких газетах, как *New Statesman* и *New Republic*. Обе эти работы были опубликованы примерно в 1915 году, и их копии находились в Британском музее в Лондоне, когда я там учился. В 1916 году *Брентанос* из Нью-Йорка опубликовал тот же материал под названием "Международное правительство", сопровождаемый похвалой американских социалистов всех мастей.

Действительно ли Устав ООН был написан предателями Алджером Хиссом, Молотовым и Посвольским? Доказательств обратного предостаточно, но в основном все произошло так: RIIA взяла фабианский социалистический документ Беатрис Уэбб и отправила его президенту Вильсону, чтобы его положения были включены в законодательство США. Документ не был прочитан президентом Вильсоном, но был передан полковнику Хаусу для немедленного принятия мер. Вильсон, да и все президенты после него, всегда действовали с готовностью, когда к ним обращались наши британские хозяева в Чатем-Хаусе. Полковник Хаус удалился в свою летнюю резиденцию "Магнолия" в Массачусетсе 13 и 14 июля 1918 года при содействии и помощи профессора Дэвида Х. Миллера из Следственной группы. Миллер, сотрудник Гарвардского института исследований, разработал предложения Великобритании по созданию единого мирового правительственного органа.

Хаус вернулся в Вашингтон с предложением из 23 статей, которые британский МИД принял в качестве основы для Лиги Наций. Это было не что иное, как попытка подрыва американской Конституции. Проект "Дома" был направлен на утверждение британскому правительству, а затем сокращен до 14 статей.

Это привело к появлению "14 пунктов" Вильсона (на самом деле не Вильсона, а британского правительства при поддержке социалиста Уолтера Липпмана), которые затем легли в основу документа, представленного на Парижской мирной конференции. (Говоря о подрывных тайных обществах, следует отметить, что слово "мир" используется строго в коммунистическо-социалистическом смысле).

Если бы сенаторы сделали домашнее задание в 1945 году, они бы быстро обнаружили, что договор ООН был не более чем подогретой версией социалистического документа, разработанного британскими фабианцами и поддержанного их американскими кузенами. Это вызвало бы тревогу. Если бы сенаторы узнали, кем на самом деле были коварные составители Лиги Наций, они бы, конечно, без колебаний отвергли этот документ.

Очевидно, что сенаторы не знали, на что смотрели, судя по высказыванию сенатора Гарольда А. Бертона: "Сенаторы не знали, на что они смотрели. Бертон:

"У нас снова есть возможность восстановить и создать не Лигу Наций, а нынешний Устав Организации Объединенных Наций, хотя 80% его положений (в Уставе Организации Объединенных Наций) по существу те же, что и в Уставе Лиги Наций 1919 года...".

Если бы сенаторы прочитали *отчет Конгресса* о Лиге

Наций, в частности, страницы 8175-8191, они бы нашли подтверждение утверждению сенатора Бертона о том, что Устав ООН был ничем иным, как переработанным Уставом Лиги Наций. Их подозрения должна была вызвать Лига Наций, передающая свои активы предложенной Организации Объединенных Наций. Они также заметили бы, что задача по реорганизации современной версии Лиги Наций выполнялась группой беспутных людей, не заинтересованных в благополучии Соединенных Штатов: Алгером Хиссом, чьим наставником был разрушитель Конституции, Феликсом Франкфуртером, Львом Посвольским, а за ними стояли международные банкиры в лице Ротшильдов, Варбургов и Рокфеллеров.

Бывший конгрессмен Джон Рарик очень хорошо выразился, когда назвал Организацию Объединенных Наций "созданием невидимого правительства". Если бы сенаторы только взглянули на историю возрожденной Лиги Наций, они бы обнаружили, что она была воскрешена в Чатем-Хаусе и что в 1941 году она была направлена с инструкциями от RIIA Корделлу Халлу, государственному секретарю (выбранному Советом по международным отношениям, как и все государственные секретари с 1919 года), который приказал активизировать ее.

Время было выбрано идеально - через 14 дней после Перл-Харбора, когда наши британские хозяева посчитали, что это не привлечет особого внимания общественности, и в любом случае, после ужаса Перл-Харбора общественное мнение будет благоприятным. Поэтому 22 декабря 1941 года по просьбе международных банкиров из Комитета 300 Корделла Халла попросили проинформировать президента Рузвельта о его роли в представлении "новой и улучшенной" версии Лиги Наций.

Родственная RIIA организация, Совет по международным отношениям (CFR), рекомендовала Рузвельту немедленно отдать приказ о создании президентского консультативного комитета по послевоенной внешней политике. Вот как CFR рекомендует действовать:

> "Что Устав Организации Объединенных Наций станет высшим законом страны, и что судьи каждого государства будут связаны им, несмотря на любое положение об обратном в конституции любого государства".

В 1945 году, если бы сенаторы потрудились посмотреть, они обнаружили бы, что директива CFR равнозначна государственной измене, которую они не могли одобрить, не нарушив клятву соблюдать Конституцию. Они бы узнали, что в 1905 году группа международных банкиров считала, что они могут подменить Конституцию, используя в качестве инструмента всемирный орган, и что директива CFR была просто частью этого продолжающегося процесса.

Договор не может быть юридически выше Конституции, однако договор ООН все же имеет приоритет над Конституцией. Конституция или ее часть не может быть просто отменена Конгрессом, но договор может быть аннулирован или списан. Согласно Конституции, договор - это всего лишь закон, который может быть отменен Конгрессом двумя способами:

(1) Принять закон, который отменит договор.

(2) Прекратить финансирование договора.

Чтобы предотвратить подобные злоупотребления властью, мы, суверенный народ, должны потребовать от нашего правительства прекратить финансирование Организации Объединенных Наций, которое чаще всего выражается в виде "взносов". Конгресс должен принимать разрешительное законодательство для финансирования всех обязательств США, но совершенно очевидно, что принятие Конгрессом разрешительного законодательства для финансирования незаконных целей, таких как наше так называемое членство в Организации Объединенных Наций, которая поставила себя выше Конституции, является незаконным. Если бы сенаторы 1945 года провели надлежащее исследование и не позволили Даллесу обмануть, солгать, скрыть, обмануть и ввести их в заблуждение, они бы обнаружили следующий обмен мнениями между сенатором Генри М. Теллером и сенатором Джеймсом Б. Аллен и воспользовался этим. Вот красноречивый обмен мнениями между двумя сенаторами:

Сенатор Теллер: "Не может быть договора, который свяжет правительство Соединенных Штатов в отношении сбора доходов.

Сенатор Аллен: "Очень хорошо. Это, по своей природе, является вполне национальным и не может быть предметом договора".

Сенатор Теллер: "Это не потому, что это внутренний вопрос; это потому, что Конституция передала этот вопрос исключительно в руки Конгресса".

Сенатор Аллен: "Нет, господин президент, не обязательно, потому что сбор доходов - это чисто национальный вопрос. Это основа жизни нации, и она должна осуществляться только правительством, без согласия или участия какой-либо иностранной державы (или мирового органа)...".

Договор не является высшим законом страны. Это всего лишь закон, и даже не очень безопасный. Любой договор, который ставит под угрозу Конституцию, ipso facto немедленно становится недействительным. Более того, договор может быть нарушен. Это хорошо установлено в работе Ваттеля "Droit des gens", страница 194:

> "В 1506 году Генеральное собрание французского королевства в Торесе обязало Людовика XII разорвать договор, заключенный им с императором Максимилианом и эрцгерцогом Филиппом, его сыном, поскольку этот договор был губителен для королевства. Они также решили, что ни договор, ни сопровождающая его клятва не могут связывать королевство, которое не имело права отчуждать собственность короны".

Безусловно, договор ООН разрушителен для национальной

безопасности и благосостояния Соединенных Штатов. Поскольку поправка к конституции, необходимая для того, чтобы Соединенные Штаты были членом Организации Объединенных Наций, не была принята и одобрена всеми 50 штатами, мы не являемся членом Организации Объединенных Наций. Такая поправка подчинила бы себе право Конгресса на объявление войны и передала бы объявление войны в руки Организации Объединенных Наций на уровне выше Конституции, поставив вооруженные силы США под контроль и командование Организации Объединенных Наций.

Более того, чтобы включить объявление войны ООН и США в один и тот же документ или даже ассоциировать его с ним, прямо или косвенно, потребовалась бы поправка к Конституции. Только по этому пункту Организация Объединенных Наций угрожает безопасности Конституции, и поэтому, только по этому пункту, наше членство в Организации Объединенных Наций определенно недействительно и не должно быть разрешено. Сенатор Лангер, один из двух сенаторов, голосовавших против Устава ООН, в июле 1945 года предупредил своих коллег, что договор чреват опасностью для Америки.

Покойный представитель США Ларри Макдональд полностью разоблачил массовое подстрекательство и предательство договора ООН, о чем сообщил в Записи Конгресса, Продолжение замечаний, 27 января 1982 года, под названием "Вытащите нас":

> "Организация Объединенных Наций в течение последних трех с половиной десятилетий участвует в гигантском беспрепятственном заговоре, в основном за счет американских налогоплательщиков, с целью порабощения нашей республики в мировое правительство, в котором доминирует Советский Союз и его Третий мир. Пресытившись этим вольным заговором, все больше и больше ответственных государственных служащих и вдумчивых граждан готовы уйти в отставку...".

Макдональд был прав, но в последние пару лет мы стали свидетелями заметных изменений в том, как ООН управляется Великобританией и Соединенными Штатами, и мы вернемся к этому в свое время. При президенте Буше было явное желание остаться в ООН, поскольку это соответствовало его стилю политики, а также его королевским устремлениям.

В 1945 году, устав от войны, сенаторы решили, что Организация Объединенных Наций станет способом прекращения войн. Они не знали, что цель создания Организации Объединенных Наций была совершенно противоположной. Сегодня мы знаем, что только пять сенаторов действительно прочитали хартию, составленную Алджером Хиссом, прежде чем проголосовать за договор.

Цель Организации Объединенных Наций, а точнее, цель людей, стоящих за Организацией Объединенных Наций, - это не мир, даже в коммунистическом понимании этого слова.

На самом деле это мировая революция, свержение хорошего правительства и порядка, а также разрушение установленной религии. Социализм и коммунизм не обязательно являются самоцелью, они лишь средство достижения цели. Экономический хаос, который сейчас творится против Соединенных Штатов, является гораздо более мощным средством для достижения этой цели.

Мировая революция, составной частью которой является Организация Объединенных Наций, - это совсем другое дело; ее цель - полностью ниспровергнуть моральные и духовные ценности, которыми западные страны пользовались на протяжении веков. Как часть этой цели, христианское лидерство должно быть обязательно уничтожено, и это уже в значительной степени достигнуто путем размещения ложных лидеров в местах, где они имеют значительное влияние. Билли Грэм и Роберт С. Шулер - два хороших примера так называемых христианских лидеров, которые таковыми не являются. Большая часть этой революционной программы была подтверждена Франклином Д. Рузвельтом в его книге "*Наш путь*".

Если читать между строк изменнического и подстрекательского Устава ООН, то можно обнаружить, что многие из целей, описанных в предыдущих абзацах, подразумеваются, а в некоторых случаях даже явно выражены в этом пагубном "договоре", который, если мы, народ, не отменим его, растопчет нашу Конституцию и сделает нас рабами самой жестокой и репрессивной диктатуры под управлением единого мирового правительства.

Короче говоря, цели глобальной духовно-нравственной революции, которая сейчас бушует - и нигде более, чем в Соединенных Штатах, - следующие:

(1) Разрушение западной цивилизации.

(2) Роспуск законного правительства

(3) Разрушение национализма, а вместе с ним и идеала патриотизма.

(4) Привести народ Соединенных Штатов к дефициту с помощью прогрессивных подоходных налогов, налогов на имущество, налогов на недвижимость, налогов с продаж и так далее, ad nauseam.

(5) Отмена божественного права на частную собственность путем выведения имущества из-под налогообложения и все большего налогообложения наследства. (Президент Клинтон уже сделал гигантский шаг в этом направлении).

(6) Разрушение семейной ячейки через "свободную любовь", аборты, лесбиянство и гомосексуализм. (Опять же, президент Клинтон твердо встал на сторону этих революционных целей, уничтожив любые затянувшиеся сомнения относительно его позиции по отношению к силам мировой революции).

В Комитете 300 работает большое количество экспертов, которые хотели бы заставить нас поверить, что серьезно опасные и часто разрушительные изменения происходят из-за "меняющихся времен", как будто их направление может измениться без навязывания какой-то силы. Комитет имеет большое количество "учителей" и "лидеров", чья единственная работа в жизни заключается в том, чтобы обмануть как можно больше людей, заставив их поверить в то, что крупные изменения "просто происходят" и поэтому, конечно же, должны быть приняты.

Для этого эти "лидеры", идущие в авангарде реализации "социальных программ" Коммунистического манифеста, умело используют методы Тавистокского института человеческих отношений, такие как "внутреннее направленное обуславливание" и "исследование операций", чтобы заставить нас принять изменения, как если бы они были нашими собственными идеями.

Критическое изучение Устава ООН показывает, что он лишь незначительно отличается от Коммунистического манифеста 1848 года, несокращенная и неизмененная копия которого хранится в Британском музее в Лондоне. Он содержит отрывок из манифеста, якобы написанного Карлом Марксом (евреем Мордехаем Леви) и Фридрихом Энгельсом, но на самом деле написанного членами Иллюминатов, которые и сегодня очень активны через своих 13 ведущих членов совета в США.

В 1945 году ничего из этой жизненно важной информации не было замечено сенаторами, которые поспешили подписать этот опасный документ. Если бы наши законодатели знали Конституцию, если бы наш Верховный суд соблюдал ее, тогда мы смогли бы повторить слова покойного сенатора Сэма Эрвина, великого конституционного ученого, которым так восхищались либералы из-за его работы по Уотергейту: "Мы ни за что не вступим в ООН", и заставить наших законодателей признать тот факт, что Конституция США имеет верховенство над любым договором.

Организация Объединенных Наций - это орган войны. Он

стремится передать власть в руки исполнительной власти, а не законодательной. Возьмем в качестве примера Корейскую войну и войну в Персидском заливе. В войне в Персидском заливе Организация Объединенных Наций, а не Сенат и Палата представителей, дала президенту Бушу полномочия на войну с Ираком, что позволило ему использовать предусмотренное Конституцией объявление войны в обход ее. Президент Гарри Трумэн использовал те же несанкционированные полномочия для начала войны в Корее.

Если мы, суверенный народ, будем продолжать верить, что Соединенные Штаты являются законным членом Организации Объединенных Наций, мы должны быть готовы к дальнейшим незаконным действиям наших президентов, как мы видели во время вторжения в Панаму и войны в Персидском заливе. Действуя под прикрытием резолюций Совета Безопасности, президент США может взять на себя полномочия короля или диктатора. Такие полномочия прямо запрещены Конституцией.

В силу полномочий, предоставленных ему резолюциями Совета Безопасности ООН, президент сможет втянуть нас в любые будущие войны, которые он решит, что мы должны вести. Основа этого метода саботажа конституционно установленных процедур объявления войны была опробована и реализована в дни, предшествовавшие войне в Персидском заливе, которая, несомненно, будет использоваться вечно в качестве прецедента для будущих необъявленных войн, как часть стратегии ведения войн. Войны приводят к глубоким изменениям, которых невозможно достичь дипломатическим путем.

Чтобы быть абсолютно ясным в отношении процедур, изложенных в Конституции, которые должны быть соблюдены ДО того, как Соединенные Штаты могут быть вовлечены в войну, давайте рассмотрим их:

(1) Сенат и Палата представителей должны принять отдельные резолюции, объявляющие, что между

Соединенными Штатами и другим государством существует состояние войны. В этой связи мы должны изучить слово "воюющая сторона", поскольку без "воюющей стороны" не может быть намерения начать войну...

(2) Затем Палата представителей и Сенат должны отдельно и по отдельности принять резолюции, объявляющие, что между воюющими сторонами, одной или несколькими нациями и Соединенными Штатами, существует состояние войны. Таким образом, Америка официально предупреждена о том, что она собирается вступить в войну.

(3) Затем Палата представителей и Сенат должны принять отдельные резолюции, информирующие военных о том, что Соединенные Штаты находятся в состоянии войны с воюющей страной или странами.

(4) Затем Палата представителей и Сенат должны решить, какой должна быть война - "несовершенной" или "совершенной". Несовершенная война означает, что в ней может участвовать только одна ветвь вооруженных сил, в то время как совершенная война означает, что каждый мужчина, женщина и ребенок Соединенных Штатов находится в состоянии открытой войны с каждым мужчиной, женщиной и ребенком другой страны или стран. В последнем случае задействованы все виды вооруженных сил.

Если президент не получит от Конгресса конституционного объявления войны, все военнослужащие США, отправленные на необъявленную войну, должны вернуться в США в течение 60 дней с момента отправки (это жизненно важное положение стало в основном недействительным). Легко видеть, как Конституция была похищена президентом Бушем; наши вооруженные силы все еще находятся в состоянии войны с Ираком и все еще используются для обеспечения незаконной блокады ООН. Если бы у нас было правительство, которое действительно уважает Конституцию, войны в Персидском заливе никогда бы не было, и наши войска не находились бы сейчас на Ближнем

Востоке или даже в Сомали.

Эти меры по объявлению войны были разработаны специально для того, чтобы предотвратить поспешное вступление Соединенных Штатов в войну, именно поэтому президент Буш обошел Конституцию, чтобы втянуть нас в войну в Персидском заливе. Организация Объединенных Наций также не имеет права навязывать Соединенным Штатам правила, предписывающие нам соблюдать экономическую блокаду Ирака или любого другого государства - потому что у Организации Объединенных Наций нет суверенитета. Мы рассмотрим войну в Персидском заливе в последующих главах.

Эти полномочия, которыми наделен не президент, а де-факто законодательная ветвь власти, делают Организацию Объединенных Наций самым влиятельным органом в мире благодаря резолюциям Совета Безопасности. С тех пор, как мы отказались от формы нейтралитета Джефферсона, нами управляют один за другим бродяги, которые грабят Америку по своему усмотрению и продолжают это делать. Именно Томас Джефферсон сделал строгое предупреждение, которое наши агенты в Конгрессе беспечно проигнорировали, о том, что Америка будет разрушена тайными соглашениями с иностранными правительствами, желающими разделить и управлять американским народом, чтобы интересы иностранных правительств служили прежде потребностей нашего собственного народа.

Иностранная помощь - это не что иное, как программа ограбления и разграбления стран с их природными ресурсами, а также передача денег американских налогоплательщиков диктаторам этих стран, чтобы Комитет 300 мог пожинать непристойные плоды этого незаконного грабежа, в то время как американский народ, который ничем не лучше рабов египетских фараонов, стонет под огромным бременем взносов на "иностранную помощь". В главе о покушениях мы приводим пример Бельгийского Конго как хороший пример того, что мы имеем в виду. Бельгийское

Конго, очевидно, управлялось в интересах Комитета 300, а не конголезского народа.

Организация Объединенных Наций использует иностранную помощь как средство для разграбления ресурсов суверенных государств. Ни у одного пирата или вора никогда не было так хорошо. Даже Кубла Кан не был столь удачлив, как Ротшильды, Рокфеллеры, Варбурги и им подобные. Если страна робко отдает свои природные ресурсы, как это было в случае с Конго, которое пыталось защитить себя от иностранного хищничества, войска ООН входят туда, чтобы "заставить ее подчиниться", даже если это означает убийство гражданских лиц, что войска ООН и сделали с Конго, свергнув и убив его лидера, как это было в случае с Патрисом Лумумбой. Нынешняя попытка убийства президента Ирака Хусейна - еще один пример того, как ООН подрывает американское законодательство и законы независимых государств.

Вопрос в том, как долго мы, суверенный народ, будем продолжать терпеть наше незаконное членство в этой единой мировой правительственной организации. Только мы, суверенный народ, можем приказать нашим агентам, нашим слугам, Палате представителей и Сенату, немедленно отменить наше членство в мировом органе, который наносит ущерб благосостоянию Соединенных Штатов Америки.

II. Жестокая и незаконная война в Персидском заливе

Самая последняя из войн, ведущихся под прикрытием войны в Персидском заливе, отличается от других тем, что Комитет 300, Совет по международным отношениям, иллюминаты и бильдербержцы не смогли должным образом замести следы на пути к войне. Поэтому война в Персидском заливе - это одна из самых легких войн, которую можно отследить до Чатем-Хауса и Гарольда Пратт-Хауса, и, к счастью для нас, одна из самых легких для доказательства нашей правоты.

Войну в Персидском заливе следует рассматривать как уникальный элемент общей стратегии Комитета 300 в отношении нефтедобывающих исламских государств Ближнего Востока. Здесь можно дать лишь краткий исторический обзор. Очень важно знать правду и освободиться от пропаганды тех, кто формирует мнение на Мэдисон-авеню, также известных как "рекламные агентства".

Британские империалисты при поддержке своих американских кузенов начали осуществлять свои планы по захвату всей нефти на Ближнем Востоке в ᵉсередине 1900-х годов. Незаконная война в Персидском заливе была неотъемлемой частью этого плана. Я говорю незаконно, потому что, как объясняется в главах, посвященных Организации Объединенных Наций, только Конгресс может объявлять войну, как это предусмотрено в статье I, разделе 8, пунктах 1, 11, 12, 13, 14, 15 и 18 Конституции США. Генри Клей, признанный авторитет в области Конституции, неоднократно говорил об этом.

Ни один избранный чиновник не может отменить положения Конституции, и как бывший государственный секретарь Джеймс Бейкер III, так и президент Джордж Буш должны были быть подвергнуты импичменту за нарушение Конституции. Источник в британской разведке рассказал мне, что когда Бейкер встретился с королевой Елизаветой II в Букингемском дворце, он фактически похвастался тем, как обошел Конституцию, а затем в присутствии королевы обругал Эдварда Хита за противодействие войне. Эдвард Хит, бывший премьер-министр Великобритании, был уволен Комитетом 300 за то, что не поддерживал политику европейского единства и выступал против войны в Персидском заливе.

Бейкер указал собравшимся главам государств и дипломатам на то, что он отверг попытки заставить его обсуждать конституционные вопросы. Бейкер также похвастался тем, что его угрозы в адрес иракского народа были выполнены, а королева Елизавета II кивнула в знак согласия. Очевидно, что Бейкер и президент Буш, который также присутствовал на встрече, поставили свою преданность правительству одного мира выше присяги, которую они давали, чтобы соблюдать Конституцию США.

Аравийская земля существует уже тысячи лет и всегда была известна как Аравия. Эта земля была связана с событиями в Турции, Персии (ныне Иран) и Ираке через семьи Вахаби и Абдул Азиз. В 15ème веке англичане под руководством венецианских банкиров-разбойников Гвельфов из Черной знати увидели возможность утвердиться в Аравии, где они столкнулись с племенем корейшитов, племенем пророка Мухаммеда, посмертного сына хашимита Абдуллы, от которого произошли династии Фатимидов и Аббасидов.

Война в Персидском заливе стала продолжением попыток Комитета 300 уничтожить наследников Мухаммеда и хашимитский народ в Ираке. Правителей Саудовской Аравии ненавидят и презирают все истинные последователи ислама, особенно после того, как они позволили "неверным" (американским войскам) разместиться на земле пророка Мухаммеда.

Основные положения мусульманской религии состоят из веры в единого Бога (Аллаха), Его ангелов и Его пророка Мухаммада, последнего из пророков, и веры в Его богооткровенное произведение, Коран; веры в День воскресения и предопределение людей Богом. Шесть основных обязанностей верующих: произнесение исповедания веры, подтверждающего единство Бога, и твердое принятие миссии Мухаммада; пять ежедневных молитв; полный пост в месяц Рамадан; паломничество в Мекку хотя бы один раз в жизни верующего.

Строгое следование фундаментальным принципам мусульманской религии делает человека фундаменталистом, каковыми не являются семьи Вахаби и Абдул Азиз (королевская семья Саудовской Аравии). Саудовская королевская семья медленно, но верно отходит от фундаментализма, что не сделало их популярными среди исламских фундаменталистских стран, таких как Ирак и Иран, которые теперь обвиняют их в том, что они сделали возможной войну в Персидском заливе. Пропуская века истории, мы попадаем в 1463 год, когда в Османской империи разразилась большая война, спровоцированная и спланированная венецианскими банкирами из Черного Гельфа. Венецианские гвельфы (которые состоят в прямом родстве с английской королевой Елизаветой II) обманули турок, заставив их поверить, что они друзья и союзники, но османам суждено было усвоить горький урок.

Для того чтобы понять этот период, необходимо знать, что британская черная аристократия является синонимом венецианской черной аристократии. Под руководством Мухаммеда Завоевателя венецианцы были изгнаны с территории нынешней Турции. Роль Венеции в мировой истории сознательно и грубо недооценивается. И сейчас его влияние недооценивается, как и роль, которую он сыграл в большевистской революции, двух мировых войнах и войне в Персидском заливе. Османы были преданы англичанами и венецианцами, которые "пришли как друзья, но держали кинжал, спрятанный за спиной", как гласит история. Это одна из самых ранних вылазок в мир войны. Джордж Буш повторил его с большим успехом, выдавая себя за друга арабского народа.

Благодаря вмешательству Великобритании турки были отброшены от ворот Венеции, и на полуострове утвердилось арабское присутствие. Британцы использовали арабов под руководством полковника Томаса Э. Лоуренса, чтобы разрушить Османскую империю, а затем предали их и создали сионистское государство Израиль, приняв Декларацию Бальфура. Это хороший пример дипломатической двуличности. С 1909 по 1915 год британское правительство использовало Лоуренса для руководства арабскими войсками для борьбы с турками и изгнания их из Палестины. Вакуум, оставленный турками, был заполнен еврейскими иммигрантами, которые хлынули в Палестину в соответствии с условиями Декларации Бальфура.

Британское правительство продолжило свой обман, перебросив британские войска на Синай и в Палестину. Сэр Арчибальд Мюррей заверил Лоуренса, что это было сделано для предотвращения еврейской иммиграции в соответствии с Декларацией Бальфура, подписанной лордом Ротшильдом, ведущим членом иллюминатов.

Условия, на которых арабы согласились вмешаться в конфликт с османами (которым черная аристократия Британии клялась в беспрекословной верности), были согласованы шерифом Хиджаза Хусейном и включали в себя положение о том, что Британия не допустит дальнейшей еврейской иммиграции в Палестину, Трансиорданию и Аравию. Хусейн сделал это требование основой соглашения, подписанного с британским правительством.

Конечно, британское правительство никогда не собиралось

выполнять условия своего соглашения с Хусейном, добавляя к Палестине названия других стран, чтобы они могли сказать: "Ну, мы не пускали их в эти страны". Это стало последней каплей, потому что сионисты не были заинтересованы в отправке евреев в любую страну Ближнего Востока, кроме Палестины.

Британское правительство всегда играло с Абдул-Азизами и вахабитами (саудовская королевская семья) против шерифа Хусейна, тайно заключая сделку с этими двумя семьями, которые утверждали, что "официально" признают Хусейна королем Хиджаза (что британское правительство и сделало 15 декабря 1916 года). Британское правительство согласилось тайно поддержать эти две семьи, предоставив им достаточное количество оружия и денег для завоевания независимых городов-государств Аравии.

Конечно, Хусейн не знал о побочном соглашении и согласился начать полномасштабную атаку на турок. Это побудило семьи Вахаби и Абдул Азиз сформировать армию и начать войну, чтобы поставить Аравию под свой контроль. Таким образом, британским нефтяным компаниям удалось заставить Хусейна воевать с турками от их имени, не имея в виду этого.

В 1913 и 1927 годах армии Абдул Азиз-Вахаби, финансируемые Великобританией, провели кровавую кампанию против независимых городов-государств Аравии, захватив Хиджаз, Джауф и Таиф. 13 октября 1924 года на священный город Хашимитов Мекку было совершено нападение, вынудившее Хусейна и его сына Али бежать. 5 декабря 1925 года Медина капитулировала после особенно кровопролитного сражения. Британское правительство, в очередной раз демонстрируя свое непонимание реальности, не говорит ваххабитам и саудитам, что его реальной целью является разрушение святыни Мекки и общее ослабление мусульманской религии, чего очень хотят британские олигархи и их венецианские кузены из черной знати.

Британское правительство также не сообщило саудовским и

ваххабитским семьям, что они были всего лишь пешками в игре по обеспечению арабской нефти для Великобритании перед лицом претензий со стороны Италии, Франции, России, Турции и Германии. 22 сентября 1932 года саудовские и ваххабитские войска подавили восстание на преимущественно хашимитской территории Трансиордании. После этого Аравия была переименована в Саудовскую Аравию и должна была управляться королем из обеих семей. Таким образом, путем обмана дипломатии через ложь британские нефтяные компании установили контроль над Аравией. Эта кровавая кампания подробно описана в моей монографии под названием "Кто настоящие саудовские короли и кувейтские шейхи?".

Освободившись от османской угрозы и арабского национализма под властью Шерифа Хусейна, британское правительство, действуя от имени своих нефтяных компаний, вступило в новый период процветания. Они составили и закрепили договор между Саудовской Аравией, как она теперь называлась, и Ираком, который стал основой для целой серии межарабских и мусульманских пактов, которые, как заявило британское правительство, будут применяться против еврейской иммиграции в Палестину.

Вопреки тому, что британское руководство говорило арабо-мусульманским партиям, Декларация Бальфура, которая уже была согласована, позволяла евреям не только иммигрировать в Палестину, но и сделать ее своей родиной. Это соглашение, изложенное в терминах англо-французского соглашения, передало Палестину под международное управление. Именно этим с легкостью занимается сегодняшняя Организация Объединенных Наций: Сайрус Вэнс разделил Боснию-Герцеговину, страну, признанную международным сообществом, на небольшие анклавы, чтобы в свое время Сербия могла их захватить.

Затем, 2 ноября 1917 года, было публичное объявление Декларации Бальфура, согласно которой британское правительство - а не арабы или палестинцы, чьей землей оно являлось - выступало за создание Палестины в качестве национальной родины для еврейского народа. Великобритания обязалась сделать все возможное для содействия достижению этой цели "при четком понимании того, что не должно быть сделано ничего, что могло бы нанести ущерб гражданским и религиозным правам существующих нееврейских общин в Палестине".

Более смелое изделие трудно найти в другом месте. Обратите внимание, что реальные жители Палестины были низведены до уровня "нееврейских общин". Отметим также, что декларация, которая в действительности была прокламацией, была подписана лордом Ротшильдом, лидером британских сионистов, который не был членом британской королевской семьи, не был членом кабинета Бальфура, и поэтому имел еще меньше прав, чем Бальфур, на подписание такого документа.

Вопиющее вероломство арабов настолько возмутило полковника Лоуренса, что он пригрозил разоблачить двуличие британского правительства, и эта угроза стоила ему жизни. Лоуренс торжественно пообещал Хусейну и его людям, что еврейская иммиграция в Палестину не будет продолжаться. Документы, хранящиеся в Британском музее, ясно показывают, что обещание, переданное Лоуренсом шерифу Хусейну, было дано сэром Арчибальдом Мюрреем и генералом Эдмундом Алленби от имени британского правительства.

В 1917 году британские войска вошли в Багдад, что ознаменовало начало конца Османской империи. На протяжении всего этого периода ваххабитские и саудовские семьи постоянно получали заверения от Мюррея, что евреям не будет позволено въехать в Аравию, а те немногие евреи, которым будет позволено иммигрировать, поселятся только в Палестине. 10 января 1919 года британцы выдали себе "мандат" на управление Ираком, который стал законом 5 мая 1920 года. Ни одно правительство в мире не выразило протест против незаконных действий Великобритании. Сэр

Перси Кокс был назначен Верховным комиссаром. Разумеется, с иракским народом вообще не советовались.

В 1922 году Лига Наций утвердила условия Декларации Бальфура (Ротшильда), которая предоставила британскому правительству мандат на управление Палестиной и страной Хашимитов под названием Трансиордания. Можно только удивляться дерзости британского правительства и Лиги Наций.

В 1880 году британское правительство подружилось с прирученным арабским шейхом по имени эмир Абдулла аль Салем аль Сабах. Аль-Сабах стал их представителем в районе вдоль южной границы Ирака, где на иракской территории были обнаружены нефтяные месторождения Румайла. Семья Аль Сабах присматривала за этим богатым месторождением, пока иракское правительство занималось его разработкой.

В 1899 году британцы отправились за другой добычей - огромными месторождениями золота в крошечных бурских республиках Трансвааль и Оранжевое свободное государство, о которых мы поговорим в последующих главах. Мы упоминаем его здесь, чтобы проиллюстрировать стремление Комитета 300 к захвату природных ресурсов стран везде, где только можно.

По поручению Комитета 300, 25 ноября 1899 года - в том же году, когда британцы вступили в войну с бурскими республиками - британское правительство заключило соглашение с эмиром Аль-Сабахом, по которому земля, посягающая на нефтяные месторождения Румайла в Ираке, была уступлена британскому правительству, несмотря на то, что эта земля была неотъемлемой частью Ирака или эмир Аль-Сабах не имел на нее никаких прав.

Соглашение подписывает шейх Мубарак Аль Сабах, который с большой помпой приезжает в Лондон со своей свитой, причем все расходы оплачивают британские налогоплательщики, а не британские нефтяные компании, которые являются бенефициарами соглашения. Кувейт стал де-факто необъявленным протекторатом Великобритании. Местное население не имело права голоса при установлении власти Аль-Сабахов, абсолютных диктаторов, которые быстро продемонстрировали безжалостную жестокость.

В 1915 году британцы вторглись в Ирак и оккупировали Багдад в акте, который президент Джордж Буш назвал бы "несправедливой агрессией". Этот термин он использовал для описания действий Ирака против Кувейта с целью вернуть себе земли, украденные Британией. Британское правительство создало самопровозглашенный "мандат", как мы уже видели, и 23 августа 1921 года, через два месяца после прибытия в Багдад, самопровозглашенный Верховный комиссар Кокс назначил бывшего короля Сирии Фейсала главой марионеточного режима в Басре. Теперь у Великобритании была марионетка в северном Ираке и еще одна в южном Ираке.

Чтобы укрепить свои позиции, недовольные явно сфальсифицированным плебисцитом, в результате которого британцы получили свой мандат, был подготовлен тщательно продуманный и кровавый заговор. Агенты британских спецслужб из МИ-6 были посланы, чтобы поднять восстание среди курдов в Мосуле. Побуждаемые к восстанию своим лидером, шейхом Махмудом, они организовали крупное восстание 18 июня 1922 года. В течение нескольких месяцев агенты британской разведки МИ-6 говорили шейху Махмуду, что его шансы на получение автономного государства для курдов никогда не будут выше.

Почему МИ-6 якобы действовала вопреки интересам британского правительства? Ответ заключается в дипломатии через ложь. Однако даже когда курдам говорили, что их вековое стремление к созданию автономного государства вот-вот станет реальностью, Кокс говорил иракским лидерам в Багдаде, что курды вот-вот восстанут. Это, по словам Кокса, одна из многих причин, по которым иракцы нуждаются в постоянном британском присутствии в стране. После двух лет борьбы курды потерпели поражение, а их лидеры были казнены.

Однако в 1923 году Италия, Франция и Россия вынудили Великобританию признать протокол, предоставляющий независимость Ираку, как только он вступит в Лигу Наций, или, по крайней мере, к 1926 году. Это возмутило компании Royal Dutch Shell Co и British Petroleum, которые призвали к дальнейшим действиям, опасаясь, что они потеряют свои нефтяные концессии, срок действия которых истекал в 1996 году. Еще одним ударом по британским империалистам и их нефтяным компаниям стало присуждение Лигой Наций Ираку богатого нефтью Мосула.

МИ-6 организовала еще одно курдское восстание, которое произошло с февраля по апрель 1925 года. Иракскому правительству были даны ложные обещания с рассказами о том, что произойдет, если британцы снимут свою защиту с Ирака. Курды были подтолкнуты к восстанию. Цель состояла в том, чтобы показать Лиге Наций, что передача Мосула Ираку была ошибкой и что для мира плохо иметь "нестабильное" правительство во главе крупного нефтяного резерва. Другим преимуществом было то, что курды, вероятно, проиграют, а их лидеры снова будут казнены. На этот раз, однако, заговор не сработал; Лига твердо стояла на своем решении относительно Мосула. Но восстание вновь привело к поражению курдов и казни их лидеров.

Курды так и не поняли, что их врагом был не Ирак, а британские и американские нефтяные интересы. Именно Уинстон Черчилль, а не иракцы, в 1929 году приказал Королевским ВВС бомбить курдские деревни, потому что курды выступали против британских нефтяных интересов в Мосульских нефтяных месторождениях, ценность которых они прекрасно понимали.

В апреле, мае и июне 1932 года курды начали новое восстание под руководством М16, целью которого было убедить Лигу Наций принять компромиссную политику в отношении нефти Мосула, но попытка не увенчалась успехом, и 3 октября 1932 года Ирак стал независимым государством с полным контролем над Мосулом. Британские нефтяные компании продержались еще 12 лет, пока в 1948 году не были вынуждены покинуть Ирак.

И даже после ухода из Ирака британцы не вывели свое присутствие из Кувейта на том надуманном основании, что это не часть Ирака, а отдельная страна. После убийства президента Кассема иракское правительство опасалось нового восстания курдов, которые все еще находились под контролем британской секретной службы. 10 июня 1963 года курды Мустафы аль-Барзани пригрозили войной Багдаду, который и без того с трудом справлялся с коммунистической угрозой. Иракское правительство заключило соглашение о предоставлении курдам некоторой автономии и выпустило соответствующую прокламацию.

Воодушевленные британской разведкой, курды возобновили боевые действия в апреле 1965 года, поскольку Ирак не добился никакого прогресса в выполнении положений прокламации 1963 года. Багдадское правительство обвинило Великобританию во вмешательстве в свои внутренние дела, и курдские волнения продолжались еще четыре года. 11 марта 1970 года курдам была окончательно предоставлена автономия. Но, как и прежде, лишь очень немногие из положений, содержащихся в соглашении, были реализованы. Эта договоренность была нарушена в 1923 году, когда по настоянию Турции, Германии и Франции была проведена конференция в Лозанне, Швейцария, под эгидой Лиги Наций.

Настоящей причиной Лозаннской конференции 1923 года стало открытие нефтяных месторождений в Мосуле на севере Ирака. Турция вдруг решила, что у нее есть права на огромные залежи нефти под землей, занятой курдами. В этот момент Америка также проявляет интерес, и Джон Д. Рокфеллер просит президента Уоррена Хардинга прислать наблюдателя. Американский наблюдатель признал незаконность ситуации в Кувейте. Рокфеллер не собирался подрывать британский корабль, лишь бы получить свою долю от нового нефтяного открытия.

Ирак потерял свои права по старому соглашению с Турецкой нефтяной компанией, а статус Кувейта остался неизменным. Вопрос о мосульской нефти был намеренно оставлен неясным по настоянию британского делегата. Эти вопросы будут решены "в ходе будущих переговоров", заявила британская делегация. Кровь американских военнослужащих все еще будет пролита, чтобы обеспечить безопасность нефти Мосула для британских и американских нефтяных компаний, так же как она была пролита за нефть Кувейта.

25 июня 1961 года премьер-министр Ирака Хасан Абдул Кассем яростно напал на Великобританию по вопросу Кувейта, указав, что переговоры, обещанные на Лозаннской конференции, не состоялись. Кассем сказал, что территория, называемая Кувейтом, является неотъемлемой частью Ирака и была признана таковой на протяжении более 400 лет Османской империей. Вместо этого британцы предоставили Кувейту независимость.

Но было ясно, что британская уловка отложить статус Кувейта и нефтяных месторождений Мосула была почти сорвана Касемом. Отсюда и внезапная необходимость предоставить Кувейту независимость, пока остальной мир не обнаружил британскую и американскую тактику. Кувейт никогда не сможет быть независимым, потому что, как хорошо известно британцам, это кусок Ирака, который был вырезан из нефтяных месторождений Румейла и передан British Petroleum.

Если бы Кассему удалось вернуть Кувейт, британские правители потеряли бы миллиарды долларов нефтяных доходов. Но когда Кассем исчез после провозглашения независимости Кувейта, британское движение протеста потеряло свой импульс. Предоставив независимость Кувейту в 1961 году и проигнорировав тот факт, что эта земля им не принадлежит, Великобритания смогла отбиться от справедливых претензий Ирака. Как мы знаем, Британия сделала то же самое в Палестине, Индии и, позднее, в Южной Африке.

В течение следующих 30 лет Кувейт оставался вассальным государством Великобритании, нефтяные компании переводили миллиарды долларов в британские банки, а Ирак не получал ничего. Британские банки процветали в Кувейте, управляемые из Уайтхолла и лондонского Сити. Такая ситуация сохранялась до 1965 года. Помимо жестокости ас-Сабахов, в стране не существовало системы "один человек - один голос". Фактически, народ вообще не голосовал. Британскому и американскому правительствам было все равно.

Британское правительство заключило это соглашение с семьей Аль-Сабах, которые теперь оставались правителями Кувейта (так называлась эта часть иракской территории), находясь под полным покровительством британского правительства. Именно так Кувейт был украден у Ирака. Тот факт, что Кувейт не подал заявку на членство в ООН, когда это сделала Саудовская Аравия, доказывает, что он никогда не был страной в истинном смысле этого слова.

Создание Кувейта горячо оспаривалось сменявшими друг друга иракскими правительствами, которые мало что могли сделать, чтобы отвоевать территорию у британской военной мощи. 1er июля 1961 года, после многолетних протестов против аннексии территории Кувейта, иракское правительство, наконец, приняло решение по этому вопросу. Эмир Аль Сабах попросил Британию соблюдать соглашение 1899 года, и британское правительство направило в Кувейт военные силы. Багдад отступил, но так и не отказался от своих справедливых притязаний на эту территорию.

Захват Великобританией иракской территории, которую она назвала Кувейтом и которой предоставила независимость, следует считать одним из самых дерзких актов пиратства в современную эпоху, и он непосредственно способствовал войне в Персидском заливе. Я приложил много усилий, чтобы объяснить предысторию событий, приведших к войне в Персидском заливе, показать, насколько несправедливо США действовали по отношению к Ираку, и силу Комитета 300.

Ниже приводится краткое изложение событий, приведших к войне в Персидском заливе:

1811-1818. Вахабиты из Аравии напали на Мекку и заняли ее, но были вынуждены отступить из-за султана Египта.

1899, 25 ноября. Шейх Мубарак аль-Сабах уступает Великобритании часть нефтяных месторождений Румайла. Уступленные земли были признаны иракской территорией на 400 лет. Очень малонаселенный до 1914 года. Кувейт становится британским протекторатом.

1909-1915. Британцы используют полковника Томаса Лоуренса из Британской секретной службы, чтобы подружиться с арабами. Лоуренс заверяет арабов, что генерал Эдмунд Алленби не допустит евреев в Палестину. Лоуренсу не сообщают об истинных намерениях Британии. Шериф Хусейн, правитель Мекки, собирает арабскую армию для нападения на турок. Присутствие Османской империи в Палестине и Египте уничтожено.

1913. Британцы тайно согласились вооружать, обучать и снабжать Абдул Азиза и ваххабитские семьи в рамках подготовки к завоеванию аравийских городов-государств.

1916. Британские войска входят на Синай и в Палестину. Сэр Арчибальд Мюррей объясняет Лоуренсу, что это шаг, направленный на предотвращение еврейской иммиграции, и шериф Хуссейн соглашается. 27 июня Хусейн провозгласил создание арабского государства; 29 октября он стал королем. 6 ноября 1916 года Великобритания, Франция и Россия признали Хусейна лидером арабского народа; 15 декабря это было подтверждено британским правительством.

1916. В результате странного шага британцы добиваются от Индии признания арабских городов-государств Неджд, Каиф и Джубайль в качестве владений семьи Абдул-Азиза

Ибн Сауда.

1917. Британские войска захватывают Багдад. Декларация Бальфура подписана лордом Ротшильдом, который предает арабов и предоставляет евреям родину в Палестине. Генерал Алленби занимает Иерусалим.

1920. Конференция в Сан-Ремо. Независимость Турции; урегулирование нефтяных споров. Начинается контроль Великобритании над богатыми нефтью странами на Ближнем Востоке. Британское правительство устанавливает в Басре марионеточный режим во главе с королем Сирии Фейсалом. Ибн Сауд Абдул Азиз нападает на Таиф в Хиджазе и только после четырехлетней борьбы сумел захватить его.

1922. Азиз увольняет Джауфа и убивает династию семьи Шалан. Декларация Бальфура одобрена Лигой Наций.

1923. Турция, Германия и Франция выступают против британской оккупации Ирака и призывают к проведению саммита в Лозанне. Великобритания соглашается на освобождение Ирака, но сохраняет за собой нефтяные месторождения Мосула для создания отдельного образования на севере Ирака. В мае англичане ослабляют власть амира Абдуллы ибн Хусейна, сына шерифа Хусейна из Мекки, и называют новую страну "Трансиорданией".

1924. 13 октября вахабиты и Адбул Азиз атаковали и захватили священный город Мекку, место захоронения пророка Мухаммеда. Хусейн и двое его сыновей были вынуждены бежать.

1925. Медина сдается войскам Ибн Сауда.

1926. Ибн Сауд провозглашает себя королем Хиджаза и султаном Неджда.

1927. Британцы подписали договор с Ибн Саудом и вахабитами, предоставив им полную свободу действий и признав захваченные города-государства своими владениями. Это стало началом борьбы между British

Petroleum и американскими нефтяными компаниями за нефтяные концессии.

1929. Великобритания подписывает новый договор о дружбе с Ираком, признавая его независимость, но оставляя в силе статус Кувейта. Первые крупномасштабные нападения на еврейских иммигрантов, которым арабы бросили вызов у "Стены плача".

1930. Британское правительство публикует Белую книгу комиссии Пассфилда, которая рекомендует немедленно прекратить еврейскую иммиграцию в Палестину и запретить выделение новых земель еврейским поселенцам из-за "чрезмерного количества безземельных арабов". Рекомендация была изменена британским парламентом, а принятые меры носили символический характер.

1932. Аравия переименована в Саудовскую Аравию.

1935. British Petroleum строит трубопровод от спорных нефтяных месторождений Мосула до порта Хайфы. Комиссия Пиля сообщает британскому парламенту, что евреи и арабы никогда не смогут работать вместе; рекомендует разделить Палестину.

1936. Саудовцы подписывают пакт о ненападении с Ираком, но нарушают его во время войны в Персидском заливе. Саудовцы решают поддержать Соединенные Штаты и тем самым нарушают предыдущее соглашение с Ираком.

1937. Панарабская конференция в Сирии отвергает план Комиссии Пиля по еврейской иммиграции в Палестину. Британцы арестовывают арабских лидеров и депортируют их на Сейшельские острова.

1941. Великобритания вторгается в Иран, чтобы "спасти" страну от Германии. Черчилль создает марионеточное правительство, которое получает приказы из Лондона.

1946. Великобритания предоставляет независимость Трансиордании, которая в 1949 году переименовывается в Иорданское Хашимитское Королевство. За этим следует широкомасштабная и жестокая сионистская оппозиция.

1952. Серьезные бунты в Ираке против сохранения британского присутствия, возмущение против пособничества США нефтяным компаниям...

1953. Новое правительство Иордании приказывает британским войскам покинуть страну.

1954. Великобритания и США критикуют Иорданию за отказ участвовать в переговорах о перемирии с Израилем, что приводит к падению иорданского кабинета министров. Шестой флот США угрожает арабским странам, высаживая морскую пехоту в Ливане (акт войны). Король Хусейн не испугался и в ответ осудил тесные связи США с Израилем.

1955. Палестинские беспорядки на Западном берегу Израиль заявляет, что "палестинцы - это проблема Иордании".

1959. Ирак протестует против включения Кувейта в CETAN. Обвиняет саудовцев в "пособничестве британскому империализму". Усиление британского контроля над Кувейтом. Выход Ирака к морю отрезан.

1961. Премьер-министр Ирака Кассем предупреждает Британию: "Кувейт - это иракская земля и была ею 400 лет". Затем Кассема загадочным образом убивают. Британское правительство объявляет Кувейт независимым государством. Британские нефтяные компании получают контроль над большей частью нефтяных месторождений Румайлы. Кувейт подписывает договор о дружбе с Великобританией. Британские войска выдвигаются для отражения возможного нападения со стороны Ирака.

1962. Великобритания и Кувейт расторгают оборонный пакт.

1965. Наследный принц Сабах Аль Салем Аль Сабах становится эмиром Кувейта.

1967. Ирак и Иордания вступают в войну против Израиля. Саудовская Аравия избегает принимать чью-либо сторону, но направляет в Иорданию 20 000 солдат, которым запрещено принимать участие в боевых действиях.

К этому времени "Комитет 300" почти полностью захватил экономику Ближнего Востока. Путь, по которому пошли Британия и Америка, был не новым, а продолжением, начатым лордом Бертраном Расселом:

> "Для того чтобы мировое правительство функционировало бесперебойно, должны быть выполнены определенные экономические условия. Различные виды сырья необходимы для промышленности. Из них одним из самых важных в настоящее время является нефть. Вполне вероятно, что уран, хотя он больше не нужен для военных целей, будет необходим для промышленного использования ядерной энергии. Нет никакого оправдания частной собственности на это важнейшее сырье - и я думаю, что мы должны включить в нежелательную собственность не только собственность частных лиц или корпораций, но и отдельных государств. Сырье, без которого невозможна промышленность, должно принадлежать международной власти и быть предоставлено отдельным нациям".

Это было глубокое заявление "пророка" Комитета 300, сделанное именно в то время, когда британское и американское вмешательство в арабские дела достигло своего апогея. Заметим, что Рассел уже тогда знал, что ядерной войны не будет. Рассел выступал за единое мировое правительство, или новый мировой порядок, о котором говорит президент Буш. Война в Персидском заливе стала продолжением предыдущих попыток вырвать контроль над иракской нефтью у ее законных владельцев и защитить укоренившиеся позиции British Petroleum и других крупнейших нефтяных картелей от имени Комитета 300.

Декларация Бальфура - это тот документ, за который британцы стали печально известны. В 1899 году они подняли обман против маленьких бурских республик Южной Африки на новую высоту. Пока она говорила о мире, уже обеспокоенная сотнями тысяч бродяг и старьевщиков, которые стекались в бурские республики после величайшего открытия золота в истории мира, королева Виктория готовилась к войне.

Война в Персидском заливе велась по двум основным причинам: первая - ненависть ко всему мусульманскому со стороны RIIA и их американских кузенов в CFR, в дополнение к их сильному желанию защитить свою марионетку, Израиль. Вторая - безудержная жадность и желание контролировать все нефтедобывающие страны Ближнего Востока.

Что касается самой войны, то маневр США начался по крайней мере за три года до того, как Буш официально перешел в наступление. США сначала вооружили Ирак, а затем подстрекали его к нападению на Иран в войне, которая уничтожила обе страны: "война в мясорубке". Эта война была задумана с целью ослабить Ирак и Иран до такой степени, чтобы они перестали представлять реальную угрозу британским и американским нефтяным интересам и, как военная сила, перестали представлять угрозу для Израиля.

В 1981 году Ирак обратился в Banco Nazionale de Lavoro (BNL) в Брешии, Италия, с просьбой о предоставлении кредитной линии для покупки оружия у итальянской компании. Затем эта компания продавала мины в Ирак. Затем, в 1982 году, президент США Рональд Рейган исключил Ирак из списка государств-спонсоров терроризма в ответ на запрос Госдепартамента.

В 1983 году Министерство сельского хозяйства США предоставило Ираку кредиты на сумму 365 миллионов долларов, якобы для закупки сельскохозяйственной продукции, но позже выяснилось, что эти деньги были использованы для закупки военного оборудования. В 1985 году Ирак обратился в филиал BNL в Атланте, штат Джорджия, с просьбой обработать его кредиты, полученные от Корпорации товарного кредита Министерства сельского хозяйства США.

В январе 1986 года в Вашингтоне состоялась встреча на высоком уровне между ЦРУ и Агентством национальной безопасности (АНБ). В центре обсуждения был вопрос о том, должны ли Соединенные Штаты делиться своими разведывательными данными по Ираку с правительством в Тегеране. Тогдашний заместитель директора АНБ Роберт Гейтс был против этой идеи, но Совет национальной безопасности его переубедил.

Только в 1987 году президент Буш сделал ряд публичных заявлений в поддержку Ирака, включая одно, в котором он сказал, что "Соединенные Штаты должны построить прочные отношения с Ираком на будущее". Вскоре после этого отделение NLB в Атланте тайно согласилось предоставить Ираку коммерческий кредит в размере 2,1 миллиарда долларов. В 1989 году закончились военные действия между Ираком и Ираном.

В 1989 году секретный меморандум, подготовленный разведывательным управлением Госдепартамента, предупреждал секретаря Джеймса Бейкера:

"Ирак сохраняет авторитарный подход к внешним делам... и упорно работает над (созданием) химического и биологического оружия и новых ракет".

Бейкер не предпринял ничего существенного по поводу этого отчета и, как мы увидим, позже он активно поощрял президента Саддама Хусейна верить, что США будут беспристрастны в своей политике по отношению к ближневосточным соседям.

В апреле того же года в докладе о распространении ядерного оружия, подготовленном Министерством энергетики, указывалось, что Ирак приступил к реализации проекта по созданию атомной бомбы. В июне за этим последовал доклад, подготовленный совместно Эксимбанком (банковское агентство США), ЦРУ и Федеральным резервным банком, согласно которому совместное исследование показало, что Ирак интегрирует американские технологии.

"непосредственно в запланированные иракские ракетные, танковые и бронетранспортерные производства".

4 августа 1989 года ФБР провело рейд в офисах BNL в Атланте. Некоторые подозревают, что это было сделано для предотвращения реального расследования того, использовались ли кредиты Ираку для приобретения секретных военных технологий и других военных ноу-хау, а не для целей, намеченных Министерством сельского хозяйства.

В сентябре, в попытке, которую инсайдеры рассматривают как упреждающий шаг, чтобы снять с себя ответственность, ЦРУ сообщило Бейкеру, что Ирак получает возможность создания ядерного оружия через различные подставные компании, предположительно связанные с Пакистаном на самом высоком уровне. Пакистан долгое время подозревался и даже обвинялся Комиссией по атомной энергии США в создании ядерного оружия, что привело к серьезному разрыву отношений с Вашингтоном, которые были описаны как находящиеся "на рекордно низком уровне".

В октябре 1989 года Госдепартамент направил Бейкеру служебную записку с рекомендацией "отозвать" кредитную программу Министерства сельского хозяйства для исследователей БНЛ. Меморандум был парафирован Бейкером, что некоторые интерпретируют как одобрение рекомендации. Общепринято, что парафирование документа означает одобрение его содержания и любых предполагаемых действий.

Вскоре после этого президент Буш неожиданно подписал Директиву национальной безопасности № 26, которая поддерживала торговлю США с Ираком. "Доступ к Персидскому заливу и ключевым дружественным государствам в этом регионе жизненно важен для национальной безопасности Соединенных Штатов", - сказал Буш. Это подтверждение того, что еще в октябре 1989 года президент позволил себе вести себя так, будто Ирак является союзником США, в то время как на самом деле уже велась подготовка к войне против него.

Затем, 26 октября 1989 года, чуть более чем через три недели после того, как Буш объявил Ирак дружественным государством, Бейкер позвонил министру сельского хозяйства Клейтону Йеттеру и попросил его увеличить кредиты на торговлю сельскохозяйственной продукцией для Ирака. В ответ на это Йеттер приказал своему департаменту предоставить багдадскому правительству торговые кредиты на сумму 1 миллиард долларов, несмотря на то, что Министерство финансов высказало свои сомнения.

Помощник госсекретаря США Лоуренс Иглбургер заверил Казначейство, что деньги были необходимы по "геополитическим причинам":

> "Наша способность влиять на поведение Ирака в самых разных областях - от Ливана до ближневосточного мирного процесса (косвенная ссылка на Израиль) - усиливается благодаря расширению торговли", - сказал Иглбургер.

Однако этого оказалось недостаточно, чтобы развеять подозрительность и враждебность некоторых демократов Конгресса, которые, возможно, реагировали на информацию, полученную из Израиля. В январе 1990 года Конгресс запретил выдачу кредитов Ираку и еще восьми странам, которые следователи Конгресса сочли враждебными по отношению к США. Это был срыв грандиозного плана войны с Ираком, о котором Буш не хотел, чтобы Конгресс знал. Поэтому 17 января 1990 года он освободил Ирак от запрета Конгресса.

Вероятно, опасаясь, что вмешательство Конгресса нарушит военные планы, специалист Госдепартамента Джон Келли направил заместителю госсекретаря по политике Роберту Кимиту служебную записку, в которой порицал Министерство сельского хозяйства за задержку в предоставлении кредитов Ираку. Этот инцидент в феврале

1990 года имеет большое значение, поскольку он показывает, что президент стремился завершить поставку оружия и технологий в Ирак, чтобы предотвратить срыв графика войны.

6 февраля Джеймс Келли, юрист Федерального резервного банка Нью-Йорка, отвечающий за регулирование деятельности BNL в США, написал служебную записку, которая должна была вызвать серьезное беспокойство: запланированная поездка в Италию следователей Федеральной резервной системы по уголовным делам откладывалась. BNL ссылался на опасения по поводу итальянской прессы. Поездка в Стамбул была отложена по просьбе генерального прокурора Ричарда Торнбурга.

В служебной записке Келли от февраля 1990 года говорилось следующее:

> "...Ключевой элемент отношений, и отказ от одобрения кредитов подогреет паранойю Саддама и ускорит его поворот против нас".

Если бы мы еще не знали о планируемой войне против Ирака, это последнее заявление показалось бы удивительным. Как США могли продолжать вооружать президента Хусейна, если они боялись, что он "обернется против нас"? По логике вещей, правильнее было бы отказаться от финансирования, а не вооружать страну, которая, по мнению Госдепартамента, может выступить против нас.

Март 1990 года принес несколько поразительных событий. Документы, представленные в федеральном суде Атланты, показывают, что Рейнальдо Петриньяни, посол Италии в Вашингтоне, сказал Торнбургу, что уличение итальянских чиновников в расследовании BNL будет "равносильно пощечине итальянцам". Позже Петриньяни и Торнбург отрицали, что этот разговор имел место. Это доказало одно: глубокую вовлеченность администрации Буша в кредитование Ирака компанией BNL.

В апреле 1990 года Межведомственный комитет заместителей Совета национальной безопасности во главе с заместителем советника по национальной безопасности Робертом Гейтсом собрался в Белом доме, чтобы обсудить возможное изменение отношения США к Ираку - новый поворот в циклоне лживой дипломатии.

В том же месяце, в другом неожиданном повороте событий, который, очевидно, не ожидали ни Буш, ни АНБ, Министерство финансов отказало Министерству сельского хозяйства США в выделении 500 миллионов долларов. В мае 1990 года Министерство финансов сообщило, что получило от АНБ служебную записку с возражениями против своих действий. В служебной записке говорилось, что сотрудники АНБ хотели предотвратить выдачу сельскохозяйственных кредитов

"поскольку это усугубило бы и без того напряженные внешнеполитические отношения с Ираком".

25 июля 1990 года, возможно, раньше, чем того хотел Комитет 300, ловушка была раскрыта. Воодушевленный растущим числом неудач, президент Буш разрешил послу США Эйприл Гласпи встретиться с президентом Хусейном. Целью встречи было заверить президента Саддама Хусейна в том, что Соединенные Штаты не имеют с ним ссор и не будут вмешиваться в межарабские пограничные споры, согласно ряду до сих пор нераскрытых телеграмм Госдепартамента, полученных конгрессменом Генри Гонсалесом. Это была явная ссылка на конфликт между Ираком и Кувейтом из-за нефтяных месторождений Румейла.

Иракцы восприняли слова Гласпи как сигнал из Вашингтона о том, что они могут послать свою армию в Кувейт, тем самым участвуя в заговоре. Как сказал Росс Перо на выборах в ноябре 1992 года:

"Я считаю, что в свободном обществе, принадлежащем народу, американский народ должен знать, что мы сказали послу Глэспи передать Саддаму Хусейну, потому что мы потратили много денег, рисковали жизнями и погибли в этой попытке и не достигли большинства наших целей".

Между тем, Гласпи исчезла из обращения и была изолирована в секретном месте вскоре после того, как появились новости о ее роли в иракской практике. Наконец, после того, как на нее надавили СМИ и два либеральных сенатора, которые вели себя так, словно Глэспи была трофейной женой, нуждающейся в особой галантности, она предстала перед комитетом Сената и все отрицала. Вскоре после этого Гласпи "ушла в отставку" из Госдепартамента, и, без сомнения, сейчас она живет в комфортной безвестности, из которой ее следует вырвать, привести к присяге в суде и заставить дать показания о том, как администрация Буша рассчитывала обмануть не только Ирак, но и эту страну.

29 июля 1990 года, через четыре дня после встречи Глэспи с иракским президентом, Ирак начал переброску своей армии к границе с Кувейтом, продолжая обман, Буш отправил команду на Капитолийский холм, чтобы дать показания против введения санкций против Ирака, укрепляя веру президента Хусейна в то, что Вашингтон закроет глаза на предстоящее вторжение в Ирак.

Два дня спустя, 2 августа 1990 года, иракская армия пересекла искусственную границу в Кувейте. Также в августе ЦРУ в совершенно секретном докладе сообщило Бушу, что Ирак не собирается вторгаться в Саудовскую Аравию и что иракская армия не разрабатывала никаких планов на случай непредвиденных обстоятельств.

В сентябре 1990 года посол Италии Ринальдо Петриньяни в сопровождении ряда сотрудников БНЛ встретился с прокурорами и следователями Министерства юстиции. На встрече Петриньяни заявил, что BNL стал "жертвой ужасного мошенничества - хорошая репутация банка имеет огромное значение, так как итальянское государство является его мажоритарным владельцем". Эти факты были раскрыты в документах, переданных председателю банковского комитета Палаты представителей Генри Гонсалесу.

Для опытных наблюдателей это означало только одно: готовился заговор, чтобы спустить с крючка настоящих виновников в Риме и Милане и свалить вину на местного виновника. Неудивительно, что была принята позиция "невиновен": позже появились неопровержимые доказательства того, что займы, выданные филиалом BNL в Атланте, были полностью благословлены штаб-квартирами BNL в Риме и Милане.

11 сентября 1990 года Буш созвал совместное заседание Конгресса и лживо заявил, что 5 августа 1990 года Ирак имел 150 000 солдат и 1500 танков в Кувейте, готовых нанести удар по Саудовской Аравии. Буш основывал свое заявление на ложной информации, переданной Министерством обороны. Министерство обороны должно было знать, что эта информация ложная, иначе его спутники КН11 и КН12 были неисправны, а мы знаем, что это не так. Очевидно, Бушу нужно было преувеличить, чтобы убедить Конгресс в том, что Ирак представляет угрозу для Саудовской Аравии.

Тем временем российские военные опубликовали собственные спутниковые снимки, показывающие точное количество войск в Кувейте. Чтобы прикрыть Буша, Вашингтон заявил, что спутниковые снимки были получены с коммерческого спутника, который был продан, в частности, телекомпании АВС. Доверив спутниковые снимки коммерческой компании, Россия пошла на небольшой обман. Совершенно очевидно, что Министерство обороны и президент лгали американскому народу и сейчас пойманы на лжи.

В то время президент Гонсалес задавал неудобные вопросы о возможной причастности администрации Буша к скандалу с BNL. В сентябре 1990 года помощник генерального прокурора по законодательным вопросам написал служебную записку на имя генерального прокурора, в которой говорилось следующее:

> "Наша лучшая попытка помешать любому дальнейшему расследованию Конгресса Банковским комитетом Палаты представителей по поводу займов (BNL) заключается в том, чтобы попросить вас обратиться непосредственно к председателю Гонсалесу".

26 сентября, через несколько дней после получения меморандума, Торнбург позвонил Гонсалесу и сказал ему не расследовать дело БНЛ из-за вопросов национальной безопасности. Гонсалес внезапно принял решение отменить расследование Банковского комитета Палаты представителей в отношении BNL. Позже Торнбург отрицал, что сказал Гонсалесу оставить BNL в покое. Вскоре в руки Гонсалеса попала служебная записка Госдепартамента от 18 декабря, в которой излагались соображения Торнбурга о "национальной безопасности". В служебной записке также говорилось, что расследование Министерства юстиции в отношении BNL не вызвало никаких вопросов или опасений, связанных с национальной безопасностью.

Кроме того, Разведывательное управление Министерства обороны объявило, что его группы в Италии узнали, что филиал BNL в Брешии одолжил Ираку 255 миллионов долларов на покупку наземных мин у итальянского производителя. В день объявления о "победе союзников" в войне в Персидском заливе Министерство юстиции, как и ожидалось, предъявило обвинение козлу отпущения в скандале с БНЛ. Кристофер Дрогул обвиняется в незаконном кредитовании Ирака на сумму более 5 миллиардов долларов и получении откатов в размере до 2,5 миллионов долларов. Мало кто верил, что малоизвестный кредитный инспектор в небольшом отделении итальянского государственного банка мог самостоятельно заключать такие крупные сделки.

С января по апрель 1990 года, когда давление на администрацию Буша нарастало, требуя объяснить вопиющие аномалии в скандале с СНЛ, Совет национальной безопасности предпринял шаги по сплочению рядов. 8 апреля Николас Ростоу, главный юрисконсульт СНБ, созвал совещание высокого уровня, чтобы изучить способы ответа на настоятельные запросы о предоставлении документации, поступившие, в частности, от председателя банковского комитета Палаты представителей Гонсалеса.

На встрече присутствовали С. Бойден Грей, юридический советник Буша, Фред Грин, советник Агентства национальной безопасности, Элизабет Риндскопф, главный советник ЦРУ, и множество юристов, представляющих министерства сельского хозяйства, обороны, юстиции, казначейства, энергетики и торговли. Ростоу открыл встречу, предупредив, что Конгресс, похоже, намерен выяснить отношения администрации Буша с Ираком до начала войны.

Ростоу сообщил адвокатам, что "Совет национальной безопасности координирует ответ администрации на запросы Конгресса о предоставлении документов, касающихся Ирака", добавив, что любой запрос Конгресса о предоставлении документов должен быть проверен на предмет "вопросов исполнительной привилегии, национальной безопасности и т.д.". Следует изучить альтернативные варианты предоставления документов. Эта информация в конечном итоге была получена Гонсалесом.

В жесткой обструкционистской политике администрации начали появляться трещины. 4 июня 1990 года чиновники Министерства торговли признали, что они замалчивали информацию в экспортных документах, чтобы скрыть тот факт, что Министерство на самом деле выдавало экспортные лицензии на поставки военного оборудования и технологий в Ирак.

Еще большие трещины начали появляться в июле, когда сотрудник ЦРУ по связям с Конгрессом Стэнли Московиц сообщил, что банковские чиновники BNL в Риме не только прекрасно знали о том, что произошло в филиале в Атланте задолго до предъявления обвинения Дрогулу, но и фактически подписали и одобрили иракские кредиты. Это прямо противоречило заявлению посла Петриньяни в Департаменте юстиции о том, что римский офис BNL ничего не знал об иракских кредитах, выданных его филиалом в Атланте.

Еще один неожиданный поворот - в мае 1992 года генеральный прокурор Уильям Барр написал письмо Гонзалесу, в котором обвинил Гонзалеса в нанесении ущерба "интересам национальной безопасности" путем раскрытия политики администрации в отношении Ирака. Несмотря на всю серьезность обвинения, Барр не приводит никаких подтверждений в пользу этого утверждения. Очевидно, что президент напуган и что ноябрьские выборы быстро приближаются. Этот момент не остался незамеченным Гонсалесом, который назвал обвинения Барра "политически мотивированными".

2 июня 1992 года Другал признал себя виновным в банковском мошенничестве. Недовольный судья Марвин Шубас просит Министерство юстиции назначить специального прокурора для расследования всего дела BNL. Но 24 июля 1992 года атака на Гонсалеса возобновилась благодаря письму директора ЦРУ Роберта Гейтса. Он критиковал президента за раскрытие того факта, что ЦРУ и ряд других разведывательных служб США знали о сделках администрации Буша с Ираком еще до войны в Персидском заливе. Позже в том же месяце. Письмо Гейтса было обнародовано банковским комитетом Палаты представителей.

В августе бывший глава отделения ФБР в Атланте открыто обвинил Министерство юстиции в том, что оно тянуло время и почти год откладывало вынесение обвинительных заключений по делу БНЛ. А 10 августа 1992 года Барр отказался назначить специального прокурора для расследования сделок администрации Буша с Ираком до войны в Персидском заливе, как того требовал судебный комитет Палаты представителей.

Затем, 4 сентября, Барр написал письмо в Банковский комитет Палаты представителей, заявив, что он не будет выполнять повестки Комитета о предоставлении документов BNL и соответствующей информации. Вскоре стало ясно, что Барр, должно быть, дал указание всем правительственным учреждениям отказаться от сотрудничества с Банковским комитетом Палаты представителей, поскольку через четыре дня после публикации письма Барра ЦРУ, Разведывательное управление Министерства обороны, Таможенная служба, Министерство торговли и Агентство национальной безопасности заявили, что они не намерены отвечать на запросы о предоставлении информации и документов по делу БНЛ.

Гонсалес вывел борьбу на трибуну Палаты представителей и показал, что на основании отчета ЦРУ от июля 1991 года стало ясно, что руководство BNL в Риме знало и одобряло кредиты Ираку из филиала в Атланте. Федеральные прокуроры в Атланте были ошеломлены этой крайне опасной информацией.

17 сентября 1991 года ЦРУ и Министерство юстиции в очевидной попытке сгладить ущерб согласились сообщить федеральным прокурорам в Атланте, что единственная имеющаяся у них информация о БНЛ уже была обнародована, что было вопиющей и безрассудной ложью с шокирующими последствиями. Поспешное оправдание себя и своих ведомств стало источником всех обвинений и междоусобиц, которые транслировались по всем новостным каналам непосредственно перед выборами.

Зная, что он провел большую часть последних ста дней своего срока, отчаянно пытаясь скрыть разгорающиеся вокруг него скандалы, Бушу был брошен спасательный круг: СМИ согласились не сообщать о деталях заговора. Дымовая завеса "национальной безопасности" сделала свое дело.

Продолжая пытаться дистанцироваться от других сторон,

вовлеченных в сокрытие "иракского гейта", Министерство юстиции согласилось с тем, что вскоре обнародует крайне вредные документы, свидетельствующие о том, что ЦРУ было заранее известно о "зеленом свете" на предоставление кредитов Ираку римским офисом BNL. Затем эта информация была передана судье Шубу, чьи прежние сомнения относительно обвинительного заключения по делу Другала оказались обоснованными.

Затем, 23 сентября 1992 года, Гонсалес объявил, что он получил секретные документы, которые ясно показывают, что в январе 1991 года ЦРУ знало, что БНЛ одобрил иракские кредиты на высоком уровне. В своем письме Гонсалес выразил обеспокоенность по поводу лжи Гейтса федеральным прокурорам в Атланте о том, что римский офис BNL не знал о том, чем занимается его филиал в Атланте.

Комитет Сената по разведке также обвинил Гейтса в том, что он ввел в заблуждение Министерство юстиции, федеральных прокуроров и судью Шуба относительно степени осведомленности ЦРУ о событиях в БНЛ. Министерство юстиции разрешило г-ну Дрогулу отозвать свое признание вины 1er октября. Единственная битва, которую вел и выиграл председатель банковского комитета Палаты представителей против администрации Буша, была проигнорирована СМИ из уважения к желаниям республиканской фракции и для защиты Буша, одного из своих любимых сыновей.

Через несколько дней судья Шуб отказался от участия в деле БНЛ. Он заявил, что пришел к выводу, что

"вполне вероятно, что американские спецслужбы знали о связях BNL-Atlanta с Ираком... ЦРУ продолжает отказываться от сотрудничества в попытках раскрыть информацию о том, что оно знало или участвовало в финансировании Ирака со стороны BNL-Atlanta".

Источник этой информации не мог быть раскрыт с самого начала, но суть ее позже появилась в репортаже, опубликованном *"Нью-Йорк Таймс"*.

Важное событие произошло, когда сенатор Дэвид Борен обвинил ЦРУ в сокрытии и лжи чиновникам Министерства юстиции. В своем ответе ЦРУ признало, что предоставило Министерству юстиции ложную информацию в своем сентябрьском отчете - не такое уж важное признание, поскольку Гонсалес, среди прочих, уже имел доказательства этого. ЦРУ заявило, что это была честная ошибка. Не было "никаких попыток ввести кого-либо в заблуждение или скрыть что-либо", - заявили в агентстве. ЦРУ также неохотно признало, что обнародовало не все имеющиеся у него документы по БНЛ.

На следующий день главный юрисконсульт ЦРУ г-н Риндскопф (который участвовал в брифинге 1991 года, организованном Николасом Ростоу из Агентства национальной безопасности, чтобы ограничить ущерб) повторил рефрен о "честной ошибке", назвав это дело "безусловно, досадной ошибкой" из-за неисправной системы подачи документов. Неужели это лучшее оправдание, которое смог придумать главный юрисконсульт ЦРУ? Ни сенатор Борен, ни представитель Гонсалес не были убеждены в этом.

Следует помнить, что истинной целью встречи 1991 года, созванной Николасом Ростоу, был контроль доступа ко всем правительственным документам и информации, которые могли бы раскрыть истинные отношения между администрацией Буша и багдадским правительством. Конечно, те, кто отвечает за попытку разрушить стену вокруг такой информации, имели право очень скептически отнестись к неубедительной отговорке Риндскопфа о некачественном заполнении документов.

Усилия Ростоу по предотвращению ущерба получили еще один удар 8 октября 1992 года, когда сотрудники ЦРУ были вызваны для дачи показаний на закрытом заседании сенатского комитета по разведке. Согласно информации, полученной из источников, близких к Комитету, сотрудникам ЦРУ пришлось нелегко, и в итоге они обвинили Госдепартамент, заявив, что тот утаил информацию, а затем предоставил недостоверные сведения о BNL-Atlanta по настоянию высокопоставленного сотрудника Министерства юстиции.

Официальное опровержение было опубликовано 9 октября 1992 года, причем Госдепартамент отказался взять на себя ответственность за то, что ЦРУ попросило не выдавать соответствующие документы БНЛ прокурорам в Атланте. Затем Министерство юстиции выдвинуло собственное обвинение, обвинив ЦРУ в бессистемной передаче одних секретных документов и сокрытии других. Сенатский специальный комитет по разведке согласился начать собственное расследование этих обвинений и встречных обвинений.

Стало ясно, что все стороны, присутствовавшие на встрече 8 апреля 1991 года, пытались дистанцироваться от этого дела. Затем, 10 октября, ФБР объявило, что тоже будет расследовать дело БНЛ-Атланта. ЦРУ отрицало, что когда-либо признавалось сенатскому комитету по разведке в том, что оно утаивало информацию по специальному запросу Министерства юстиции.

Эти странные события следуют одно за другим так быстро, что ежедневные объявления об обвинениях со стороны того или иного правительственного агентства продолжаются до 14 октября 1992 года. 11 октября Министерство юстиции объявляет, что его Управление по профессиональной ответственности будет проводить расследование в отношении себя и ЦРУ при содействии ФБР. Помощник генерального прокурора Роберт С. Мейлер III, представитель отдела общественной добросовестности Министерства юстиции, был назначен ответственным. Информация, полученная из офиса сенатора Дэвида Борена, предполагает, что Меллер принимает непосредственное участие в сокрытии информации от федеральных прокуроров в Атланте.

12 октября 1992 года, всего через два дня после того, как ФБР объявило о проведении собственного расследования дела БНЛ, телеканал ABC News заявил, что получил информацию о том, что в отношении директора ФБР Уильяма Сессии проводится расследование Управлением профессиональной ответственности Министерства юстиции. Обвинения включают нецелевое использование правительственного самолета, строительство забора вокруг своего дома за государственный счет и злоупотребление телефонными привилегиями - ни одно из них никак не связано с делом БНЛ.

Отчет ABC появился после того, как 10 октября ФБР объявило, что будет расследовать дело БНЛ. Это была попытка оказать давление на Сессии, чтобы он отменил обещанное расследование ФБР. Сенатор Борен сообщил журналистам:

"Время выдвижения обвинений против судьи Сессии заставляет меня задуматься, не предпринимается ли попытка оказать на него давление, чтобы он не проводил независимое расследование".

Другие указывали на заявление Сессии от 11 октября о том, что его расследование не будет обращаться за помощью к сотрудникам Министерства юстиции, которые сами могут находиться под следствием. "Министерство юстиции не будет участвовать в расследовании (ФБР), и ФБР не будет делиться информацией", - сказал Сессионс. В последние дни своей кампании по переизбранию Буш продолжал категорически отрицать, что он лично знал или участвовал в скандалах "Иракгейт" и "Иран/Контра".

Все пошло не так, как хотелось бы президенту, когда 12 октября 1992 года сенатор Говард Метценбаум, член сенатского специального комитета по разведке, написал генеральному прокурору Барру и попросил назначить специального прокурора:

"... Учитывая, что очень высокопоставленные чиновники вполне могли знать или участвовать в попытке освободить BNL-Rome от соучастия в деятельности BNL-Atlanta, ни одна ветвь исполнительной власти не может расследовать поведение правительства США в этом вопросе без хотя бы видимости конфликта интересов".

В письме Метценбаума говорилось, что существуют доказательства "тайного участия правительства США в продаже оружия Ираку", которые были получены в ходе судебного разбирательства в Атланте. Гонсалес направил Барру язвительное письмо, в котором призвал назначить специального прокурора, чтобы

"Обратиться к неоднократным и очевидным провалам и обструкции со стороны руководства Министерства юстиции... Лучший способ сделать это - поступить правильно и подать в отставку", - сказал Гонсалес.

Затем, 14 октября, сенатор Борен направил Барру письмо с просьбой назначить независимого специального прокурора:

"Необходимо провести действительно независимое расследование, чтобы определить, были ли совершены федеральные преступления при рассмотрении правительством дела BNL".

Далее Борен утверждает, что Министерство юстиции и ЦРУ занимались сокрытием дела БНЛ. На следующий день ЦРУ опубликовало телеграмму от начальника своей станции в Риме, в которой неизвестный источник обвинял высокопоставленных чиновников в Италии и США в том, что их подкупили, очевидно, для того, чтобы они не рассказали о том, что им известно о деле БНЛ-Атланта.

После этого наступило пятидневное затишье в огненной буре вокруг администрации Буша, пока специальный комитет Сената не начал расследование обвинений в том, что ЦРУ и АНБ использовали подставные компании для поставки Ираку военного оборудования и технологий в нарушение федерального закона. Некоторые демократы в судебном комитете Сената также призвали Барра назначить независимого прокурора, на что он снова ответил отказом.

Буш боролся за свою политическую жизнь, когда специальный прокурор Лоуренс Уолш опубликовал обвинительное заключение против бывшего министра обороны Каспара Уайнбергера, обвинив его во лжи Конгрессу. По словам источников в Вашингтоне, "в Белом доме было столпотворение". Уайнбергер, в свою очередь, заявил, что не будет играть роль козла отпущения для президента. Согласно одному из источников, К. Бойден Грей сказал президенту, что единственным возможным вариантом действий для него является помилование Уайнбергера.

Так, в канун Рождества 1992 года Буш помиловал Уайнбергера и еще пять ключевых фигур в скандале Иран/Контра: Бывший советник по национальной безопасности Роберт Макфарлейн, агенты ЦРУ Клэр Джордж, Дуэйн Клэрридж и Алан Файерс, а также бывший заместитель госсекретаря США Эллиотт Абрамс. Снисходительность Буша фактически оградила его от Уолша, загубив расследование по делу "Иран/Контра". Что касается Клинтона, то он до сих пор не проявил приоритетной заинтересованности в назначении специального прокурора.

Уолш быстро выразил свой гнев в средствах массовой информации. Президентское помилование

"демонстрирует, что влиятельные люди с могущественными союзниками могут совершать серьезные преступления, находясь на высоком посту, - сознательно злоупотребляя общественным доверием без последствий... Сокрытие Иран/Контра, продолжавшееся в течение шести лет, теперь закончилось...". Только за последние две недели, 11 декабря 1992 года, этот офис был проинформирован о том, что президент Буш не предоставил следствию свои крайне важные для дела записи (дневник Буша), несмотря на неоднократные запросы о предоставлении таких документов... В свете неправомерных действий самого президента Буша, скрывшего свой ежедневник, мы серьезно обеспокоены его решением помиловать других людей, которые лгали Конгрессу и препятствовали официальному расследованию."

Возможно, Уолш не знал, во что ввязывается, или что сокрытие происходило гораздо дольше, чем он подозревал. Хорошим примером является случай с израильским агентом Бен-Менаше. Целевая группа "Октябрьский сюрприз" Палаты представителей не сочла нужным вызвать Бен-Менаше в качестве свидетеля. Если бы комитет сделал это, он бы узнал, что Бен-Менаше рассказал корреспонденту *Time* Раджаю Самгабади о крупной сделке по продаже оружия между Израилем и Ираном в 1980 году "без протокола".

Во время судебного процесса над Бен-Менаше в 1989 году, на котором Самгабади давал показания в его пользу, выяснилось, что история об огромной незаконной продаже Израилем оружия Ирану неоднократно предлагалась журналу *Time*, который отказался ее печатать, хотя она была подтверждена Брюсом Ван Вурстом, бывшим агентом ЦРУ, работавшим в *Time*. Уолш, похоже, не знал, что либеральный истеблишмент Восточного побережья, возглавляемый Комитетом 300, не заботится о законе, потому что он сам принимает законы.

Уолш натолкнулся на ту же кирпичную стену, что и сенатор Юджин Маккарти, когда он пытался вызвать Уильяма Банди в свой комитет и получил только Джона Фостера Даллеса. Неудивительно, что Уолш не добился успеха, особенно когда дело дошло до схватки с "Черепом и костями".[5] Маккарти пытался заставить Даллеса дать показания о некоторых видах деятельности ЦРУ, но тот отказался сотрудничать.

R. Джеймс Вулси, человек, назначенный Клинтоном главой ЦРУ, сделает ли он что-нибудь, чтобы привлечь виновных к ответственности? Вулси является членом Клуба

---

[5] Член тайного общества "Череп и кости".

национальной безопасности, работал под руководством Генри Киссинджера в качестве члена Совета национальной безопасности и был заместителем министра ВМС в администрации Картера. Он также работал в многочисленных комиссиях и стал близким соратником Леса Аспина и Альберта Гора.

У Вулси есть еще один близкий друг - Дэйв Макмерди, член Комитета по разведке Палаты представителей, а также один из ключевых советников Клинтон. Юрист по профессии, Вулси был партнером в истеблишментской юридической фирме "Шай и Гарднер", в течение этого времени он действовал как иностранный агент - без регистрации в качестве такового в Сенате. Вулси также имел давние отношения адвокат-клиент с одним из высокопоставленных сотрудников ЦРУ.

Одним из самых известных клиентов Вулси был Чарльз Аллен, сотрудник национальной разведки в штаб-квартире ЦРУ в Лэнгли, штат Вирджиния. В отчете о внутреннем расследовании скандала Иран/Контра Аллен был обвинен своим начальником Уильямом Вебстером в сокрытии улик. Оказывается, Аллен так и не передал все свои файлы о взаимоотношениях с Манучером Горбанифаром, посредником в деле Иран/Контра. Вебстер угрожал Аллену, который обратился за помощью к Вулси, сказав, что совершил "простую ошибку". Когда Сессии узнал, что интересы Аллена представлял Вулси, он прекратил дело. Те, кто близко знаком с этим вопросом, говорят, что с приходом Вулси на пост главы ЦРУ другие лица, не помилованные Бушем, найдут в лице Вулси "открытую дверь".

III. Нефтяная политика США

Нефтяная политика США в зарубежных странах представляет собой последовательную историю дипломатии через ложь. Исследуя документы Госдепартамента для этой книги, я обнаружил множество документов, в которых открыто провозглашается поддержка Standard Oil в Мексике и американских нефтяных компаний на Ближнем Востоке. Тогда мне стало ясно, что Госдепартамент был вовлечен в гигантский заговор дипломатии путем обмана в области иностранной нефти.

Директива Госдепартамента от 16 августа 1919 года, адресованная всем консулам и посольствам в зарубежных странах, призывала к массовому шпионажу и удвоению численности персонала иностранных служб для оказания помощи крупным нефтяным компаниям США:

"Джентльмены: Жизненно важное значение обеспечения адекватных поставок углеводородов для нынешних и будущих потребностей Соединенных Штатов было доведено до сведения Департамента. Во многих частях мира граждане разных стран активно занимаются разработкой разведанных месторождений и разведкой новых районов, а также активно ищут концессии на право добычи полезных ископаемых. Желательно иметь наиболее полную и актуальную информацию об этой деятельности граждан США или других лиц.

"Поэтому вы несете ответственность за получение и своевременную передачу время от времени информации, касающейся аренды нефтяных участков, изменений в собственности на нефтяные объекты или значительных изменений в собственности или контроле компаний, участвующих в добыче или распределении нефти.

"Также должна быть представлена информация о разработке новых месторождений или увеличении эксплуатации добывающих регионов. Желательно получить исчерпывающие данные, и отчеты не должны ограничиваться вышеуказанными пунктами, а должны включать информацию по всем вопросам, представляющим интерес для минеральной нефтяной промышленности, которые могут возникать время от времени...".

Эта директива была издана после долгой и ожесточенной борьбы с мексиканским правительством. Как мы увидим в следующей истории, А.К. Бедфорд, президент Standard Oil, потребовал вмешательства правительства США:

"Любая соответствующая дипломатическая поддержка для получения и эксплуатации нефтяных объектов за рубежом должна быть поддержана правительством."

Федеральная торговая комиссия быстро рекомендовала "дипломатическую поддержку" этим нефтяным компаниям за рубежом.

Чарльз Эванс Хьюз также давал показания перед Федеральным советом по сохранению нефти при Кулидже, настаивая на том, что политика Госдепартамента и нефтяных компаний должна быть синонимичной:

"Внешняя политика администрации, выраженная фразой "Открытая дверь", последовательно проводимая Государственным департаментом, позволила разумно продвигать наши американские интересы за рубежом и в значительной степени обеспечивать потребности нашего народа.

На самом деле это означало необходимость слияния государственных и частных нефтяных интересов. Не случайно Эванс был советником Американского института нефти и компании Standard Oil.

Хрестоматийный пример: эксплуатация мексиканской нефти

История мексиканской нефтедобычи также является примером того, как это достигается. Завоевание главного природного ресурса Мексики - ее нефти - остается уродливым и открытым пятном на страницах американской истории.

Нефть в Мексике была обнаружена британским строительным магнатом Витманом Пирсоном, чья компания входила в глобальную сеть компаний Комитета 300. Пирсон не занимался нефтяным бизнесом, но его поддерживали британские нефтяные компании, в частности, Royal Dutch Shell Company. Вскоре он стал крупнейшим производителем в Мексике.

Президент Мексики Порфирио Диас официально передал Пирсону эксклюзивные права на разведку нефти, уже передав "эксклюзивное право" Эдварду Дахони из Standard Oil, который был известен как "мексиканский нефтяной царь". Как мы увидим, Диас боролся за интересы своих элитарных сторонников. Он также находился под сильным влиянием Дахони и президента Уоррена Хардинга.

Это можно проследить до Договора Гваделупе Идальго 1848 года, по которому Мексика уступила Соединенным Штатам Альта Калифорнию, Нью-Мексико и северные районы Соноры, Коауилы и Тампаулиса за 15 миллионов долларов. Техас был аннексирован США в 1845 году. Одной из главных причин аннексии Техаса было то, что геологи знали об огромных залежах нефти, которые лежат под его землей.

В 1876 году Диас сверг Леордо де Техада, а 2 мая 1877 года он был провозглашен президентом Мексики. Он оставался на своем посту до 1911 года, за исключением четырех лет (1880-1884). Во время своего диктаторского правления Диас стабилизировал финансы, реализовал промышленные проекты, построил железные дороги и увеличил объем торговли, сохраняя при этом лояльность к тем, кто привел его к власти. Королевская власть" Мексики была тесно связана с королевской властью Британии и Европы.

Именно принятие нового горного кодекса 22 ноября 1884

года открыло для Пирсона возможность начать добычу нефти. В отличие от старого испанского закона, новый закон предусматривает, что свидетельство о праве собственности несет в себе право собственности на продукты недропользования. Он также позволил коммунальным землям, принадлежащим индейцам и метисам, перейти в руки 1,5 миллионов представителей "высшего класса" Мексики. Именно в этом контексте Диас начал предоставлять концессии иностранным инвесторам.

Первым, кто получил уступку, был Дахони, близкий соратник министра внутренних дел Альберта Фолла и президента Хардинга, которому Дахони дал большие суммы денег на свою кампанию. В кабинет Хардинга входило не менее четырех нефтяников, включая Фолла. В 1900 году Дахони купил 280 000 акров земли Асиенда-дель-Тулильо за 325 000 долларов. В качестве "награды" президенту Диасу Дахони мог буквально украсть землю или купить ее по смехотворно низким ценам.

После четырех лет работы "Дахони" добывал большую часть из 220 000 баррелей нефти, поступающей из Мексики. Думая, что он хорошо устроился, Дахони, по указанию правительства США, отказался увеличить выплаты "вознаграждения" президенту Диасу, несмотря на то, что месторождения Потреро и Серо-Азул приносили более миллиона долларов в неделю. Такое отношение было довольно типичным для эгоистичной жадности Джона Д. - тенденции, пронизывающей всю семью Рокфеллеров. В этот момент Диас, недовольный Дахони, сделал Пирсону "одноразовую уступку". К 1910 году компания Пирсона Mexican Eagle Company приобрела 58% от общего объема производства в Мексике.

В ответ Рокфеллер приказал взорвать скважины Пирсона, а на его рабочих напали крестьяне, которых он на свои деньги вооружил для этой цели. Большие банды разбойников были вооружены и обучены для уничтожения трубопроводов и нефтяных объектов "Мексиканского орла". Все злые уловки, которым научил Уильям "Док" Эйвери Рокфеллер, всплыли в войне Джона Д. Рокфеллера против Пирсона.

Но Пирсон оказался более чем достойным противником Рокфеллера, отбиваясь с помощью аналогичной тактики. Рассчитывая, что в Мексике недостаточно нефти для продолжения борьбы (что оказалось большой ошибкой), Рокфеллер отступил и оставил поле боя открытым для Пирсона. Позже Джон Д. пожалел о своем решении выйти из борьбы и направил ресурсы Штандарта на создание кровавого хаоса в Мексике. В этой стране волнения называли "мексиканскими революциями", которые никто не понимал.

В знак признания его заслуг перед британскими нефтяными интересами Пирсон получил титул "лорд Каудрей" и стал известен под этим именем. Он также стал постоянным членом Комитета 300. Лорд Каудрей был в хороших отношениях с президентом Вильсоном, но за кулисами Джон Д. пытался подорвать эти отношения и возобновить эксплуатацию мексиканской нефти. Однако лорд Каудрей намерен сохранить большую часть прибыли от мексиканской нефти в британской государственной казне.

Нефтяная дипломатия Лондона и Вашингтона мало отличается по степени агрессивности. Мотивы и методы остались удивительно неизменными. В конце концов, международная власть остается, прежде всего, экономической. 21 января 1928 года контр-адмирал Чарльз Планкетт, командующий Бруклинской военно-морской верфью, выступил в защиту военно-морской программы президента Калвина Кулиджа стоимостью 800 миллионов долларов, заявив:

"Наказанием за коммерческую и промышленную эффективность неизбежно становится война.

Это было связано с большим спросом на нефть для военно-морских судов. Планкетт положил глаз на нефть в Мексике.

Логично, что государство, контролирующее мировые

товарные активы, управляет им. Когда у Великобритании был большой военно-морской флот, необходимый для поддержания мировой торговли, это было ключом к британским операциям в нефтедобывающих странах. Америка быстро училась, особенно после приезда семьи иллюминатов Даллеса, как мы увидим.

Давайте вернемся в Мексику, где в 1911 году Диас был свергнут Франсиско Мадеро, и узнаем, какую роль в этом развитии сыграла компания Standard Oil. Генерал Викториано Уэрто встревожил британские нефтяные интересы, заявив о своем намерении вернуть контроль над мексиканской нефтью, и британцы попросили лорда Каудрея (который к тому времени продал свои мексиканские операции компании Shell) убедить президента Вильсона помочь им свергнуть Уэрту.

Это была хорошая идея, потому что британцы знали, что Standard Oil стоит за революцией Мадеро в 1911 году, которая свергла президента Диаса. Революция, которая, по мнению Standard Oil, была необходима, чтобы положить конец изнасилованию британцами "их" мексиканской нефти. Франсиско Мадеро, ставший президентом Мексики 6 ноября 1911 года, мало понимал, какие силы дергают его за ниточки, и играл в политическую игру, не понимая, что политика основана исключительно на экономике. Но Хуэрта, который заменил его, знал, как ведется игра.

Standard Oil принимала активное участие в падении Порфирио Диаса. Показания, данные рядом свидетелей на слушаниях Комитета по международным отношениям Сената в 1913 году, свидетельствовали о причастности Дахони и Standard Oil к финансированию революции Мадеро в 1911 году. Один из свидетелей, Лоуренс Э. Конверс, рассказал членам комитета гораздо больше, чем Стандарт хотел, чтобы они услышали:

> "Господин Мадеро сказал мне, что как только повстанцы (силы Мадеро) продемонстрируют хорошую силу, несколько крупных банкиров в Эль-Пасо (Техас) готовы

выдать ему аванс. Я полагаю, что сумма составляла 100 000 долларов и что интересы Standard Oil купили временное правительство Мексики... Они (губернатор Гонсалес и государственный секретарь Эрнандес) сказали, что интересы Standard Oil поддерживают Мадеро в его революции...".

Администрация Вильсона, стремясь ограничить уступки Каудрея, устанавливает дипломатические отношения с правительством Мадеро, приказав ввести эмбарго на поставки оружия любым контрреволюционерам. Полковник Хаус (контролер Вудро Вильсона) выставил Каудрея злодеем, когда Франсиско Уэрта сверг Мадеро. "Нам не нравится он (Каудрей), потому что мы думаем, что между ним и Карденом (сэр Лайонел Карден, британский министр в Мексике) увековечивается множество наших проблем", - сказал Хаус.

Полковник Хаус справедливо обвинил Уэрту в том, что его привели к власти британцы, чтобы уступки "Стандарта" могли быть уменьшены за счет расширения нефтяной эксплуатации лордом Каудрэем. Президент Вильсон отказался признать правительство Уэрты, хотя Великобритания и другие великие державы признали его. заявил Уилсон:

> "Мы не можем испытывать симпатии к тем, кто стремится захватить власть правительства для продвижения своих личных интересов или амбиций".

Представитель Комитета 300 сказал президенту Вильсону: "Вы говорите, как нефтяник из Standard Oilman". Был задан вопрос:

> "... Что представляет собой нефть или торговля Мексики по сравнению с тесной дружбой между США и Великобританией? Обе страны должны согласиться с этим фундаментальным принципом - пусть их нефтяные интересы ведут свои собственные сражения, юридические и финансовые".

Близкие к президенту Вильсону люди говорили, что он был

заметно потрясен тем фактом, что британская разведывательная служба MI6 обнаружила его прямые связи с мексиканскими компаниями Standard, что начало портить его имидж как президента-демократа. Хаус предупредил его, что пример Уэрто, бросившего вызов власти США, может быть распространен на всю Латинскую Америку, если США (включая Standard Oil) не заявят о себе. Это была прекрасная головоломка для "либерального демократа".

Министр внутренних дел Фолл призвал Сенат США направить американские вооруженные силы в Мексику для "защиты жизни и имущества американцев". Эти доводы также были использованы президентом Бушем для отправки американских войск в Саудовскую Аравию для "защиты жизни и имущества" компании British Petroleum и ее сотрудников, не говоря уже о бизнесе его собственной семьи, нефтяной компании Zapata Oil Company. Сапата был одной из первых американских нефтяных компаний, подружившихся с Аль Сабахами из Кувейта.

В 1913 году Комитет по международным отношениям Сената США провел слушания по поводу того, что он назвал "революциями в Мексике". Американская общественность, как тогда, так и сейчас, не имела представления о том, что происходит, и газеты заставили ее поверить в то, что большое количество "сумасшедших мексиканцев бегают и стреляют друг в друга".

Дахони, выступая в качестве свидетеля-эксперта, был весьма лиричен в своем завуалированном требовании к правительству Вашингтона применить силу для удержания Уэрты. Он сказал:

"... Мне кажется, что Соединенные Штаты должны воспользоваться предприимчивостью, способностями и новаторским духом своих граждан, чтобы приобрести, иметь и удерживать разумную долю мировых запасов нефти. Если они этого не сделают, то обнаружат, что запасы нефти, не находящиеся в пределах американской территории, будут быстро приобретены гражданами и правительствами других стран...".

Кажется, мы уже слышали подобную цитату в более недавние времена, когда "сумасшедший" Саддам Хусейн, как говорили, представлял угрозу для мировых поставок нефти. Министр Фолл дополнил свои призывы в Сенате к вооруженному вторжению в Мексику:

> "...и предоставить свою помощь (т.е. американские вооруженные силы) для восстановления порядка и поддержания мира в этой несчастной стране, а также для передачи административных функций в руки способных и патриотичных мексиканских граждан".

Сходство между обманом, совершенным против Сената и народа Соединенных Штатов Дахони из Standard Oil и министром Фоллом, имеет удивительное сходство с риторикой Буша до и во время его незаконной войны против Ирака. Буш заявил, что американским солдатам необходимо "принести демократию в Кувейт".

Правда в том, что демократия была совершенно чуждой концепцией для кувейтских диктаторов Аль-Сабаха.

Как только Америке удалось вернуть Кувейт для компании British Petroleum (пример особой дружбы между США и Великобританией, о которой говорил посланник Комитета 300 во время своего визита к президенту Вильсону), Буш обратил свое внимание на "печальную и несчастную страну Ирак".

Подобно Вильсону, который считал, что "тиран Уэрта" должен быть смещен, а Мексика восстановлена, чтобы "обеспечить порядок и мир в этой несчастной стране, передав административные функции в руки компетентных и патриотичных мексиканских граждан", Буш, используя аналогичную формулу, заявил, что Америка должна избавиться от "тирана Сааддама". (Орфографическая ошибка намеренная.)

Вскоре американцы были убеждены, что причиной всех проблем Ирака является президент Хусейн, то, что полковник Хаус через Вильсона рассказал американскому народу о президенте Мексики Уэрте. В обоих случаях, в Мексике и Ираке, общим знаменателем являются нефть и жадность. Сегодня госсекретарь Совета по международным отношениям Уоррен Кристофер заменил Дахони, Фолла и Буша и продолжает утверждать, что Хусейн должен быть свергнут, чтобы спасти иракский народ.

Кристофер просто продолжает использовать ложь, чтобы скрыть цель Комитета 300 - полный захват нефтяных месторождений Ирака. Это ничем не отличается от политики Вильсона в отношении Уэрты.

Если в 1912 году Вильсон представил "угрозу Уэрты" как опасность для Панамского канала, то Буш представил Хусейна как угрозу для поставок американской нефти из Саудовской Аравии. В обоих случаях это не было правдой: Уилсон солгал об "угрозе" Панамскому каналу, а Буш солгал о "продолжающемся вторжении" иракской армии в Саудовскую Аравию. В обоих случаях такой угрозы не существовало. Словесная атака Уилсона на Хеврта была обнародована в речи перед Союзным нефтяным советом.

В речи, подготовленной для него полковником Хаусом, Вильсон заявил Конгрессу, что Мексика представляет собой "постоянную опасность для американских интересов".

"Нынешняя ситуация в Мексике несовместима с выполнением международных обязательств Мексики, с цивилизованным развитием самой Мексики и с поддержанием терпимых политических и экономических условий в Центральной Америке", - сказал Уилсон.

"Мексика наконец-то стала местом, куда смотрит весь мир. В Центральную Америку скоро придут великие мировые торговые пути и перекресток, идущий от побережья к перешейку...".

Фактически, Вильсон объявил, что отныне политика американских нефтяных компаний станет политикой Соединенных Штатов Америки.

Президент Вильсон был полностью подчинён Уолл-стрит и Standard Oil. Несмотря на то, что 1er мая 1911 года Верховный суд принял решение о возбуждении антимонопольного дела против Standard Oil, он дал указание американским консулам в Центральной Америке и Мексике "донести до властей мысль о том, что любое плохое обращение с американцами может вызвать вопрос о вмешательстве". Эта цитата взята из пространного документа Государственного департамента, а также из слушаний, проведенных сенатским комитетом по международным отношениям в 1913 году.

После этого сообщения Вильсон попросил государственного секретаря Уильяма Брайана дать понять, что он хочет, чтобы президент Уэрта поскорее уехал:

> "Совершенно очевидно, что Уэрта обязан немедленно уйти с поста мексиканского правительства и что правительство США должно сейчас использовать все необходимые средства для достижения этого результата.

В лучшем стиле империалистических Соединенных Штатов, 12 ноября 1912 года Вильсон выдвинул еще одно обвинение против президента Уэрты:

> "Если генерал Уэрта не уйдет силой обстоятельств, долгом Соединенных Штатов будет использовать менее мирные средства для его смещения".

Воинственное заявление Вильсона тем более шокирует, что оно последовало после мирных выборов, на которых был переизбран президент Уэрта.

Можно задаться вопросом, почему, если так обстояло дело с Панамой, наследник Джона Д., Дэвид Рокфеллер, так упорно боролся за то, чтобы отдать Панамский канал полковнику Торрихосу, но это тема другой главы под названием "Панама и мошеннический договор Картера-Торрихоса".

Неудивительно, что американский народ в то время принял воинственное нападение Вильсона на Мексику, тонко замаскированное под "патриотизм" и интересы

Соединенных Штатов. В конце концов, разве основная часть населения, а я полагаю, что это 87% американцев, не поддержала Буша в его нападении на Ирак, и разве мы не виновны в том, что допустили бесчеловечное и абсолютно неоправданное эмбарго против Ирака?

Мы не должны удивляться сходству риторики Вильсона и Буша, поскольку оба они контролировались нашим высокопоставленным параллельным секретным правительством,[6] так же, как Клинтон контролируется из Чатем-Хауса в Лондоне в лице г-жи Памелы Гарриман. Неудивительно, что Уоррен Кристофер продолжает большую ложь против Ирака. Нефть и жадность являются определяющим фактором в 1993 году, как и в 1912 году. Обвинения, которые я здесь выдвигаю против Уилсона, хорошо документированы автором Антоном Мором в его книге "Нефтяная война".

Именно Америка нанесла наибольший ущерб Мексике в 1912 году, ввергнув ее в гражданскую войну, ложно названную "революцией", точно так же, как мы являемся нацией, которая нанесла наибольший ущерб Ираку в 1991 году, и продолжаем это делать, нарушая нашу Конституцию, которую члены Конгресса, поклявшиеся соблюдать, потерпели жалкое и ничтожное фиаско.

Министр Брайан заявил европейским державам, которым не нравилось то, что происходило в Мексике, что

> "перспективы мира, безопасности собственности и быстрой выплаты внешних обязательств более многообещающие, если Мексика будет оставлена силам, которые в настоящее время там воюют".

Это был классический пример дипломатии путем лжи. Что Брайан не сказал европейцам, так это то, что он отнюдь не бросил Мексику "на произвол судьбы". Вильсон уже начал изолировать Уэрту, наложив финансовое и оружейное эмбарго. В то же время он вооружал и финансово

---

[6] Знаменитое "Глубинное государство".

поддерживал силы, контролируемые Венустиано Каррансой и Франсиско Вильей, и подстрекал их к свержению генерала Уэрты.

9 апреля 1914 года консул США устроил в Тампико кризис, в результате которого была арестована группа американских морских пехотинцев. Правительство США потребовало извинений, а когда их не последовало, прервало контакты с правительством Уэрты. К 21 апреля инцидент обострился до такой степени, что американским войскам было приказано выступить в поход на Веракрус.

Воспользовавшись инцидентом в Тампико, Вильсон смог оправдать отправку военно-морских сил США в Веракрус. Предложение Уэрты передать дело Вера-Крус в Гаагский трибунал было отклонено Вильсоном. Как и его преемник Буш в случае с президентом Хусейном, Вильсон не позволил ничему встать на пути к окончанию правления генерала Уэрты. В этом Уилсону очень помог Дахони из Standard Oil, который сообщил Уилсону и Брайану, что он дал мятежному Каррансе 100 000 долларов наличными и 685 000 долларов в виде кредитов на топливо.

В середине 1914 года Мексика была приведена в состояние полного хаоса из-за вмешательства президента Вильсона в ее дела. 5 июля Уэрта был избран президентом путем всенародного голосования, но 11 июля он подал в отставку, когда стало ясно, что Вильсон будет разжигать беспорядки до тех пор, пока он будет держать бразды правления в Мексике.

Месяц спустя генерал Обрегон захватил Мехико и назначил Каррансу президентом. Но на севере Франсиско Вилья стал диктатором. Вилья выступал против Каррансы, но Соединенные Штаты все равно признали Каррансу. Латиноамериканские страны теперь опасаются вмешательства США, что подкрепляется боями между войсками Виллы и американскими силами в Карризале.

В результате возмущения в Латинской Америке, и особенно принимая во внимание реакцию своих консультантов по

Латинской Америке, 5 февраля 1917 года Вильсон приказал вывести американские войска из Мексики. Карранса разочаровал своих американских сторонников тем, что не сделал ничего, чтобы помочь их делу. Вместо этого он попытался оправдать революцию 1911 года, которая, по его словам, была необходима для сохранения целостности Мексики. Это было не то, что ему приказали сказать американские нефтяные компании.

В январе 1917 года новая мексиканская конституция была готова, и это стало шоком для компаний Standard Oil и Cowdray's. Карранса был избран на четыре года. Новая конституция, которая фактически объявила нефть неотъемлемым природным ресурсом мексиканского народа, вступила в силу 19 февраля 1918 года, и новый налог также взимался с нефтяных земель и контрактов, заключенных до 1er мая 1917 года.

Этот дополнительный налог, предусмотренный статьей 27 так называемого документа США, был "конфискационным" и, по сути, поощрял американские компании в Мексике не платить налоги. Правительство Каррансы ответило в Вашингтоне, что налогообложение является вопросом "суверенного государства Мексика". Как бы ни старался Госдепартамент США, он не смог переубедить Каррансу: мексиканская нефть принадлежит Мексике, и если иностранцы и могут инвестировать в нее, то только за определенную цену - налоги. Нефтяные компании осознают, что Карранса перевернулся.

В этот момент Каудрей обратился к президенту США, попросив его "вместе противостоять общему врагу (национализации)". Карранса теперь был персоной нон грата, и Каудрей попытался продать свои акции, потому что предвидел еще большую неразбериху, поскольку три главных мексиканских генерала боролись за власть. Предложение Коудрея о продаже было принято компанией Royal Dutch Shell Company. Хотя условия были неопределенными, Каудрей получил солидную прибыль от продажи своих акций.

После долгих боев, в ходе которых Карранса был убит, а на Вилью было совершено покушение, 5 сентября 1923 года генерал Обрегон был избран президентом. 26 декабря Уэрта возглавил восстание против Обрегона, но потерпел поражение. Обрегон получил поддержку Вашингтона при условии, что он ограничит применение конституции, которую иностранные нефтяные компании считали столь неприемлемой. Вместо этого Обрегон ввел 60-процентный налог на экспорт нефти. Правительство США и нефтяные компании были в ярости от того, что они считали отступничеством Обрегона.

В течение почти пяти лет Вашингтон продолжал атаковать мексиканскую конституцию, скрывая при этом свои истинные мотивы. В 1927 году Мексика находилась в тисках гражданских беспорядков, а ее казна была почти пуста. Мексиканское правительство было вынуждено капитулировать. Нет лучшего описания того, как мексиканцы относились к тому, что их нефть была разграблена, чем редакционная статья в *El Universal* de Mexico City, октябрь 1927 года:

> "Американский империализм - это фатальный продукт экономической эволюции. Бесполезно пытаться убедить наших северных соседей не быть империалистами; они не могут не быть империалистами, какими бы благими намерениями они ни руководствовались. Давайте изучать естественные законы экономического империализма в надежде найти метод, который, вместо того чтобы слепо противостоять ему, смягчит его действие и обратит его в нашу пользу".

За этим последовал полный и тотальный отказ президента Плутарко Каллеса от Конституции Мексики. Этот откат был продолжен последующими правительствами Мексики. Мексика заплатила за сближение, отступив от принципов, за которые она боролась в 1911 и 1917 годах. 1er июля 1928 года генерал Обрегон был переизбран президентом, но через 16 дней на него было совершено покушение. Иностранные нефтяные компании были обвинены в преступлении и в том, что они держат Мексику в состоянии неопределенности.

Правительство США действовало в союзе со Standard Oil и лордом Каудрэем, чтобы заставить правительство Мексики отменить указ от 19 февраля 1918 года, который объявлял нефть неотъемлемым природным ресурсом мексиканского народа. 2 июля 1934 года Каллес выбрал генерала Лазаро Карденаса своим преемником. Впоследствии Карденас ополчился против Каллеса, назвав его "слишком консервативным", и под давлением британских и американских нефтяных интересов арестовал Каллеса после его возвращения из США в 1936 году. Документы Госдепартамента не оставляют сомнений в том, что в этих событиях замешана рука правительства США.

Карденас симпатизировал американским и британским нефтяным компаниям, но Винсенте Ломбардо Толедано, лидер Конфедерации мексиканских рабочих, был категорически против. Карденас был вынужден уступить требованиям этой группы, и 23 ноября 1936 года новый закон об экспроприации дал правительству право изымать собственность, особенно нефтяные земли. Это было противоположно тому, чего ожидали правительство США и нефтяные компании, и это привело нефтяные компании в панику.

В 1936 году 17 иностранных компаний занимались выкачиванием нефти, которая по праву принадлежала Мексике. Ситуация была очень похожа на ту, что сложилась в Южной Африке, где после англо-бурской войны (1899-1902) семья Оппенгеймеров из Комитета 300 опустошала Южную Африку от золота и алмазов, отправляя их в Лондон и Цюрих, в то время как южноафриканский народ получал незначительную выгоду. Англо-бурская война стала первой открытой демонстрацией силы и мощи Комитета 300.

С помощью как "черного золота", так и "желтого золота" были разграблены национальные ресурсы Мексики и

Южной Африки, которые действительно принадлежат народу. Все это происходило под прикрытием мирного соглашения, которое рухнуло только тогда, когда появились сильные национальные лидеры, такие как Даниэль Малан в Южной Африке и Лазаро Карденас в Мексике.

Но в отличие от Малана, который не смог сдержать воровских заговорщиков, национализировав золотые прииски, Карденас 1er ноября 1936 года издал указ, в котором права на недра Standard Oil и других компаний были объявлены национализированными. Чистым следствием этого указа стало лишение нефтяных компаний возможности работать в Мексике и репатриировать свою прибыль в США. В течение многих лет мексиканские нефтяники жили на грани нищеты, в то время как Рокфеллер и Каудрей раздували свою казну от прибылей. Каудрей стал одним из богатейших людей Англии; американцы слишком хорошо знают масштабы империи Рокфеллеров.

Кровь тысяч мексиканцев была пролита без необходимости из-за жадности компаний Standard Oil, Eagle, Shell и др. Революции сознательно провоцировались американскими манипуляторами и всегда поддерживались соответствующими правительственными чиновниками США. В то время как Каудрей жил в абсолютной роскоши и посещал лучшие клубы Лондона, мексиканские нефтяники были хуже рабов фараонов, жили в убожестве и ютились в трущобах, не поддающихся описанию.

18 марта 1938 года правительство Карденаса национализировало собственность американских и британских нефтяных компаний. В ответ США прекратили покупать серебро у Мексики. Британское правительство разорвало дипломатические отношения. Втайне Standard Oil и британские нефтяные компании финансировали генерала Сатурнино Седильо, подстрекая его к восстанию против Карденаса. Однако массовая демонстрация поддержки Карденаса населением положила конец попытке восстания в течение нескольких недель.

США и Великобритания быстро ввели бойкот мексиканской нефти, что привело к разорению национальной нефтяной компании, известной как PEMEX. Затем Карденас заключил бартерные соглашения с Германией и Италией. Это обманное поведение обоих правительств - которые большинство людей считали столпами западной цивилизации - продолжилось, когда коммунисты попытались захватить Испанию, а мексиканское правительство попыталось нарушить нефтяной бойкот, отправляя нефть правительству генерала Франко.

В франко-коммунистической войне, известной как Гражданская война в Испании, Рузвельт поддерживал коммунистическую сторону и разрешил ей вербовать людей и боеприпасы в США. Вашингтон принял официальную политику "нейтралитета", но этот обман был плохо скрыт и раскрылся, когда в дело была втянута компания Texaco.

Компания PEMEX решила поставлять Франко нефть, используя танкеры Texaco для ее транспортировки в испанские порты. Сэр Уильям Стивенсон, глава разведки МИ-6, донес на Texaco Рузвельту. Как обычно бывает, когда правые антикоммунистические правительства борются за существование своей страны, тайное параллельное правительство США приказало Рузвельту прекратить поставки мексиканской нефти Франко. Но это не мешало большевикам вербовать людей в США или получать боеприпасы и финансирование с Уолл-стрит. Texaco действовала не из сочувствия к Франко или Мексике: ее мотивом была прибыль. Это показывает, что происходит, когда такой фабианский социалист, как Рузвельт, управляет страной, противящейся социализму.

Только в 1946 году с избранием президента Мигеля Алемана в Мексику вернулось подобие порядка. 30 сентября 1947 года мексиканское правительство произвело окончательное урегулирование всех претензий США и Великобритании по экспроприации. Это обошлось мексиканскому народу дорогой ценой и оставило фактический контроль над нефтью в руках американских и британских нефтяных компаний. Таким образом, указ об экспроприации, подписанный Карденасом в 1936 году, был лишь частичным успехом.

В 1966 году, когда несколько писателей разоблачили жадность и коррупцию лорда Каудрея, он нанял Десмонда Янга для написания книги, в которой обелил и преуменьшил свою причастность к Диасу и Уэрте. В 1970 году президент Ричард Никсон, по просьбе Совета по международным отношениям, подписал соглашение с президентом Диасом Ордасом, которое предусматривало мирное урегулирование будущих пограничных и других споров (например, о нефти).

Это соглашение действует и сегодня, и хотя методы грабежа мексиканской нефти изменились, намерения и мотивация не изменились. Существует распространенное заблуждение относительно соглашения Никсона, а именно, что оно представляло собой изменение в политике Вашингтона. Это должно было создать впечатление, что мы теперь признаем право Мексики на ее природные ресурсы. Это повторение того периода, когда Морроу заключил соглашение с Кайлесом-Обрегоном, о чем американскому народу говорили как о "большой уступке со стороны Соединенных Штатов", хотя на самом деле это была едва ли уступка вообще, насколько это было важно для Вашингтона. Это политика дипломатии путем лжи.

IV. Рокфеллер: злой гений

Ни одна другая отрасль не была так коррумпирована, как могущественная нефтяная промышленность, и ни одна другая отрасль не заслужила таких эпитетов в свой адрес. Когда американские индейцы привели отца Жозефа де ла Рош Дайона, французского францисканского миссионера, к таинственному бассейну с черной водой в Западной Пенсильвании, они и представить себе не могли, к каким ужасным результатам это приведет.

Нефтяная промышленность пережила все попытки прорваться сквозь ее стены, будь то со стороны правительства или частных лиц. Нефтяная промышленность США пережила личные распри покойных сенаторов Генри Джексона и Фрэнка Черча и вышла из многочисленных расследований, сохранив свои секреты нетронутыми. Даже антимонопольные иски не смогли сломить ее власть.

Нельзя говорить о нефтяной промышленности, не упомянув Джона Д. Рокфеллера, который основал компанию Standard Oil of New Jersey. Имя Рокфеллера также является синонимом жадности и неутолимой жажды власти. Ненависть, которую большинство американцев испытывают к Рокфеллерам, началась, когда "Большая рука" появилась в нефтяных регионах Пенсильвании. Она зародилась среди потомков буровиков-первопроходцев, которые стекались в Титусвилл и Пит-Хед, когда в 1865 году началась черная "золотая лихорадка".

Способность Джона Д. Рокфеллера грабить старателей и бурильщиков, арендующих нефть, до жути напоминает "первопроходческие" усилия Сесила Джона Родса, Барни Барнато и других агентов Ротшильда-Варбурга, которые обеспечивали деньгами дневные ограбления и сутяжничество, совершенные этими мошенниками в отношении владельцев алмазов Кимберли и аренды золота Рэнд. Нельсон Рокфеллер однажды заявил, что семейное состояние было "случайностью", но факты говорят об обратном.

Паранойя и потребность в секретности, которые окружали Джона Д. Рокфеллера, передались его сыновьям и были приняты в качестве стратегии против внешнего вмешательства в нефтяной бизнес. Сегодня бухгалтерская фирма Комитета 300, Price Waterhouse, ведет бухгалтерию таким образом, что даже лучшие бухгалтеры и различные комитеты Сената не смогли распутать финансы Рокфеллеров. Такова природа зверя. Часто задают вопрос: "Почему Рокфеллер был так глубоко криворук?". Можно только предположить, что это было заложено в его натуре.

Джон Д. Рокфеллер не верил в то, что дружба может встать на пути его прогресса, и предупреждал своих сыновей никогда не позволять "доброй дружбе взять верх над вами". Его любимая догма касалась старой мудрой совы, которая ничего не говорила, но много слышала. На ранних фотографиях Джона Д. изображено длинное, мрачное лицо, маленькие глаза, без следа человеческих качеств.

Учитывая его внешность, тем более удивительно, что братья Кларк приняли Джона Д. в качестве своего бухгалтера, а затем и партнера на своем нефтеперерабатывающем заводе. Братья вскоре поняли, что Рокфеллеру нельзя доверять. Вскоре они были вынуждены уйти, "выкуплены", по словам Джона Д. Книга Иды Тарбелл "История Standard Oil Company" полна примеров безжалостности и бесчеловечности Рокфеллера по отношению ко всем, кроме него самого.

Standard Oil Company была самой секретной компанией в истории США, и эту традицию сегодня продолжает Exxon и ее дочерние компании. Говорят, что Standard Oil была заперта и забаррикадирована, как крепость. Имидж

Рокфеллера был настолько запятнан, что он нанял Айви Ли, специалиста по связям с общественностью, чтобы помочь ему восстановить свой имидж филантропа. Но, несмотря на все свои усилия, Ли не смог стереть наследие ненависти, оставленное Джоном Д. Запятнанный образ Standard и Рокфеллеров сохранился в 1990-е годы и, вероятно, останется навсегда. Standard Oil должна была стать эталоном поведения нефтяной промышленности по отношению к странам, в недрах которых есть запасы нефти и газа.

Рокфеллеры всегда были законом, и уже на раннем этапе они решили, что единственный способ избежать налогообложения - это разместить большую часть своих средств и активов за пределами Соединенных Штатов. К 1885 году Рокфеллер создал рынки в Европе и на Дальнем Востоке, на которые приходилось ошеломляющие 70% бизнеса Standard Oil.

Но шествие Рокфеллера по континентам не обошлось без ухабов. Общественное недовольство Standard достигло новых высот после того, как такие писатели, как Ида Тарбелл и Х.Д. Ллойд, раскрыли, что Standard была компанией с армией шпионов над местными, государственными и федеральными правительствами.

"которые объявляли войну, вели переговоры о мире, приводили суды, законодательные органы и суверенные государства к беспримерному повиновению его воле".

Когда американский народ узнал о монополистической практике Standard, в Сенат посыпались злобные жалобы, что привело к принятию Антитрестовского закона Шермана. Но закон был настолько намеренно расплывчатым и оставлял многие вопросы без ответа, что Рокфеллер и его группа юристов могли легко избежать его соблюдения. Рокфеллер однажды назвал его "пиар-акцией без зубов". Влияние Джона Д. Рокфеллера в Сенате никогда не было столь очевидным, как во время дебатов по антитрестовскому закону Шермана. В то время отдельные сенаторы испытывали сильное давление со стороны лоббистов

Рокфеллера.

Рокфеллер потерпел временное поражение, когда 11 мая 1911 года председатель Верховного суда Эдвард Уайт постановил в антимонопольном деле, возбужденном против Standard Фрэнком Келлогом, что Standard должна выделить все свои дочерние компании в течение шести месяцев. В ответ Рокфеллер нанял целую армию писателей, которые объяснили, что "особый характер" нефтяного бизнеса не поддается обычным методам ведения бизнеса; с ним следует обращаться как с особым предприятием, что и сделал Джон Д. Рокфеллер.

Чтобы разбавить решение судьи Уайта, Рокфеллер создал свою собственную форму правления. Это новое "правительство" приняло форму филантропических фондов и учреждений, созданных по образцу системы патронажа королевских дворов Европы. Эти учреждения и фонды защитят состояние Рокфеллера от подоходного налога, который, как предупреждали его наемники из Сената, будет введен в ближайшие годы.

Это было началом "правительства в правительстве" нефтяной промышленности, власти, которая существует и по сей день. Несомненно, своим стремительным восхождением к власти CFR обязан Рокфеллеру и Гарольду Пратту. В 1914 году один из членов Сената назвал империю Рокфеллеров "тайным правительством Соединенных Штатов". Стратеги Рокфеллера призывали к созданию частной разведывательной службы, и, следуя их совету, Рокфеллер буквально купил персонал и оборудование разведывательной службы СС Рейнхарда Гейдриха, которая сегодня известна как "Интерпол".

Обладая разведданными, сравнимыми с СС Гейдриха, Рокфеллеры смогли проникнуть в страны, практически взять под контроль их правительства, изменить их налоговое законодательство и внешнюю политику, а затем оказать давление на правительство США, чтобы заставить его подчиниться. Если бы налоговое законодательство ужесточилось, Рокфеллеры просто изменили бы закон. Именно эта бацилла в нефтяной промышленности закрыла местное производство, которое могло бы сделать Америку полностью независимой от иностранной нефти. Чистый результат? Более высокие цены для американского потребителя и неприличные прибыли для нефтяных компаний.

Рокфеллеры вскоре появились на Ближнем Востоке, но их попытки добиться уступок были заблокированы Гарри Ф. Синклером. Кажется, что Синклеру удавалось побеждать Рокфеллеров на каждом шагу. Затем произошел драматический поворот событий, скандал с Tea Pot Dome, в ходе которого близкий друг Синклера, министр внутренних дел Альберт Фолл, и друг Фолла Дахони были обвинены в захвате запасов нефти Tea Pot Dome и Elk Hills naval в личных целях. Многие опасались, что скандал с "Куполом чайника" был спровоцирован Рокфеллерами, чтобы дискредитировать и устранить Синклер как нежелательного конкурента.

Скандал потряс Вашингтон и стоил Фоллу работы (отсюда и термин "козел отпущения"). Синклер едва избежал тюремного заключения. Все его выгодные контракты с Персией и Россией были аннулированы. Даже сегодня есть подозрения, но не доказано, что скандал с "Куполом чайного горшка" был подстроен Рокфеллером. В конце концов, большинство концессий Синклера на Ближнем Востоке, за исключением тех, которые принадлежали Великобритании, перешли в руки Рокфеллера.

События в Иране вскоре докажут могущество Рокфеллера и его британских единомышленников. В 1941 году, когда Реза-шах Пехлеви из Ирана отказался присоединиться к так называемым "союзникам" против Германии и выслать своих граждан из страны, Черчилль пришел в ярость и отдал приказ о вторжении в Ирак, к которому присоединились его русские союзники-большевики. Разрешив российским войскам войти в Иран, Черчилль открыл дверь для российского присутствия в регионе - одной из желанных целей Сталина. Это шокирующее предательство иранского народа и Запада в целом, и показывает, что влияние Рокфеллеров носит международный характер.

Такова власть нефтяных компаний, особенно тех, которые контролируются Рокфеллерами. Представители Standard Oil и Royal Dutch Shell посоветовали Черчиллю арестовать и выслать Реза-шаха, что он незамедлительно и сделал, отправив его сначала на Маврикий, а затем в Южную Африку, где он умер в изгнании. Документы, которые я изучил в Британском музее в Лондоне, показывают, что Рокфеллеры были сильно вовлечены в ближневосточную политику.

В британском парламенте Черчилль хвастался:

> "Мы (нефтяные компании) только что свергли диктатора в изгнании и установили конституционное правительство, которое привержено каталогу серьезных реформ.

Он не сказал, что "конституционное правительство" было марионеточным правительством, выбранным нефтяными компаниями, и что его "всеобъемлющий каталог реформ" был предназначен только для укрепления нефтяных интересов США и Великобритании, чтобы получить еще большую долю доходов от продажи нефти.

Но к 1951 году националистические настроения, охватившие Ближний Восток, начавшиеся в Египте, где полковник Гамаль Абдель Насер был полон решимости отстранить британцев от управления страной, распространились и на Иран. В это время появился настоящий иранский патриот, доктор Мохамед Моссадег, который бросил вызов марионеточному правительству Черчилля. Главной целью Моссадега было сломить власть иностранных нефтяных компаний. Он считает, что настроение иранского народа созрело для таких действий.

Это глубоко встревожило Рокфеллеров, которые обратились

за помощью к Великобритании. Моссадег заявил Рокфеллеру и British Petroleum, что он не будет выполнять их концессионные соглашения. Говорят, что Дэвид Рокфеллер питал личную ненависть к Моссадегу. Поэтому British Petroleum обратилась к британскому правительству с просьбой "положить конец неприятностям, созданным Моссадегом". Черчилль, стремясь выполнить требования нефтяного картеля "Семь сестер" (состоящего из семи крупнейших британских и американских нефтяных компаний на Ближнем Востоке), обратился за помощью к США.

Талантливый, образованный и проницательный политик из богатой семьи, Моссадег искренне хотел помочь иранскому народу воспользоваться своими национальными ресурсами. В мае 1951 года доктор Моссадег национализировал иранскую нефть. Против Моссадега была развернута международная рекламная кампания, который был представлен как маленький глупый человечек, бегающий по Тегерану в пижаме, поглощенный эмоциями. Это было далеко от истины.

По инициативе нефтяных компаний Рокфеллера и при поддержке Госдепартамента США отдается приказ о международном бойкоте иранской нефти. Иранская нефть быстро стала невостребованной. Государственный департамент заявляет о своей поддержке марионеточного правительства Черчилля в Тегеране, которое было установлено, когда шах отказался присоединиться к союзникам в войне против Германии.

В то же время ЦРУ и МИ-6 начали совместную операцию против Моссадега. Далее следует классический пример того, как правительства подрываются и свергаются с помощью пропагандистской кампании. Черчилль, проигравший выборы после окончания войны, возвращается к власти благодаря промытой мозговой деятельности британской общественности. Он использовал свое положение, чтобы вести войну против доктора Моссадега и иранского народа, используя тактику разбойников и хакеров, как показывает следующий пример:

Судно "Роуз Мари", следовавшее в международных водах и перевозившее иранскую нефть, не нарушало никаких международных законов или договоров, когда по приказу Черчилля было перехвачено Королевскими ВВС и вынуждено было отправиться в Аден, порт, контролируемый Великобританией. Захват судна в море был полностью поддержан Госдепартаментом США по предложению семьи Рокфеллеров.

Мой источник в Лондоне, в обязанности которого входит наблюдение за нефтяной промышленностью, сказал мне в 1970 году, что Черчилль лишь с трудом удерживался своим кабинетом от приказа RAF бомбить "Роуз Мари". Прошел год, в течение которого Иран понес большие финансовые потери. В 1953 году доктор Моссадег обратился к президенту Дуайту Д. Эйзенхауэру с просьбой о помощи. С таким же успехом он мог написать Рокфеллеру. Эйзенхауэр, играя на нервах, не ответил.

Эта тактика дала желаемый эффект - напугала Моссадега. В конце концов, Эйзенхауэр ответил и, в классическом стиле, посоветовал иранскому лидеру "уважать международные обязательства Ирана". Моссадег продолжал бросать вызов британскому и американскому правительствам. Нефтяные компании направили депутацию к Эйзенхауэру с требованием немедленных действий по отстранению Моссадега.

Кермит Рузвельт, возглавлявший тайную операцию ЦРУ против Моссадега, неустанно работает над созданием в Тегеране сил, которые можно было бы использовать для провоцирования беспорядков. Крупные суммы денег, которые, по словам моего источника, составили 3 миллиона долларов, переходили из рук в руки. В апреле 1953 года шах Мохаммед Реза Пехлеви под сильным давлением международных банкиров попытался сместить доктора Моссадега с поста, но попытка провалилась. Армия агентов, оснащенных ЦРУ и МИ-6, начала атаковать армию. Опасаясь покушения, шах бежал, а Моссадег был свергнут в августе 1953 года. Стоимость для американских налогоплательщиков составила почти 10 миллионов долларов.

Стоит отметить, что в то самое время, когда Кермит Рузвельт планировал тайную операцию ЦРУ против доктора Моссадега в 1951 году, его рокфеллеровские партнеры столкнулись с судебным разбирательством в Вашингтоне, которое должно было остановить операции в Иране. Дело в том, что всемогущая нефтяная промышленность знала, что сможет отбиться от этого вызова, как и от всех других. Против компаний Exxon, Texaco, Standard Gulf, Mobil и Socal было начато судебное разбирательство в Министерстве юстиции. (Не было предпринято никаких усилий для судебного преследования Shell и BP).

Standard Oil немедленно поручила Дину Ачесону скрыть результаты расследования. Ачесон оказался хорошим примером того, как Рокфеллер использовал важных людей в правительстве и частном секторе, чтобы взять верх над вашингтонским правительством. В начале 1952 года Ачесон перешел в наступление. Ссылаясь на заинтересованность Госдепартамента в защите внешнеполитических инициатив Америки, тем самым молчаливо признавая, что "Большая нефть" руководит внешней политикой государства, Ачесон потребовал прекратить расследование, чтобы не ослаблять "наши хорошие отношения на Ближнем Востоке".

Ачесон не упомянул о беспорядках и нестабильности, созданных в тот момент в Иране Рокфеллером, ЦРУ и МИ-6. Генеральный прокурор ответил полномасштабной атакой на нефтяные монополии, предупреждая, что нефть должна быть освобождена "от хватки немногих; свободное предпринимательство может быть сохранено только путем защиты его от превышения власти, как правительственной, так и частной". Хетен обвинил картель в действиях, угрожающих национальной безопасности.

Рокфеллер немедленно приказал предпринять меры по устранению последствий через свои контакты в Государственном департаменте и Министерстве юстиции. (Ачесон публично осудил расследование как действия "антитрестовских полицейских собак, которые не хотят иметь ничего общего с мамоной и несправедливостью". Его тон голоса всегда был воинственным и угрожающим. Ачесон заручился поддержкой министерств обороны и внутренних дел для Рокфеллера, который поручился за "Семь сестер" самым удивительным образом.

> "Компании (Big Oil) играют жизненно важную роль в поставках самого необходимого товара для свободного мира. Американские нефтяные операции являются, для всех практических целей, инструментами нашей внешней политики".

Затем Дин Ачесон попытался поднять бугимен советского вмешательства на Ближнем Востоке, который был не более чем красной селедкой, чтобы отвлечь внимание от того, как действовали нефтяные компании. В конечном итоге все уголовные обвинения против картеля были сняты...

Чтобы продемонстрировать свое полное пренебрежение к американскому законодательству, представители крупнейших нефтяных компаний встретились в Лондоне в 1924 году, чтобы избежать возможных обвинений в сговоре по просьбе сэра Уильяма Фрейзера. В письме, которое Фрейзер написал топ-менеджерам Standard, Mobil, Texaco, BP, Socal и Shell, объяснялось, что они должны встретиться, чтобы свести счеты с теперь уже основательно возбужденным шахом Резой Пехлеви.

Через месяц заговорщики снова встретились в Лондоне, где к ним присоединился генеральный директор французской нефтяной компании. Было достигнуто соглашение о создании консорциума, который будет контролировать иранскую нефть. Новый орган называется "консорциум", поскольку использование слова "картель" в Америке считается неразумным. Успех гарантирован, говорят американские лидеры своим зарубежным коллегам, потому что Госдепартамент дал свое благословение лондонской встрече.

С точки зрения Госдепартамента, "Семь сестер"[7] сыграли ключевую роль на Ближнем Востоке в предотвращении проникновения коммунистов в регион, представляющий жизненно важный интерес для США. Учитывая, что в 1942 году эти же нефтяные компании поддержали Черчилля в разрешении советским большевистским войскам вторгнуться в Иран, тем самым дав Сталину лучшую возможность закрепиться на Ближнем Востоке, это не совсем правда.

На протяжении всего судебного разбирательства, начавшегося в октябре 1951 года, свидетели Госдепартамента постоянно называли нефтяную промышленность "так называемым картелем". Государственный департамент густо населен агентами Рокфеллера, возможно, больше, чем любое другое правительственное учреждение, контролируемое Дэвидом Рокфеллером.

Я и по сей день твердо убежден, что нет способа разорвать цепи Рокфеллера, связывающие нефтяные компании и нашу страну с Советом по международным отношениям, который контролирует все аспекты нашей внешней политики в отношении нефтяных стран мира. Это ситуация, с которой нам, народу, придется столкнуться, надеюсь, скорее рано, чем поздно.

В Вашингтоне гражданский иск против нефтяного картеля развалился перед лицом угроз со стороны Совета по международным отношениям, поддерживаемого его марионеткой, президентом Эйзенхауэром. Эйзенхауэр заявил, что судебные разбирательства угрожают интересам национальной безопасности США. Эйзенхауэр, марионетка

---

[7] Семь сестер" - компании, составляющие глобальный картель нефтяных монополий. Н/Д.

CFR, попросил своего генерального прокурора Герберта Браунелла-младшего сказать суду, что

> "антимонопольное законодательство следует считать второстепенным по отношению к интересам национальной безопасности".

Пока Кермит Рузвельт сражался с молотком и щипцами в Тегеране, Эйзенхауэр и Даллес предлагали суду компромисс, который, по словам Эйзенхауэра, "защитит интересы свободного мира на Ближнем Востоке как основном источнике поставок нефти". Неудивительно, что аятолла Хомейни спустя десятилетия назвал США "великим сатаной". Хомейни имел в виду не народ Соединенных Штатов, а их правительство.

Хомейни прекрасно знал, что рядовой американец стал жертвой заговора, что ему лгут, обманывают, грабят и заставляют жертвовать кровью миллионов своих сыновей в иностранных войнах, в которых у него нет абсолютно никаких причин участвовать. Хомейни, любитель истории, был хорошо осведомлен о Законе о Федеральной резервной системе, который, по его словам, "держал народ в рабстве". Когда посольство США в Тегеране было захвачено стражами революции, в руки Хомейни попало несколько уличающих документов, которые ясно показывали причастность ЦРУ к British Petroleum, Standard и другим крупным нефтяным компаниям.

Как только переворот был объявлен успешным, шах вернулся в свой дворец. Он не знал, что два десятилетия спустя его постигнет та же участь, что и Моссадега, от рук нефтяной промышленности и ее марионеточных правительств в Вашингтоне и Лондоне: ЦРУ и МИ-6. Шах думал, что может доверять Дэвиду Рокфеллеру, но, как и многие другие, он вскоре понял, что его доверие было, к сожалению, неуместным.

Получив доступ к документам, которые Моссадег раскопал и которые показывали масштабы разграбления национальных ресурсов Ирана, шах вскоре разочаровался в

Лондоне и Вашингтоне. Узнав о восстаниях в Мексике и Венесуэле против Рокфеллера и Shell, а также о "золотом приеме" Саудовской Аравии, шах начал лоббировать интересы Рокфеллера и британцев, требуя большей доли нефтяных доходов Ирана, которые в то время составляли лишь 30% от общего объема доходов нефтяных компаний.

Другие страны также почувствовали на себе удар нефтяной промышленности. Мексика является классическим примером способности нефтяных компаний создавать внешнюю политику, которая вышла за пределы национальных границ и обошлась американским потребителям в огромное состояние. Нефть казалась основой нового экономического порядка с неоспоримой властью в руках нескольких людей, едва известных за пределами нефтяной промышленности.

О "майорах" говорилось уже несколько раз. Это сокращенное обозначение крупнейших нефтяных компаний, которые образуют самый успешный картель в истории коммерции. Exxon (в Европе называется Esso), Shell, BP, Gulf, Texaco, Mobil и Socol-Chevron. Вместе они являются частью большой сети взаимосвязанных и взаимозависимых банков, страховых компаний и брокерских домов, контролируемых Комитетом 300, который практически не известен за пределами своего круга.

Реальность единого мирового правительства, или правительства высшего уровня Нового мирового порядка, не терпит вмешательства ни от кого, даже от могущественных национальных правительств, лидеров больших и малых государств, корпораций или отдельных людей. Эти наднациональные гиганты обладают опытом и методами учета, которые озадачили лучшие мозги в правительстве, и они остаются недосягаемыми для них. Похоже, что крупные компании смогли убедить правительства предоставить им нефтяные концессии, невзирая на тех, кто выступал против них. Джон Д. Рокфеллер почти наверняка одобрил бы это закрытое предприятие, которым в течение 68 лет управляли компании Exxon и Shell.

Из масштабов и сложности их операций, которые обычно быстро развиваются и часто включают деятельность сразу в нескольких странах, становится ясно, что нефтяная промышленность является одним из самых мощных компонентов экономических операций Комитета 300.

Втайне клуб "Семь сестер" замышлял войны и решал между собой, какие правительства должны склониться перед их грабежами. Когда возникают проблемы, как в случае с доктором Моссадегом, а затем с президентом Ирака Саддамом Хусейном, все, что нужно, это вызвать соответствующие ВВС, ВМС, армию и спецслужбы, чтобы решить проблему и избавиться от "помехи". Это должно быть не сложнее, чем прихлопнуть муху. Семь сестер" стали правительством внутри правительства, и нигде так, как в "Стандарт Ойл" Рокфеллера (SOCO-Exxon-Chevron).

Если вы хотите узнать внешнюю политику США и Великобритании в отношении Саудовской Аравии, Ирана или Ирака, вам достаточно изучить политику ВР, Exxon, Gulf Oil и ARAMCO. Какова наша политика в Анголе? Это защита собственности Gulf Oil в этой стране, даже если это означает поддержку заклятого марксиста. Кто бы мог подумать, что Gulf, Exxon, Chevron и ARAMCO имеют большее влияние на внешние дела США, чем члены Конгресса? Действительно, кто бы мог подумать. В один прекрасный день Standard Oil будет контролировать внешнюю политику США и заставит Госдепартамент действовать так, как будто он управляется ради собственной экономической выгоды?

Есть ли еще какая-нибудь группа, столь возвышенная, столь облагодетельствованная миллиардами долларов в год в виде налоговых льгот? Меня часто спрашивают, почему нефтяная промышленность США, когда-то такая энергичная и полная перспектив, пришла в резкий упадок. Ответ, одним словом, - жадность. По этой причине пришлось сократить добычу нефти внутри страны на случай, если общественность узнает о происходящем. Эти знания гораздо сложнее получить, когда речь идет о зарубежных операциях. Что знает американская общественность о том, что происходит в нефтяной политике Саудовской Аравии? Получая рекордные прибыли, нефтяная промышленность просит и получает дополнительные налоговые льготы, как открытые, так и скрытые от глаз общественности.

Получили ли граждане США выгоду от огромных прибылей, полученных Exxon, Texaco, Chevron и Mobil (до их продажи)? Ответ - нет, потому что большая часть прибыли была получена "вверх по течению", то есть за пределами США, где она и хранилась, в то время как американский потребитель платил все более высокие цены на бензин у насоса.

Главной заботой Рокфеллера была Саудовская Аравия. Нефтяные компании, используя различные уловки, закрепились в отношениях с королем Ибн Саудом. Королю, обеспокоенному тем, что Израиль однажды будет угрожать его стране и усилит израильское лобби в Вашингтоне, нужно было что-то, что дало бы ему преимущество. Государственный департамент, по наущению Рокфеллеров, заявил, что он может следовать просаудовской политике, не враждуя с Израилем, используя Exxon (ARAMCO) в качестве прикрытия. Эта информация была предоставлена Комитету по международным отношениям Сената. Оно было настолько чувствительным, что членам комитета даже не разрешили его увидеть.

На самом деле Рокфеллер заплатил лишь небольшую сумму, 500 000 долларов, чтобы получить крупную нефтяную концессию от Ибн Сауда. После долгих дипломатических усилий был придуман обман, который стоил американским налогоплательщикам не менее 50 миллионов долларов в первый год. Результат переговоров между Exxon и Ибн Саудом известен как "Золотая уловка" в тайне залов заседаний совета директоров Рокфеллера. Американские нефтяные компании согласились выплачивать саудовскому правителю субсидии в размере не менее 50 миллионов долларов в год, исходя из объема перекачиваемой саудовской нефти. Затем Госдепартамент позволит американским компаниям декларировать эти субсидии как "иностранные налоги на прибыль", которые Рокфеллер, например, сможет вычесть из американских налогов компании Exxon.

С ростом производства дешевой саудовской нефти увеличились и выплаты по субсидиям. Это одна из самых крупных афер, совершенных против американской общественности. Суть плана заключалась в том, что под видом "субсидий" саудовцам ежегодно выплачивалась огромная иностранная помощь. Когда израильское правительство узнало об этом плане, оно тоже потребовало "субсидий", которые сейчас составляют 13 миллиардов долларов в год - все за счет американских налогоплательщиков.

Поскольку американский потребитель фактически помогает платить за импортную сырую нефть меньше, чем за отечественную, разве мы не должны извлечь выгоду из этой договоренности через снижение цен на бензин на насосе? В конце концов, саудовская нефть была такой дешевой, а учитывая субсидии на производство, разве это не должно привести к снижению цен? Получает ли американский потребитель какую-либо выгоду от оплаты этого огромного счета? Вовсе нет. Помимо геополитических соображений, крупные компании также виновны в установлении цен. Например, дешевая арабская нефть при импорте в США оценивалась по более высокой внутренней цене сырой нефти с помощью уловки, известной как "теневая ставка фрахта".

Согласно неопровержимым доказательствам, представленным на многонациональных слушаниях в 1975 году, крупные нефтяные компании, возглавляемые компаниями Рокфеллера, 70% своей прибыли получали за рубежом, прибыль, которая в то время не могла облагаться налогом. Поскольку большая часть прибыли поступала из-за рубежа, нефтяники не были готовы делать крупные инвестиции в отечественную нефтяную промышленность. В результате отечественная нефтяная промышленность начала приходить в упадок. Зачем тратить деньги на разведку и добычу отечественной нефти, если она была доступна в Саудовской Аравии, по более низкой цене, чем местный продукт, и с гораздо большей прибылью?

Ничего не подозревающий американский потребитель был и остается обманутым, не зная об этом. Согласно секретным экономическим данным, которые мне показал мой знакомый, до сих пор работающий в сфере мониторинга экономической разведки, бензин на насосе в Америке, с учетом всех местных, государственных и федеральных налогов, которые добавляются к цене, не должен был стоить потребителю более 35 центов за галлон в конце 1991 года. Тем не менее, мы знаем, что цены на насосах были в три-пять раз выше, при этом не было никакого обоснования чрезмерно высоких цен.

Аморальность этого грубого обмана заключается в том, что если бы крупные нефтяные компании, и я снова должен подчеркнуть лидерство Рокфеллера в этом вопросе, не были такими жадными, они могли бы производить отечественную нефть, которая сделала бы наши цены на бензин самыми дешевыми в мире. По моему мнению, то, как был организован этот дипломатический обман между Госдепартаментом и Саудовской Аравией, делает Госдепартамент партнером в преступном предприятии. Действительно, чтобы не ссориться с Израилем и в то же время угодить саудовцам, на американского потребителя было возложено огромное налоговое бремя, от которого эта страна не получила никакой выгоды. Разве это не похоже на недобровольное рабство, запрещенное американской конституцией?

Затем руководство Саудовской Аравии потребовало, чтобы нефтяные компании (ARAMCO) установили фиксированные цены, что означало, что страна не пострадает от снижения доходов в случае падения цен на нефть. Узнав об этой договоренности, Иран и Ирак потребовали и получили ту же сделку по ценам, установленным компаниями Рокфеллера, заплатив налоги с искусственно завышенной цены, а не с реальной рыночной цены, что компенсировалось более низкими налогами, которые они платили в США - серьезное преимущество, которым не пользовалась ни одна другая промышленность в Америке.

Это позволило Exxon и Mobil (и всем компаниям ARAMCO) платить среднюю налоговую ставку 5%, несмотря на огромные прибыли, которые они получали. Нефтяные компании не только обманывали и продолжают обманывать американского потребителя, но и формируют и реализуют внешнюю политику США в ущерб американскому народу. Эти договоренности и действия ставят нефтяную промышленность выше закона, давая ей положение, с которого компании могут диктовать внешнюю политику избранному правительству и делают это без какого-либо надзора со стороны наших представителей в Вашингтоне.

Политика нефтяных компаний обходится налогоплательщикам США в миллиарды долларов в виде дополнительных налогов и миллиарды долларов в виде сверхприбылей на насосах. Нефтяная промышленность, и в частности Exxon, не боится правительства США благодаря контролю, осуществляемому постоянным тайным правительством высокого уровня Совета по международным отношениям (CFR), Рокфеллер неприкасаем. Это позволило ARAMCO продавать нефть французскому флоту по цене 0,95 доллара за баррель, в то время как с ВМС США взималась плата в размере 1,23 доллара за баррель.

Одним из немногих сенаторов, осмелившихся бросить вызов огромной власти Рокфеллеров, был сенатор Брюстер. Он раскрыл некоторые "нелояльные действия" нефтяной промышленности во время слушаний в 1948 году, обвинив отрасль в недобросовестности "с жадным желанием получать огромные прибыли, постоянно ища прикрытия американской защиты и помощи, чтобы сохранить свои огромные концессии". Рокфеллеры составили меморандум, подписанный крупнейшими нефтяными компаниями США, суть которого заключалась в том, что у них "нет никаких особых обязательств перед Соединенными Штатами". Вопиющий интернационализм Рокфеллера был окончательно разоблачен.

В качестве примера вышесказанного можно привести статью г-на Дж. Итона, опубликованную в журнале *The Oil Industry*: "Нефтяная промышленность сейчас столкнулась с вопросом государственного контроля. Когда правительство США предложило Американскому институту нефти назначить трех членов в комитет, созданный для изучения природоохранного законодательства, президент API Э.В. Кларк сказал:

> "Мы не можем взять на себя обязательства комментировать, а тем более соглашаться с любым предположением о том, что федеральное правительство может напрямую регулировать добычу сырой нефти в нескольких штатах".

API утверждал, что федеральное правительство не имеет права контролировать нефтяные компании в соответствии со статьей 1 Конституции США. 27 мая 1927 года API заявил, что правительство не может указывать промышленности, что ей делать, даже если речь идет об общей обороне и общем благосостоянии нации.

Одним из лучших и наиболее обширных разоблачений нефтяной промышленности является 400-страничный отчет под названием "Международный нефтяной картель". Этот замечательный доклад исчез из обращения, и я понимаю, что Рокфеллер и CFR скупили все доступные экземпляры вскоре после его публикации и предотвратили дальнейшее издание доклада.

История нефтяного картеля, вдохновленная покойным сенатором Джоном Спаркманом и созданная профессором М. Блэром, восходит к заговору, который произошел в замке Ахнакарри, отдаленном рыболовном заповеднике в Шотландии. Спаркман не жалел средств на нападки на нефтяную империю Рокфеллера. Он скрупулезно составил досье, доказывающее, что крупные нефтяные компании вступили в сговор для достижения следующих целей:

1) Контролировать всю нефтедобычу в зарубежных странах, в отношении производства, продажи и распределения нефти.

2) Строгий контроль над всеми технологиями и патентами, связанными с добычей и переработкой нефти.

3) Совместное использование трубопроводов и танкеров между семью сестрами.

4) Делят глобальные рынки только между собой.

5) Действуют сообща, чтобы поддерживать искусственно высокие цены на нефть и бензин.

В частности, профессор Блэр обвинил ARAMCO в том, что она поддерживает высокие цены на нефть, получая саудовскую нефть по невероятно низким ценам. В ответ на обвинения Спаркмана Министерство юстиции в 1951 году начало собственное расследование, о котором рассказывалось ранее в этой статье.

Ничего не изменилось. Война в Персидском заливе - хороший пример "бизнеса как обычно". Оккупация Сомали также имеет нефтяной подтекст. Благодаря нашему новейшему спутнику-шпиону Crosse Imager, который может передавать изображения того, что находится под землей, около 3 лет назад в Сомали были обнаружены очень большие запасы нефти и газа. Это открытие держалось в абсолютном секрете, что привело к миссии США якобы накормить голодающих сомалийских детей, которую показывали по телевидению ночь за ночью в течение 3 месяцев.

Миссия по спасению "голодающих детей" была инсценирована администрацией Буша для защиты буровых операций компаний Aramco, Phillips, Conoco, Cohoco и British Petroleum, которым угрожали сомалийские лидеры, понявшие, что их собираются разграбить. Операция США имела мало общего с кормлением голодающих детей. Почему США не организовали подобную "спасательную" миссию в Эфиопии, где голод является реальной проблемой? Ответ, конечно же, заключается в том, что Эфиопия не имеет известных запасов нефти. Однако обеспечение безопасности порта Бербера является главной целью американских сил. В России существуют большие разногласия по поводу нефти. Курдам придется снова и снова страдать за нефть в Мосуле. Рокфеллер и ВР остаются теми жадными нефтяными хапугами, которыми они всегда были.

V. В центре внимания Израиль

Возможно, более чем в любой другой стране Ближнего Востока, за исключением той, что сегодня известна как Саудовская Аравия, дипломатия лжи достигла кульминации в годы становления государства Израиль. Как и на протяжении всей этой книги, я старался быть абсолютно объективным при рассмотрении контекста становления Израиля, учитывая склонность большинства считать все сказанное об этой стране "антисемитским".

Этот рассказ о рождении государства Израиль не учитывает религиозные вопросы, а основывается исключительно на политических, географических, геополитических и экономических факторах. Когда речь идет об истории страны, трудно определить точку отсчета, но после почти пятнадцати лет исследований я определил, что 31 октября 1914 года стало началом событий, которые привели к основанию Израиля.

Историю страны нельзя отделить от истории ее соседей, и это особенно верно, когда речь идет об изучении истории Израиля. Лорд Горацио Китченер, которому только что удалось положить конец суверенитету и независимости бурских республик в Южной Африке, был направлен на Ближний Восток Комитетом 300, действующим через британский МИД.

Британское правительство плело заговоры против Османской Турецкой империи с 1899 года, а в 1914 году было готово сделать последний ход, чтобы свергнуть 400-летнюю династию. План Комитета 300 заключался в том, чтобы привлечь арабов с помощью ложных обещаний и использовать арабские силы для выполнения грязной работы Британии, как мы видели в главе, где было показано, как полковник Томас Лоуренс был использован для этой цели.

Первым шагом в этом направлении стала встреча между Хусейном, верховным шерифом Мекки, оплота Хашимитов, и лордом Китченером. Хусейну была предложена гарантия независимости в обмен на помощь против турок. Полноценные переговоры начались в июле 1915 года. На этих встречах британское правительство неоднократно заверяло Шерифа Хусейна, что еврейская иммиграция в Палестину никогда не будет разрешена, что, как я подробно описывал в предыдущих главах, было единственным, что могло гарантировать участие Хусейна.

Еще до начала переговоров о полной независимости Мекки эмиссары британского правительства тайно встречались с членами семей Абдул Азиз и Вахаби, чтобы обсудить сотрудничество Великобритании в оказании помощи этим двум семьям в покорении аравийских городов-государств.

Стратегия заключалась в том, чтобы заставить Хусейна и его военные силы помочь изгнать турок из Египта, Палестины, Иордании и Аравии, пообещав Хусейну и правителям аравийских городов-государств, что еврейская иммиграция в Палестину не будет разрешена. Вторая часть стратегии заключалась в том, чтобы силы Абдул Азиза и Вахаби (вооруженные, обученные и финансируемые Британией) поставили под свой контроль все независимые города-государства Аравии, пока правители городов-государств и Хусейн заняты войной Британии против турок.

Общий план, предложенный лордом Китченером, был обсужден британским правительством 24 июля 1914 года. Но только 24 октября 1914 года британское правительство дало свой ответ. Арабские территории, за некоторыми исключениями в Сирии, "на которых Великобритания может действовать без ущерба для своего союзника, Франции", будут уважаться. 30 января 1916 года Великобритания приняла предложения Хусейна, которые, по сути, предусматривали, что в обмен на помощь Хусейн будет объявлен королем Хиджаза и будет править арабским народом.

27 июня 1916 года Хусейн провозгласил создание арабского государства, а 29 октября был провозглашен королем Хиджаза. 6 ноября 1916 года Великобритания, Франция и Россия признали Хусейна вождем арабских народов и королем Хиджаза. Беспокоили ли семьи Абдул Азиз и Вахаби противоречивые условия их соглашения с Великобританией? Видимо, нет, по той простой причине, что они были заранее проинформированы об этих событиях и знали, что они были ничем иным, как необходимым обманом Хусейна.

В течение 1915 и 1917 годов британское правительство встречалось с лидерами Всемирного сионистского конгресса, чтобы определить, как лучше осуществить давно запланированную еврейскую иммиграцию в Палестину. Было достигнуто соглашение о направлении агентов МИ-6 в Аравию для помощи в подготовке армий Абдул Азиза и Вахаби.

Великобритания, Франция и Россия провели секретную встречу 26 апреля 1916 года, договорившись о том, что Палестина будет передана под международное управление. Арабы не были проинформированы, хотя документы Министерства иностранных дел Великобритании свидетельствуют о том, что лидеры Всемирного сионистского конгресса были проинформированы о встрече и ее цели.

Ранее, в марте 1915 года, Франция и Великобритания также обещали Константинополь русским. Взамен Россия согласилась признать независимость арабских государств. Британия будет контролировать Хайфу. Франция получит Сирию. Россия получила бы Армению и Курдистан (нефть еще не была фактором). Удивительно то, что ни разу народ этих земель не был информирован. То, как правительства смогли договориться о земле, которая им не принадлежала, свидетельствует об огромной власти, которой обладали тайные общества под контролем Комитета 300.

Это бессрочное соглашение, известное как Соглашение Сайкса-Пико, было заключено между Великобританией и Францией 9 мая 1916 года. Все сферы влияния на Ближнем Востоке были конкретно определены, даже когда арабские государства были якобы признаны "независимыми". Средством контроля здесь были тайные общества, в частности масонская ложа в Салониках.

Игнорируя договоренности, агент МИ-6 полковник Лоуренс ("Лоуренс Аравийский") повел арабские войска Шерифа Хусейна к череде впечатляющих побед, в итоге захватив ключевую железнодорожную линию Хиджаза и заставив турок отступить. Ключом к тому, чтобы убедить арабов напасть на турок (обе страны были исламскими), стало британское утверждение, что Османская империя дружила с евреями, изгнанными из Испании Фердинандом и Изабеллой в 1492 году, и сделала Константинополь убежищем для евреев. Британские переговорщики (агенты МИ-6) сказали Хусейну, что это гарантирует, что правители Константинополя будут благосклонно смотреть на еврейскую иммиграцию в Палестину, которая находилась под турецким контролем.

Полковник Лоуренс, которого арабские солдаты ласково называли "Орренс", восхищались им и боготворили, не мог смириться с грубым предательством Хусейна и его армии. Когда стало ясно, что евреи в большом количестве допускаются в Палестину, на Лоуренса было совершено покушение, чтобы помешать ему раскрыть махинации британского правительства. Документы британского военного министерства показывают, что Лоуренс получил личные заверения от генерала Эдмунда Алленби, командующего британскими войсками на Ближнем Востоке, что еврейская иммиграция в Палестину не будет допущена ни при каких обстоятельствах.

Теперь вернемся к Декларации Бальфура - замечательному

документу, который был составлен и подписан не премьер-министром Великобритании Артуром Бальфуром, а лордом Ротшильдом, главой британского отделения Всемирной сионистской федерации. Британия обещала евреям землю в Палестине, которая на самом деле принадлежала арабам, в нарушение обещания, данного Шерифу Хусейну, и торжественных обещаний, данных генералом Алленби полковнику Лоуренсу.

Поразительно, но хотя лорд Ротшильд не был членом британского правительства, его предложения по Палестине были приняты Лигой Наций 25 апреля 1920 года в качестве официального документа британского правительства. Лига Наций приняла Декларацию Бальфура и предоставила Великобритании мандат на управление Палестиной и Трансиорданией. Единственным изменением было то, что еврейский национальный дом не будет создан в Трансиордании, чего сионисты все равно не хотели.

Как только турки были разбиты арабскими войсками при Лоуренсе, а затем арабы при Хусейне были разбиты британскими обученными и оснащенными армиями Абдул Азиза, путь для еврейской иммиграции в Палестину был свободен. Эти договоренности были подтверждены на конференции премьер-министров союзных стран, состоявшейся в Сан-Ремо, Италия, 18 апреля 1920 года. Ни один арабский делегат не был приглашен. В мае 1921 года в Палестине вспыхнули серьезные антиеврейские беспорядки, вызванные внезапным притоком еврейских иммигрантов и большим количеством еврейских детей в поселениях, которые развивались в городе.

Сэр Герберт Самуэль, британский верховный комиссар в Палестине, был склонен назначить законодательный совет, но арабы не захотели этого. Беспорядки продолжались с 1921 года, а в 1929 году вспыхнул спор у Стены Плача, который быстро перерос в масштабные нападения на евреев, 50 из которых были убиты.

В докладе британского правительства, опубликованном в

марте 1931 года, причина беспорядков объяснялась "ненавистью арабов к евреям и разочарованием надежд арабов на независимость". Затем британское правительство издало указ об ограничении еврейской иммиграции, что привело к еврейской забастовке, вызвавшей массовые беспорядки в Палестине.

Документы Министерства иностранных дел Великобритании свидетельствуют о том, что в июне 1931 года "жалобы были поданы в Мужскую комиссию Лиги Наций, которая объяснила проблемы неадекватностью сил безопасности". Хотя в документах не указано, кто подал жалобы, пометки на полях документов указывают на лорда Ротшильда.

Под давлением Лиги Наций британское правительство назначило сэра Джона Хоуп-Симпсона для наблюдения и составления отчетов о волнениях в Палестине. Его отчет, известный как "Белая книга Пассфилда", был представлен парламенту в 1930 году. В "Белой книге" подчеркивается бедственное положение безземельных арабов и их растущее желание владеть землей. Он решительно выступал за то, чтобы запретить евреям приобретать больше земли, если арабы безземельны, и остановить еврейскую иммиграцию до тех пор, пока арабы безработны.

Поскольку доверие евреев сильно пошатнулось, Всемирный сионистский конгресс перешел в наступление и заставил парламент провести дебаты по газете Пассфилда. Согласно лондонской газете "Таймс" от ноября 1930 года, дебаты в парламенте были "бурными и язвительными". После двух лет интенсивного давления на британское правительство Всемирной сионистской федерации удалось добиться ослабления ограничений на количество евреев, которым разрешалось въезжать в Палестину.

В 1933 году сэр Артур Уошоп, британский верховный комиссар, отклонил требование арабов объявить продажу арабских земель евреям незаконной и остановить еврейскую иммиграцию. В то время в Европе говорили о войне и ежедневно сообщали о преследовании евреев в Германии. Эта ситуация работала против арабов. Сионисты организовали масштабные протесты и беспорядки против ограничения иммиграции, и лондонские газеты неблагоприятно отозвались об их деятельности. Однако это мало способствует продвижению дела палестинского народа.

В 1935 году причина, по которой Британия потребовала контроля над Хайфой, стала ясна после открытия трубопровода Мосул-Хайфа. В апреле 1936 года Высший арабский комитет объединил арабскую оппозицию евреям в Палестине, и разразилась почти гражданская война. В ответ британское правительство направило дополнительные войска и назначило комиссию для расследования причин волнений. Арабы бойкотировали комиссию,

> "потому что британцы уже знают, в чем проблема, но прячутся за комиссиями и ничего не делают, чтобы остановить причины".

Комиссия Пиля взяла показания в Палестине в 1936 году и перед самым отъездом в Лондон в январе 1937 года заслушала арабскую делегацию, которая ранее бойкотировала заседания комиссии. 8 июля 1937 года был обнародован отчет Комиссии Пиля. Он нанес сокрушительный удар по еврейским устремлениям, прямо заявив, что евреи и арабы не могут жить вместе, и рекомендовал разделить Палестину на три государства:

(a) Еврейское государство, которое занимало бы около трети территории. В нем будут проживать 200 000 арабов, земля будет принадлежать арабам.

(b) Территория британского мандата, включающая полосу земли от Яффо до Иерусалима вдоль железной дороги. В него входят Вифлеем и Иерусалим.

(c) Остальная территория станет арабским государством, объединенным с Трансиорданией.

Отчет Комиссии Пиля был принят Всемирной сионистской

федерацией, но осужден арабским миром и рядом европейских стран, в частности Францией. Рекомендации Комиссии Пиля были приняты Лигой Наций 23 августа 1937 года.

Убийство верховного комиссара Йелланда Эндрю 2 августа 1937 года приписывается сионистам. По мнению палестинцев и арабов, она была организована, чтобы вызвать ненависть британского народа к арабам. В 1937 году бои между евреями и арабами переросли в тотальную войну.

Это привело к отсрочке рекомендаций Комиссии Пиля и назначению новой комиссии под руководством сэра Джона Вудхеда. Важно знать, что тактика британского правительства вела к одной цели - полному отказу от арабского дела в Палестине. Секретные документы МИ-6 того времени не были раскрыты даже британскому парламенту. Они предположили, что "палестинскую проблему" невозможно решить, и дали предложения по сокрытию информации, чтобы предотвратить дальнейшие арабские волнения. Когда арабские лидеры называли эту проблему "сионистской проблемой", лорд Ротшильд отдал распоряжение британской прессе, чтобы эта проблема всегда обозначалась как "палестинская проблема".

В Тверии произошла ужасная резня 20 евреев, а арабские войска захватили Вифлеем и Старый город Иерусалима; оба города были отвоеваны британскими войсками лишь с большим трудом. Документы Министерства иностранных дел Великобритании, не выражая однозначного мнения, тем не менее, указывают на то, что нападения на города и деревни и убийства евреев были делом рук провокаторов, которые не хотели соглашения, позволяющего увеличить еврейскую иммиграцию.

Отчет комиссии Вудхеда, выражающий мнение, что раздел Палестины не является практическим решением, был опубликован в ноябре 1938 года. В нем содержался призыв к немедленному проведению конференции арабов и евреев. Переговоры начались в Лондоне в феврале 1939 года, но тупик не был преодолен, и встреча была распущена месяц спустя без каких-либо результатов.

Затем, 17 мая 1939 года, британское правительство объявило о новом плане создания независимого палестинского государства к 1949 году. Она будет иметь договорные отношения с Великобританией; арабы и евреи должны были разделить правительство "таким образом, чтобы обеспечить защиту основных интересов каждой общины", говорится в докладе.

План предусматривал прекращение еврейской иммиграции на пять лет, если арабы не согласятся разрешить ее продолжение, но в любом случае к 1949 году в страну должны были въехать 75 000 евреев. Цель британского правительства заключалась в том, чтобы евреи составляли около трети населения. Передача арабских земель евреям должна была быть запрещена.

План был одобрен британским парламентом, но яростно осужден Всемирным сионистским конгрессом и американскими еврейскими лидерами. Палестинцы также отвергли этот план, и по всей стране начались столкновения между евреями и арабами. Но Палестина отошла на второй план несколько месяцев спустя, когда Великобритания объявила войну Германии и быстро получила поддержку Всемирного сионистского конгресса.

Как только Великобритания объявила войну Германии, поток еврейских беженцев из Европы устремился в Палестину, и в мае 1942 года конференция американских сионистов приняла Билтморскую программу, которая отвергла модифицированный план Вудхеда, призывавший к созданию независимой Палестины, и потребовала вместо этого создания еврейского государства с еврейской армией и ярко выраженной еврейской идентичностью.

Три года спустя Всемирный сионистский конгресс призвал принять в Палестину один миллион евреев в качестве беженцев из охваченной войной Европы. В октябре 1945 года Египет и Сирия предупредили президента Трумэна, что за попытками создать еврейское государство в Палестине последует война. В июле 1946 года давление сионистов достигло своего апогея, кульминацией которого стал взрыв отеля "Царь Давид" в Иерусалиме, в результате которого погиб 91 человек. В докладе Организации Объединенных Наций говорится, что нападение было делом рук террористов "Иргуна". Арабы обвинили Соединенные Штаты и Великобританию в вооружении и обучении Иргуна и Хаганы с целью создания израильской армии.

Британцы оставили Палестину в феврале 1947 года и передали ее Организации Объединенных Наций, что стало их способом признать, что они предали Лоуренса и арабов, и окончательно отказаться от своих обязанностей по отношению к Палестине. Тем самым они отказались от своего собственного соглашения удерживать линию фронта до 1949 года. Генеральная Ассамблея ООН проголосовала за раздел Палестины 29 ноября 1946 года. Должно было быть еврейское государство и арабское государство, с Иерусалимом под наблюдением ООН. Голосование было одобрено Всемирным сионистским конгрессом, но отвергнуто арабскими государствами и Палестиной.

В декабре 1947 года Совет Лиги арабских государств объявил, что будет выступать против раздела страны силой, и начал нападать на еврейские общины по всей Палестине. В 1948 году возникли контрфорсы "Иргун" и "Хагана", подготовленные МИ-6 и вооруженные американцами. Воцарился террор, и сотни тысяч арабов покинули свои земли. В последнем акте предательства и отказа от ответственности перед арабами, последние из 30 000 британских войск были выведены.

14 мая 1948 года, вопреки резолюциям ООН, лидер сионистов Давид Бен-Гурион объявил о создании временного еврейского правительства для государства Израиль. Организация Объединенных Наций, не желая или не имея возможности остановить Бен Гуриона, оставила декларацию в силе. 16 мая и США, и Россия признают вновь

сформированное правительство Бен Гуриона, отмахнувшись от криков об измене со стороны палестинцев, всех арабских стран и по меньшей мере восьми европейских правительств.

Позже в том же месяце Лига арабских государств объявила войну только что созданному государству Израиль. Израильские войска, незаконно оснащенные и вооруженные не британцами, а американскими военными из запасов, предназначенных для американских войск в Европе, одерживают верх. Граф Фольке Бернадотт, посредник ООН, был убит террористами Иргуна 17 сентября при попытке установить перемирие. В конечном итоге это привело к тому, что ООН провела переговоры о перемирии и временном прекращении боевых действий. Бернадотта обвиняют в благосклонности к арабской стороне, хотя, судя по документам, он старался придерживаться нейтралитета.

Израиль вступил в Организацию Объединенных Наций в мае 1949 года и был признан США, Великобританией, СССР и Францией. Арабские страны выразили протест в ООН, обвинив Великобританию, Францию и США в том, что они помогли Израилю открыть трубопровод от Галилейского моря до пустыни Негев, который обеспечил обильное орошение еврейских поселений и сельского хозяйства ценой одностороннего забора воды из Иордана за счет арабского населения. С арабами не консультировались по поводу этого масштабного проекта "заставить пустыню цвести" и посчитали его нарушением соглашения от мая 1939 года об управлении страной "таким образом, чтобы обеспечить соблюдение интересов каждой общины".

9 мая 1956 года государственный секретарь Джон Фостер Даллес, член одной из 13 самых известных семей американских иллюминатов, выступил перед Конгрессом, объясняя, что США не будут поставлять оружие Израилю, поскольку хотят избежать опосредованной войны между США и СССР. Тот факт, что Израиль уже был полностью вооружен и оснащен США, не был подчеркнут. Цель декларации Даллеса заключалась в том, чтобы дать СССР

повод прекратить поставки оружия арабским странам на основании "нейтральной" позиции США. В то время существовал грубый дисбаланс вооружений в пользу Израиля.

Еще один момент, который следует отметить в этой игре в обман: несмотря на якобы дружеские отношения с арабскими странами, в ответ на американскую инициативу в 1956 году Советский Союз подписал секретное соглашение об увеличении поставок нефти в Израиль, опасаясь, что арабское нефтяное эмбарго нанесет ущерб обороноспособности Израиля.

Даллес, в очередной раз изменив свое мнение, сказал членам Конгресса обойти ограничения, предложив помощь любому государству Ближнего Востока, которое захочет ее получить. 9 марта 1957 года совместная резолюция Конгресса уполномочила президента использовать до 200 миллионов долларов для оказания экономической и военной помощи любой стране Ближнего Востока, которая этого пожелает. Согласно доктрине Эйзенхауэра, эта мера должна была "обеспечить жизненно важный интерес США в целостности и независимости всех стран Ближнего Востока".

В декабре 1959 года президент Эйзенхауэр отправился в так называемое "турне доброй воли", которое прошло в нескольких арабских странах, включая Тунис и Марокко. Эти две арабские страны впоследствии попытались смягчить сопротивление арабов Израилю, усилия, которые, однако, были лишь частично успешными, как и турне Эйзенхауэра. Сирия, в частности, осудила это турне как "попытку скрыть безоговорочную поддержку Соединенными Штатами Израиля".

В течение следующих десяти лет вооружение как арабов, так и израильтян продолжало расти, пока снова не разразилась война. Израильские войска захватили Иерусалим и отказались вернуть город под контроль ООН, несмотря на несколько резолюций Совета Безопасности, призывающих израильское правительство подчиниться. Прозрачный ход, 10 июня 1967 года Советский Союз объявил о разрыве дипломатических отношений с Израилем, не отменяя при этом соглашение 1956 года, которое увеличило поставки нефти в Израиль. Как отмечают две ведущие французские газеты, если бы СССР был искренен в своей оппозиции к Израилю, он мог бы наложить вето на членство Израиля в ООН, но он этого не сделал.

Разорвав дипломатические отношения с Израилем, Советский Союз открыл Соединенным Штатам путь к поставке Израилю 50 истребителей F-4 Phantom. Президент Шарль де Голль был настолько разгневан, что подписал указ, запрещающий любую дальнейшую финансовую или военную помощь Франции Израилю. Этот указ строго соблюдался около двух лет.

Совет Безопасности ООН собрался 3 июля 1969 года и самым решительным образом осудил продолжающуюся оккупацию Израилем Иерусалима и выразил сожаление по поводу невыполнения Израилем предыдущих резолюций, требующих его ухода из города. По словам бывшего члена Генеральной Ассамблеи от Пакистана, "израильская делегация нисколько не волновалась, встретившись ранее в тот же день с послом США в ООН, который дал израильским делегатам абсолютные заверения в том, что у резолюции "нет зубов" и что "любая активная попытка наказать Израиль будет блокирована США и Советом Безопасности". Но когда состоялось заседание Совета Безопасности, США присоединились к осуждению Израиля. В этом и заключается суть дела.

В заключение этой главы представляется уместным привести краткое описание дипломатического предательства Великобританией своего арабского союзника, шерифа Хусейна из Мекки:

➢ В **августе** 1920 года Ибн Сауд бин Абдул Азиз завоевал и аннексировал Асир.

➢ **2 ноября 1921 года** Ибн Сауд захватил Хали,

положив конец старой династии Рашидов.

➤ В **июле 1922 года** Ибн Сауд вторгся в Джауф и положил конец старой династии Шалан.

➤ **24 августа 1924** года вахабиты и Ибн Сауд напали на Таиф в Хиджазе, а 5 сентября захватили его.

➤ **13 октября 1924 года** Ибн Сауд взял Мекку. Шериф Хусейн и его сын Али были вынуждены бежать. Таким образом, Саудовская Аравия узурпировала священный город, что до сих пор глубоко переживается миллионами мусульман в Иране, Ираке и других странах. Без британской помощи Ибн Сауд не смог бы покорить Мекку. Британская олигархическая структура давно выражала свою ненависть к пророку Мухаммеду и, несомненно, получила огромное удовлетворение от победы Саудов.

➤ В период с **января по июнь 1925 года** ваххабиты осадили город-государство Джидда.

➤ **5 декабря 1925 года** Медина сдалась Ибн Сауду, а 19 декабря Шериф Али, сын Хусейна, был вынужден отречься от престола.

➤ **8 января 1926 года** Ибн Сауд был провозглашен королем Хиджаза и султаном Неджда.

➤ **20 мая 1927 года** семьи Абдул Азиз и Вахаби, представленные Ибн Саудом, подписали договор с Великобританией, который признавал полную независимость всех территорий, принадлежащих двум семьям, и позволял им называть себя Саудовской Аравией.

Без помощи арабских национальных государств при Хусейне и без завоевания арабских городов-государств семьями Вахаби и Абдул-Азиз турки не были бы изгнаны из Египта и Палестины, а еврейская иммиграция в эту страну была бы сильно сокращена, если не прекращена совсем. Как заявил в 1973 году президент Сирии Хафез эль-Асад,

> "Британцы вонзили сионистский кинжал в сердца арабских народов".

Друзья покойного Лоуренса говорят, что его призрак бродит по коридорам Уайтхолла, не в силах обрести покой из-за того, как ему удалось подорвать твердое обещание, данное арабским армиям Шерифа Хусейна, и из-за его вины в принятии ложных обещаний Алленби и Уайтхолла о недопустимости еврейской иммиграции в Палестину.

VI. Тависток и "оперативные исследования": необъявленная война

Основатель Тавистокского института человеческих отношений Джон Роулингс Риз должен был разработать систему подрыва и последующего контроля мышления человека, чтобы направить его в нужное Комитету 300, известному также как "олимпийцы", русло. Следует сказать, что это требует внедрения автоматизированного мышления в большинство целевого населения. Это задача с очень важными последствиями на национальном и международном уровне.

Конечным результатом целей Риза был и остается контроль над всей человеческой жизнью; ее уничтожение, когда это будет сочтено желательным, будь то массовый геноцид или массовое рабство. Сегодня мы являемся свидетелями и того, и другого. Один из них - план геноцида "Глобал 2000", предусматривающий гибель более 500 миллионов человек к 2010 году; другой - экономическое рабство. Обе системы полностью функционируют и работают бок о бок в сегодняшней Америке.

Риз начал свои эксперименты над Тавистоком в 1921 году, и вскоре ему стало ясно, что его система может быть применена как на государственном, так и на военном уровне. Риз утверждал, что решение проблем, которые он предвидел, требует безжалостного подхода, без учета религиозных или моральных ценностей. Позже он добавил в свой список еще одну область - национализм.

Известно, что Риз изучал работу "Девяти неизвестных", о которых в 1860 году упоминал французский писатель

Жаколио. Среди замечаний Жаколио был тот факт, что Девять неизвестных знали о высвобождении энергии, радиационной стерилизации, пропаганде и психологической войне - все это было абсолютно неслыханно в нашем веке. Жаколлио объявил технику психологической войны "самой эффективной и опасной из всех наук для формирования мнения масс, поскольку она позволит любому человеку управлять всем миром". Это заявление было сделано в 1860 году.

Когда стало ясно, что британские политики намерены решить экономические проблемы страны с помощью новой войны, Ризу предоставили 80 000 новобранцев британской армии, чтобы использовать их в качестве подопытных кроликов. Операция "Исследование" - так назывался его проект, основной целью которого была разработка методики военного управления (логистики) для наилучшего использования ограниченных военных ресурсов - морских, воздушных и наземных систем обороны - против внешних врагов Великобритании.

Таким образом, первоначальная программа была программой военного управления, но к 1946 году Риз развил исследование операций до такой степени, что его можно было применять в качестве программы гражданского управления. Риз "прибыл", если говорить о социальной инженерии, но его работа скрыта в совершенно секретных файлах в Тавистокском институте. Технически, "Тавистокское руководство" Риза, копия которого у меня есть, является настоящим объявлением войны гражданскому населению любой страны-объекта. Риз заявил, что следует понимать, что "всякий раз, когда правительство, группы, лица, находящиеся у власти" используют свои методы без согласия народа, эти правительства или группы людей понимают, что мотивом является завоевание, и что между ними и обществом идет гражданская война разной степени интенсивности.

Риз обнаружил, что с социальной инженерией возрастает

потребность в информации, которую можно быстро собрать и соотнести. Одно из самых ранних высказываний, приписываемых Ризу, касалось необходимости опережать общество и предсказывать его движения с помощью ситуационного инжиниринга. Открытие линейного программирования Джорджем Б. Данциг в 1947 году стал большим прорывом для Риза и его социальных тинкеров. Это произошло в то время, когда Риз был вовлечен в войну с американской нацией, войну, которая продолжается до сих пор и которой в значительной степени способствовало изобретение транзистора Бардином, Бриттейном и Шокли в 1948 году.

Затем вмешались Рокфеллеры и выделили Тавистоку огромный грант, чтобы Риз смог продолжить исследование американской экономики, используя методы исследования операций. Одновременно Фонд Рокфеллера выделил Гарвардскому университету четырехлетний грант на создание собственной американской экономической модели. Это был 1949 год, и Гарвард продвигал свою собственную экономическую модель, основанную на модели Тавистока.

Единственным условием сотрудничества Риза с Гарвардом было соблюдение методов Тавистока на протяжении всего проекта. Они были основаны на исследовании Prudential Assurance Bombing Survey, которое привело к насыщенным бомбардировкам жилья немецких рабочих в качестве средства капитуляции немецкой военной машины. Теперь эти методы были готовы к применению в гражданском контексте.

Риз подробно изучил вступление Америки в Первую мировую войну, которое он рассматривает как начало 20-го века[ème] . Риз понимал, что для того, чтобы Америка смогла избавиться от так называемого "изоляционизма", американское мышление должно быть радикально изменено. В 1916 году Вудро Вильсон втянул Америку в европейские дела, проводя коррумпированную и развращающую политику. Вильсон отправил американские войска воевать на европейские поля сражений, несмотря на предупреждения отцов-основателей не вмешиваться в иностранные дела. Комитет 300 намерен навсегда сохранить Соединенные Штаты в европейских и мировых делах.

Не Вильсон изменил Европу, а Европа изменила Америку. Изгнание политики из власти, которое, как думал Уилсон, ему удалось сделать, оказалось невозможным, потому что власть - это политика, а политика - это экономическая власть. Так было с самых ранних записей в истории политики: городов-государств Шумера и Аккада 5 000 лет назад, вплоть до Гитлера и СССР. Экономика - это всего лишь продолжение естественной энергетической системы, но элиты всегда говорили, что эта система находится под их контролем.

Чтобы экономика находилась под контролем элиты, она должна быть предсказуемой и полностью поддающейся манипулированию. Именно этого и добивалась гарвардская модель, основанная на социальной динамике исследования операций Риза. Риз обнаружил, что для достижения полной предсказуемости групп населения необходимо контролировать элементы общества под игом рабства и лишить их возможности узнать о своем затруднительном положении, чтобы, не умея объединяться или защищаться вместе, они не знали, куда обратиться за помощью.

Методологию Тавистока можно увидеть в работе по всей территории Соединенных Штатов. Люди, не зная, куда обратиться за пониманием своего затруднительного положения, обращаются за предполагаемой помощью в самое худшее место - к правительству. Гарвардский проект экономических исследований, начавшийся в 1948 году, воплотил в себе все принципы Риза, которые, в свою очередь, выросли из расследования взрывов, проведенного Prudential, и исследования операций. Объединив усилия, элиты почувствовали, что с приходом компьютерной эры стало доступно средство контроля над экономикой и населением страны - одновременно благословение и страшное проклятие для человечества.

Вся наука - лишь средство достижения цели, а человек - это знание (информация), которое заканчивается контролем. Бенефициары этого контроля были определены Комитетом 300 и его предшественниками 300 лет назад. Война, которую Тависток ведет против американского народа, длится уже 47 лет и не подает признаков ослабления. Энергия является ключом ко всей жизни на этой планете, Комитет установил контроль над большинством энергетических ресурсов с помощью методов дипломатии лжи и силы.

Комитет, путем обмана и сокрытия, также взял под контроль социальную энергию, которая выражается в экономических терминах. Если бы рядовых граждан можно было держать в неведении относительно реальных экономических методов учета, то граждане были бы обречены на жизнь в экономическом рабстве. Вот что произошло. Мы, народ, дали свое согласие экономическим контролерам нашей жизни и стали рабами элиты. Как однажды сказал Риз, люди, которые не используют свой интеллект, имеют не больше прав, чем тупые животные, у которых вообще нет интеллекта. Экономическое рабство необходимо для поддержания хорошего порядка и для того, чтобы правящий класс мог пользоваться плодами труда рабов.

Риз и его команда социологов и социальных инженеров работали над американской общественностью, сначала изучая, затем понимая и, наконец, атакуя социальную энергию (экономику), ментальную среду и физические слабости нации. Ранее я говорил, что компьютер - это одновременно благословение и проклятие для человечества. Положительным моментом является то, что есть много начинающих экономистов, которые с помощью компьютеров начинают понимать, что Гарвардская модель - это чертеж экономического рабства.

Если эта новая порода экономических программистов сможет достаточно быстро донести свое послание до американского народа, то Новый мировой порядок (рабство) еще можно остановить. Именно здесь она играет такую большую роль в подрывной деятельности через СМИ, образование и влияние на наше мышление, отвлекая нас неважными вопросами, в то время как действительно важные вопросы игнорируются. На крупном совещании по изучению политики, организованном Комитетом 300 в 1954 году, экономическим экспертам, правительственным чиновникам, банкирам и лидерам торговли и промышленности стало ясно, что война против американского народа должна быть усилена.

Роберт Макнамара был одним из тех, кто заявил, что, поскольку миру и порядку угрожает неконтролируемое население, богатства страны должны быть отобраны у неуправляемых масс и переданы под контроль самодисциплинированного меньшинства. Макнамара яростно нападал на перенаселение, которое, по его словам, грозило изменить мир, в котором мы живем, и сделать его неуправляемым:

"Мы можем начать с самых критических проблем, связанных с ростом населения. Как я уже отмечал в других публикациях, помимо самой ядерной войны, это самая серьезная проблема, стоящая перед миром в ближайшие десятилетия. Если нынешние тенденции сохранятся, то мир в целом достигнет уровня рождаемости, обеспечивающего воспроизводство населения, т.е. в среднем двух детей на семью, только к 2020 году. Это означает, что численность населения Земли в конечном итоге стабилизируется на уровне около 10 миллиардов человек по сравнению с 4,3 миллиарда человек сегодня.

"Мы называем его стабилизированным, но какая стабильность может быть? Можем ли мы предположить, что уровень бедности, голода, стресса, перенаселенности и разочарования, который такая ситуация может породить в развивающихся странах - в которых в таком случае будут жить 9 из каждых 10 человек на Земле -

сможет обеспечить социальную стабильность? Или, если уж на то пошло, военная стабильность?

"Это не тот мир, в котором каждый из нас хотел бы жить. Является ли такой мир неизбежным? Нет, но есть только два способа избежать мира с 10 миллиардами людей. Либо текущий уровень рождаемости должен падать быстрее, либо текущий уровень смертности должен расти. Другого пути нет.

"Конечно, существует множество способов повысить уровень смертности. В термоядерный век война может сделать это очень быстро и решительно. Голод и болезни - это древние природные тормоза роста населения, и ни один из них не исчез со сцены".

В 1979 году Макнамара повторил свое послание ведущим мировым банкирам, а Томас Эндерс, высокопоставленный сотрудник Государственного департамента, сделал следующее заявление

"Одна тема лежит в основе всей нашей работы. Мы должны сократить рост населения. Либо они сделают это по-нашему, хорошими, чистыми методами, либо у них будет такой же беспорядок, как у нас в Сальвадоре, Иране или Бейруте. Когда рост населения выходит из-под контроля, для его сокращения требуется авторитарное, даже фашистское правительство. Гражданская война может помочь, но она должна быть очень масштабной. Чтобы быстро сократить население, нужно втянуть всех самцов в боевые действия и убить значительное количество женщин фертильного детородного возраста."

Решением проблемы мира, в котором элита не хотела бы жить, является массовый геноцид. Римскому клубу было приказано разработать план, который позволил бы уничтожить 500 миллионов перенаселенных людей. Этот план назывался "Глобальный 2000", и он был приведен в действие путем распространения вируса СПИДа в Африке и Бразилии. Global 2000 был официально принят в качестве политики США президентом Джеймсом Картером.

Члены конференции согласились, что

"Элемент низшего класса общества должен быть поставлен под полный контроль, обучен и приучен к обязанностям в раннем возрасте, что может быть достигнуто качеством образования, которое должно быть самым бедным из бедных. Низшие классы должны быть обучены принимать свое положение задолго до того, как у них появится возможность его оспорить".

"Формально дети должны быть "осиротевшими" в контролируемых государством детских садах. С таким начальным препятствием у низших классов будет мало надежды сдвинуться с позиций, отведенных им в жизни. Форма рабства, которую мы имеем в виду, необходима для хорошего общественного порядка, мира и спокойствия.

"У нас есть средства для решения проблемы жизнеспособности, возможностей и мобильности индивидуумов в обществе путем знания, посредством нашего социолога, их источников социальной энергии (дохода), понимания их, манипулирования ими и борьбы с ними, и, таким образом, их физических, умственных и эмоциональных сильных и слабых сторон. Широкая общественность отказывается улучшать свой собственный менталитет. Он превратился в стадо размножающихся варваров и стал пятном на лице земли.

"Измеряя экономические привычки, с помощью которых овцы пытаются уйти от своих проблем и уйти от реальности через развлечения, абсолютно возможно, применяя методы исследования операций, предсказать вероятные комбинации шоков (созданных событий), которые необходимы для обеспечения полного контроля и подчинения населения путем подрыва экономики. Стратегия включает использование усилителей (реклама), и когда мы говорим по телевидению так, что десятилетний ребенок может понять, то, благодаря сделанным предложениям, этот человек импульсивно купит этот товар, когда в следующий раз увидит его в магазине.

"Баланс сил обеспечит стабильность, которой, вероятно, достигнет мир XXI века^e , раздираемый страстным трайбализмом и, казалось бы, неразрешимыми проблемами, такими как массовая миграция с Юга на Север и с ферм в города. Возможны массовые перемещения населения, как, например, между Грецией и Турцией после Первой мировой войны, и массовые убийства. Это будет время потрясений, которому понадобится объединитель, Александр или Магомет.

"Главное изменение, которое произойдет в результате возникновения конфликтов между народами, живущими бок о бок, - и которое по своей интенсивности будет превалировать над другими конфликтами - заключается в том, что политическое соперничество будет происходить внутри регионов, а не между ними. Это приведет к изменениям в мировой политике. После десятилетия, в течение которого Соединенные Штаты и Советский Союз сражались за океаном, державы сосредоточатся на защите от сил, находящихся на их границах или внутри них.

"Американский народ ничего не знает об экономике и мало заботится о ней, и поэтому он всегда созревает для войны. Они не могут избежать войны, несмотря на свою религиозную мораль, и не могут найти в религии решение своих земных проблем. Они ошеломлены экономическими обозревателями, которые посылают ударные волны, разрушающие бюджеты и покупательские привычки. Американская публика еще не поняла, что мы контролируем их покупательские привычки".

Вот и мы. Разделение наций на племенные фракции, заставляя население бороться за жизнь и беспокоиться о региональных конфликтах, так что у них никогда не будет возможности иметь четкое представление о происходящем, не говоря уже о том, чтобы бросить ему вызов, и в то же время вызывая резкое сокращение населения Земли. Именно это происходит в бывшей Югославии, где страна разделена на мелкие племенные образования, и именно это происходит в Америке, где средняя семья, в которой оба родителя работают, не может свести концы с концами. У этих родителей нет времени обращать внимание на то, как их обманывают и ведут в экономическое рабство. Все это подстроено.

Сегодня мы видим - если у нас есть время - что Соединенные Штаты находятся на грани постепенного распада, что является результатом молчаливой войны "контроля" Тавистока против американской нации. Президентство Буша было полной катастрофой, а президентство Клинтона станет еще большим потрясением. Именно так строится план, и мы, народ, стремительно теряем уверенность в наших институтах и в нашей способности сделать Америку такой, какой она должна была быть - далеко не такой, какой она является сейчас - захваченной иностранцами, которые угрожают поглотить нацию - вторжение с юга на север прямо здесь, в нашей собственной стране.

Мы отдали наше реальное богатство за обещание большего богатства, вместо компенсации в реальном выражении. Мы попали в ловушки вавилонской системы "капитализма", которая вовсе не является капитализмом, а лишь видимостью капитала, демонстрируемой деньгами, которые на самом деле выражены в терминах отрицательного капитала. Это обманчиво и разрушительно. Доллар США имеет вид валюты, но на самом деле это ОВУ, причем ОВУ рабства.

Деньги, как мы их знаем, будут уравновешены войной и геноцидом - что и происходит на наших глазах. Совокупность товаров и услуг - это реальный капитал, и деньги можно печатать до этого уровня, но не дальше. Как только деньги печатаются сверх уровня товаров и услуг, они становятся разрушительной и вычитающей силой. Война - единственный способ "уравновесить" систему, убив тех кредиторов, от которых народ безропотно отказался по их реальной стоимости в обмен на искусственно раздутые деньги.

Энергия (экономика) является ключом ко всей земной деятельности. Отсюда и часто повторяемое утверждение, что все войны имеют экономическую подоплеку. Целью единого мирового правительства - нового мирового порядка - обязательно должно быть получение монополии на все товары и услуги, сырье и материалы, а также контроль над тем, как преподается экономика. В Соединенных Штатах мы постоянно помогаем единому мировому правительству установить контроль над мировыми природными ресурсами, вынужденные отдавать часть своих доходов на эти цели. Это называется "иностранная помощь".

Проект Tavistock Operation Research утверждает, что

"Наши исследования показали, что самый простой способ контролировать людей - это держать их недисциплинированными и не знающими основных систем и принципов, при этом держать их дезорганизованными, запутанными и отвлеченными на дела относительно небольшой важности...

"В дополнение к нашим менее прямым методам проникновения на большие расстояния, это может быть достигнуто путем отключения умственной деятельности и предоставления низкокачественных программ общественного образования в области математики, логики, проектирования систем и экономики, а также дестимулирования технического творчества.

"Наша мода требует эмоциональных стимулов, повышенного использования усилителей, побуждающих к самообольщению, будь то прямые (телепередачи) или рекламные. В Тавистоке мы пришли к выводу, что лучше всего это достигается путем неустанных и неослабевающих эмоциональных атак и оскорблений (изнасилование сознания) через постоянный шквал секса, насилия, войн, расовых конфликтов, как в электронных, так и в печатных СМИ. Эту постоянную диету можно назвать "ментальным джанк-фудом".

"Пересмотр истории и права и подчинение населения девиантному творчеству имеет первостепенное значение, позволяя переключить мышление с личных потребностей на сконструированные и сфабрикованные внешние приоритеты. Общее правило таково: чем больше путаница, тем больше прибыль. Один из способов сделать это - создать проблемы, а затем предложить решения.

"Необходимо разделить людей, отвлечь внимание взрослых от реальных проблем и доминировать в их мышлении относительно малозначимыми темами. Молодежь должна оставаться в неведении относительно математики; надлежащее преподавание экономики и истории никогда не должно быть доступно. Все группы должны быть заняты бесконечным кругом вопросов и проблем, так что у них не остается времени на то, чтобы хорошо подумать, и здесь мы полагаемся на развлечения, которые не должны превышать умственные способности шестиклассника.

"Источниками энергии, поддерживающей примитивную экономику, являются запас сырья, готовность людей трудиться и занимать определенное место, определенную позицию, определенный уровень в социальной структуре, то есть обеспечивать работой различные уровни структуры.

"Каждый класс таким образом гарантирует свой уровень дохода и тем самым контролирует класс, находящийся непосредственно под ним, сохраняя тем самым классовую структуру. Одним из лучших примеров этого метода является кастовая система в Индии, в которой осуществляется жесткий контроль, обеспечивающий ограничение восходящей мобильности, которая может угрожать элите на вершине. Этим методом достигается безопасность и стабильность, а также управление на самом верху.

"Суверенитет элиты оказывается под угрозой, когда низшие классы, благодаря коммуникациям и образованию, становятся информированными и завидуют власти и владениям высшего класса. По мере того как некоторые из них становятся более образованными, они стремятся подняться выше благодаря реальным знаниям в области энергетической экономики. Это представляет реальную угрозу суверенитету элитарного класса.

"Из этого следует, что подъем низших классов должен быть отложен достаточно надолго, чтобы элитный класс достиг энергичного (экономического) господства, при этом труд по согласию станет меньшим экономическим источником. До тех пор, пока это экономическое господство не будет достигнуто в максимально возможной степени, необходимо принимать во внимание согласие людей работать и позволять другим заботиться об их делах. Если этого не сделать, то это помешает окончательному переходу источников энергии (экономического богатства) под контроль элиты.

"Между тем, необходимо признать, что общественное согласие остается важнейшим ключом к высвобождению энергии в процессе усиления экономики. Поэтому система согласия на высвобождение энергии жизненно необходима. В отсутствие матки должна быть обеспечена искусственная безопасность, которая может принимать форму укрытий, защитных устройств и убежищ. Такие оболочки обеспечат стабильную среду для стабильной и нестабильной деятельности, а также предоставят убежище для эволюционных процессов роста, то есть выживания в убежище, которое предлагает оборонительную защиту от наступательных действий.

"Это относится как к элите, так и к низшим классам, но есть явное различие в том, как эти два класса подходят к решению проблемы. Наши социологи очень убедительно показали, что причиной создания людьми политической структуры является их подсознательное желание увековечить отношения зависимости в детстве.

"Проще говоря, подсознательное желание требует земного бога, который устраняет риски из их жизни, ставит еду на стол и утешительно похлопывает по спине, когда дела идут не очень хорошо. Спрос на земного бога, решающего проблемы и устраняющего риски, ненасытен, и это породило замену земного бога - политика. Ненасытная потребность общества в "защите" удовлетворяется обещаниями, но политик практически ничего не делает.

"Желание контролировать или подчинить себе людей, которые нарушают их повседневное существование, вездесуще в людях. Однако они не в состоянии справиться с моральными и религиозными проблемами, которые могут возникнуть в результате таких действий, и поэтому поручают эту задачу профессиональным "киллерам", которых мы все вместе называем политиками.

"Услуги политиков нанимаются по ряду причин, которые в основном перечислены в следующем порядке:

➤ Получение желаемой безопасности без управления ею.

➤ Получение действия без необходимости действовать и без необходимости думать о желаемом действии.

➤ Чтобы избежать ответственности за свои намерения.

➤ Получение преимуществ реальности без соблюдения дисциплины, необходимой для обучения.

"Мы можем легко разделить нацию на две подкатегории: политическую и покорную. Политики занимают квазивоенные должности, самой низкой из которых является полиция, за ней следуют прокуроры. Президентский уровень управляется международными банкирами. Покорная суб-нация финансирует политическую машину по согласию, т.е. за счет налогов. Субнация остается привязанной к политической субнации, последняя питается ею и становится сильнее, пока однажды не станет достаточно сильной, чтобы пожрать своего создателя, народ".

Если читать в совокупности с системами, описанными в

моей книге "*Комитет 300*", то можно легко понять, насколько успешным был проект Тавистока "Исследование операций", и нигде более, чем в США. Последние статистические данные показывают, что 75% шестиклассников не смогли сдать так называемый "тест по математике". Математический тест состоял из простой элементарной арифметики, что должно нам о чем-то говорить. Математика вообще не была частью теста. Должны ли мы быть встревожены? Судите сами.

VII. Тайные операции

Тайные операции - то, из чего сделаны истории о Джеймсе Бонде. Как я часто говорил, Джеймс Бонд был вымышленным персонажем, но организация, изображенная в серии фильмов, реальна, за исключением того, что она известна как "С", а не "М". Секретные службы разведки и безопасности Великобритании - это те, которые изображены в фильме "Джеймс Бонд". Они известны как MI5 (внутренняя безопасность) и MI6 (внешняя безопасность). Вместе они являются старейшей секретной разведывательной службой в мире. Они также находятся на переднем крае разработки шпионских методов и новых технологий. Ни одна из этих служб не подотчетна британскому народу через парламент, и обе действуют в обстановке строгой секретности, прикрываясь широким кругом лиц.

Начало этим агентствам было положено во времена королевы Елизаветы I, основателем был признан сэр Фрэнсис Уолсингем, государственный секретарь Елизаветы, и с тех пор они существовали под разными названиями. Мы не собираемся писать историю этих суперсекретных шпионских агентств, а просто хотим дать контекст для основного направления этой главы, а именно тайных действий и убийств по экономическим и/или политическим причинам.

Главное, что следует помнить, это то, что почти во всех случаях тайные действия запрещены международным правом. Сказав это, я должен также отметить, что одно дело - иметь законы против тайных действий, но совсем другое - очень трудно обеспечить их выполнение из-за чрезвычайных усилий, которые стороны готовы приложить, чтобы сохранить операцию в тайне. Указ президента Джеральда Форда, запрещающий "участие или заговор с целью участия в политических убийствах", в значительной степени игнорируется ЦРУ.

Оправдание, что Буш не знал, что происходило в тайной операции Иран/Контра, не может быть поддержано из-за поправки Хьюза-Райана, которая была разработана специально для того, чтобы подорвать поддержку такой защиты. Поправка была разработана для привлечения ЦРУ и других разведывательных служб США к ответственности и подотчетности:

> "... Если и до тех пор, пока Президент не определит, что каждая такая операция важна для национальной безопасности Соединенных Штатов, и своевременно не сообщит об этом соответствующему комитету Конгресса, включая Комитет по международным отношениям Сената и Комитет по международным делам Палаты представителей".

тогда тайная операция станет незаконной. Таким образом, если президент Рейган или президент Буш знали об операции Иран/Контра, или если они не знали, то те, кто участвовал в ней, действовали незаконно.

В тайной операции "Иран/Контра" адмирал Джон Пойндекстер был "подставным лицом" для президентов Рейгана и Буша, оба из которых утверждали, что ничего не знали об этом. Это шокирует, поскольку подразумевает, что два президента не контролировали свои военные и разведывательные ведомства. Если бы Пойндекстер не заявил в суде, что он никогда не информировал Буша о деталях операции Иран/Контра, последовала бы процедура импичмента, которой Буш, при всей своей мощной защите, не смог бы избежать. В этом Бушу очень помог конгрессмен Ли Гамильтон, чье расследование тайных действий было проведено настолько плохо, что привело к полному обелению виновных, включая Рейгана и Буша.

Помимо "Джеймса Бонда", самыми известными агентами МИ-6 были Сидни Рейли, Брюс Локхарт и капитан Джордж Хилл, которые были командированы в Россию, чтобы помочь большевикам победить своих врагов и в то же время обеспечить огромные экономические и сырьевые концессии для британского черного дворянства, а часть пирога досталась финансистам с Уолл-стрит. Возможно, наименее известным (но одним из самых эффективных) агентов МИ-6 был Сомерсет Моэм, выдающийся британский писатель, хорошо известный в литературном мире под этим "овечьим" именем.

Как и большинство сотрудников МИ-6, настоящее имя Моэма не раскрывалось в годы его службы и оставалось таковым до самой смерти. Сидней Рейли имел три тайных имени и восемь других (у него было одиннадцать паспортов), его настоящее имя - Зигмунд Георгиевич Розенблюм.

Если оставить в стороне все названия, такие как большевизм, социализм, марксизм, коммунизм, фабианство и троцкизм, то факт остается фактом: большевистская революция была иностранной идеологией, навязанной русскому народу Комитетом 300 для получения экономической выгоды и контроля над Россией.

Все просто, и, если отбросить всю риторику и терминологию, концепцию "коммунизма" легче понять. Мы никогда, никогда не должны упускать из виду тот факт, что, как сказал Черчилль, прежде чем Россия была безвозвратно повернута и потеряна, "ее схватили за волосы" и потащили назад в диктатуру прямо из ада, установленную в основном для эксплуатации и контроля ее огромных ресурсов, которые даже сегодня намного превосходят ресурсы Соединенных Штатов, не говоря уже о Великобритании, у которой, кроме угля и небольшого количества нефти Северного моря, нет ничего достойного упоминания.

Как и во времена королевы Елизаветы I, когда Сесилы, ее контролеры, создали шпионскую систему с сэром

Фрэнсисом Уолсингемом для защиты ее собственности в Англии и наблюдения за торговлей по всему миру, так и современные английские короли и королевы продолжают эту традицию. Можно сказать, что эти шпионские организации были мотивированы в первую очередь экономикой, а затем национальным суверенитетом. За прошедшие столетия мало что изменилось.

Такова была цель легендарной миссии Сиднея Рейли в Россию: заполучить российскую нефть и другие огромные богатства недр для британского черного дворянства во главе с лордом Альфредом Милнером, инвестиционных банкиров лондонского Сити и американских браминов из Бостона, финансистов и магнатов Уолл-стрит, наиболее известных Рокфеллеров, Дж.П. Моргана и Кун Лоеба. Раздел награбленного Британией, достигнутый с помощью военной мощи и поддерживаемый ею, стал традицией в золотой век обширной и невероятно прибыльной торговли опиумом с Китаем.

Старые американские эквиваленты "благородных" семей были по уши вовлечены в эту немыслимую торговлю. Сегодня вы никогда не узнаете об этом, потому что о них судят по внешним признакам, а именно по тому, что они посещают лучшие школы.

Этот выводок покрыт слоем нефти и купается в зловонии и грязи китайской торговли опиумом, которая принесла смерть и страдания миллионам людей, наполнив при этом принадлежавшие им банки непристойным богатством.

Галерея воров в китайской опиумной торговле выглядит как страница из американского социального реестра: Джон Перкинс, Томас Нельсон Перкинс, Делано, Кэбот, Лодж, Рассел, Морган, Меллон. Нет ни одной из наших "элитных" семей, которая не была бы запятнана опиумным богатством.

Лорд Альфред Милнер направил Сиднея Рейли из МИ-6, чтобы обеспечить безопасность нефтяных месторождений в Бакинском регионе для британских и рокфеллеровских инвестиций. Брюс Локхарт был личным представителем лорда Милнера, который контролировал Ленина и Троцкого. Хансард" того времени, который является эквивалентом записей нашего Конгресса, полон выражений возмущения и разочарования, когда парламент начал собирать информацию о подвигах Рейли. Яростный обмен мнениями происходил в частном порядке между премьер-министром Ллойд Джорджем (графом Двайфором) и членами его кабинета, а также в ходе публичных дебатов с членами парламента на полу палаты представителей. Все они требовали вернуть Рейли и заставить его ответить за свою деятельность в России.

Но тщетно, Рейли оставался неприкасаемым и неподотчетным. Возможно, впервые в истории британская общественность начинает смутно осознавать, что над парламентом стоит некая невидимая сила. Британская общественность не знает и не может знать, что Рейли представляет МИ-6, которая обладает гораздо большей властью, чем их избранные представители в парламенте. Те, кто пытается разрушить стену секретности, ни к чему не приходят, поэтому они ждут возвращения Рейли в Англию, которое происходит только после того, как все закончится.

Рейли и его близкий друг, граф Феликс Дзержинский (оба из одного региона Польши), глава страшного аппарата террора большевистской тайной полиции, инсценировали смерть Рейли от выстрела, когда он якобы пытался бежать через границу. Прикрытием послужило то, что имя Рейли было обнаружено в бумагах группы латышских граждан, планировавших покушение на Ленина. Рейли жил в тайной роскоши и великолепии в Советской России, пока, чтобы завершить план, не сбежал на голландском грузовом судне. В 1917 году Рейли вербует сэр Уильям Уайзман, глава британской МИ-6 в Вашингтоне. Его начальник, сэр Мэнсфилд Смит Камминг, назвал Рейли "зловещим человеком, которому я никогда не мог доверять".

Миссия Сомерсета Моэма в Петроград для МИ-6 в 1917 году является классическим примером такой миссии. Локхарт был направлен в Петроград для поддержки временного правительства Александра Керенского, который должен был возглавить "временное" правительство, противостоящее большевикам (Де Клерк, лидер-изгой ЮАР, был метко назван "Керенским белых в Южной Африке", поскольку его задачей является формирование "временного" правительства, которое позволит Манделе и его банде убийц захватить страну).

Ни британский парламент, ни общественность не знали, что правительство Керенского было запрограммировано на провал; его задачей было создать впечатление, что реальная оппозиция большевистскому правительству исходит от Великобритании и США, тогда как на самом деле все было наоборот. В ходе тщательно продуманной инсценировки Моэм, которого также выбрал сэр Уильям Уайзман, отправился на встречу с Керенским, путешествуя через Японию со 150 000 долларов (да, это были в основном американские деньги), чтобы потратить их на Керенского. Моэм уехал 17 июня 1917 года и встретился с Керенским 31 октября 1917 года.

Керенский попросил Моэма передать записку премьер-министру Ллойд Джорджу, в которой содержалась отчаянная мольба о предоставлении оружия и боеприпасов. Интересно, что Керенский полностью игнорировал британского консула в Петрограде, который почувствовал, что за его спиной что-то происходит, послал гневные жалобы Ллойд Джорджу, но не получил ни извинений, ни объяснений. Как однажды сказал сам капитан Хилл, "те, кто считает, что большевистская революция была вдохновлена и направлена сионистами, возможно, имеют на своей стороне некоторую долю правды". Уайзман, Моэм, Хилл и Рейли были евреями, но Локхарт был чистым англосаксом.

Ответ британского премьер-министра на ноту Керенского был очень кратким: "Я не могу этого сделать". Моэм так и не вернулся в Россию, а Керенский был свергнут большевиками 7 ноября 1917 года. Капитан Хилл был направлен в MI5, затем в MI6. Его отправляют в Петроград, чтобы он посоветовал Троцкому, как создать военно-воздушные силы, хотя технически Россия все еще является союзником Великобритании.

Целью этого маневра было удержать Россию в состоянии войны с Германией, которую Британия хотела победить из-за ее большого коммерческого и финансового успеха. В то же время Россия должна была быть ослаблена до такой степени, что не смогла бы долго сопротивляться большевистским ордам. Как мы знаем, обман сработал идеально. Капитан Хилл сыграл важную роль в создании ЧЕКА, грозного аппарата большевистской тайной полиции и военной разведки, предшественника ГРУ.

Одним из подвигов Хилла была "передача" драгоценностей румынской короны. Хилл, специалист по вооружению и обучению, принимал самое активное участие в грандиозном замысле - заставить мир поверить, что Великобритания и США действительно борются с большевистским захватом. (В документах, которые я читал много лет спустя, Аллен Даллес, глава ОСС, был осужден де Голлем, который прямо напомнил ему о великом перевороте против царя Николая II и русского народа.

Неотъемлемой частью обмана была высадка объединенных британских, французских и американских сил в Мурманске 23 июня 1918 года под командованием американского генерал-майора Фредерика Пула, якобы для оказания помощи русским в их борьбе с большевиками. Французы действительно думали, что они там, чтобы атаковать большевиков, когда союзные войска вошли в Архангельск 2 августа, где произошли некоторые бои. В действительности у экспедиционных сил было три цели:

> (а) создать видимость того, что Великобритания и Америка борются с большевиками (б) защитить большие склады оружия и боеприпасов российской армии в регионе и (в) помочь обратить сомневающееся население в поддержку Ленина, создав видимость того, что он

спаситель отечества, сражающийся против иностранной военной силы.

В действительности англо-американские войска были там для того, чтобы помочь Ленину, а не для борьбы с Красной Армией. Союзные войска должны были обеспечить передачу склада боеприпасов большевикам и не допустить его захвата наступающими немцами. Спустя годы государственный секретарь Джордж Маршалл повторил этот трюк против китайского маршала Чан Кай Шика, оставив Мао Цзэдуну огромный арсенал для использования в его борьбе за превращение Китая в коммунистическую нацию. Третья цель заключалась в том, чтобы превратить русских, которые колебались в своей поддержке Ленина, в его полноправных сторонников. Ленин использовал Мурманский десант, чтобы сказать русскому народу:

"Послушайте, британские и американские империалисты пытаются украсть у вас Россию. Присоединяйтесь к нам в нашей борьбе за защиту России-матушки! "

Когда белые русские генералы Денекин и Врангель с большим успехом противостояли Красной армии, вытесняя ее из района Баку и угрожая работе, которую Сидней Рейли выполнял для британских и американских (особенно рокфеллеровских) нефтяных интересов, к тому же Ллойд Джорджу, который в 1917 году сговорился с Керенским, присоединился "частный американский гражданин" Уильям Буллит, фактически эмиссар Рокфеллера и банкиров с Уолл-стрит. Вместе они совершили акт государственной измены против своих стран.

В январе 1919 года генерал Петр Денекин нанес поражение большевикам в Грузии, Армении, Азербайджане и Туркестане (нефтяные районы), а позднее в том же месяце вытеснил большевиков с Кавказа, продвинувшись почти до ворот Москвы. Затем Буллит и Ллойд Джордж отрезали белых русских, прекратив поставки оружия, боеприпасов и денег. По сигналу Ллойд Джорджа, посланному МИ-6 в сентябре, американо-британские силы оставили

Архангельск и покинули Мурманск 12 октября 1919 года.

Обратите внимание на идеальное время проведения операции. Единственное, что сделали экспедиционные силы, помимо легких боев под Архангельском и нескольких других стычек с большевистскими силами, это прошли маршем по улицам Владивостока в поддержку утверждения Ленина о том, что там находятся британские и американские империалистические солдаты, полные решимости захватить матушку Россию. 14 ноября 1920 года все было кончено, последние силы белых русских отправились в Константинополь.

Одна из самых больших частей головоломки была успешно завершена без того, чтобы американцы и британцы имели представление о происходящем. Более или менее похожая процедура осуществляется сегодня в России, где "экс-коммунист" Борис Ельцин, представленный Западом как своего рода русский народный герой, пытается "спасти" Россию от возрождения коммунизма. Как и в 1917 году, так и сегодня: американская общественность не имеет ни малейшего представления о том, что на самом деле происходит в России.

Сюжет на этом не заканчивается: покушение на Ленина, когда он стал мешать маневрам Брюса Локхарда; арест и последующий обмен Локхарда на большевика Максима Литвинова с заочным смертным приговором, вынесенным большевистским судом в Москве. Таким образом, МИ-6 ведет свою игру самым виртуозным образом, как это происходит и сегодня. Более того, Ленин умер от сифилиса, а не от ран, полученных от рук Доры Каплан.

Возможно, стоит подробнее остановиться на деятельности капитана Хилла. Документы, которые мне удалось изучить в архивах Уайтхолла в Лондоне, многое раскрывают о деятельности Хилла, офицера МИ-5 во втором поколении. Отец Хилла, очевидно, был очень активен в еврейских купеческих кругах, имевших связи с Салониками во времена царя Николая II.

Сын Хилла Джордж, живший в Лондоне, был курьером МИ-5 для финансистов Уолл-стрит и лондонского Сити, которые поддерживали большевиков; деньги направлялись через Максима Горького, любимца лондонских театров. В 1916 году он был переведен в МИ-6 и направлен в Салоники главой МИ-6 сэром Мэнсфилдом Каммингом. Из Салоник Хилл передавал Каммингу информацию об успехах большевиков, которые готовили грядущую революцию - уже на 10 лет раньше срока. 17 ноября 1917 года Камминг отправил Хилла в Москву, где он сразу же стал личным помощником Леона Троцкого по рекомендации Парвуса (Александра Гельпланда). Хилл разработал план военной разведки, который был принят и стал основой ГРУ, основателями которого были Хилл и Троцкий.

ЧЕКА оставалась под контролем Дзержинского. Позже, согласно документам Уайтхолла, по запросу из Иерусалима Хилл был направлен на Ближний Восток, где занялся организацией и обучением еврейских банд "Иргун" и "Штерн", подавляющее большинство офицеров и рядовых которых были выходцами из большевистской России. Разведывательная служба, которую Хилл создал для Иргуна, позже была принята израильской секретной службой, которая стала Моссадом.

Британская секретная служба - самый большой специалист в области тайных операций. Сэр Стюарт Мензис, глава МИ-6 во время войны, однажды сказал, что Аллену Даллесу не хватало проницательности, чтобы действительно понять тайные операции. В любом случае, МИ-6 сформировала и обучила ОСС, предшественника Центрального разведывательного управления (ЦРУ). Тайные операции можно назвать, пожалуй, самой сенсационной частью работы разведки, которая в целом включает в себя довольно рутинную деятельность, такую как мониторинг экономической деятельности по всему миру, подготовка отчетов для национальных политиков, которые, как предполагается, являются той частью правительства, которая решает, какой курс действий предпринять, если таковой имеется.

По закону МИ-6 и ЦРУ не имеют права вмешиваться во внутренние дела или шпионить за гражданами, их функции ограничены иностранными делами. Но за последние три года эти границы стали очень размытыми, что должно вызывать серьезную озабоченность, но, к сожалению, не предпринимается никаких позитивных шагов, чтобы остановить это. Тайные действия проходят по натянутому канату между дипломатией и обманом, и иногда, когда ходок поскальзывается, результаты могут быть очень позорными, если тайные действия нельзя отрицать, как это было в деле Иран/Контра.

Тайные действия требуют от разведывательного агентства разработки программы для достижения определенной иностранной цели. Это часто затрагивает внешнюю политику, которая не является сферой деятельности разведки. Хорошим примером является паранойя, выраженная президентом Джорджем Бушем в его желании буквально уничтожить иракского президента Хусейна, причем тайные действия осуществлялись как по экономическим, так и по военным каналам.

Буш потратил в общей сложности 40 миллионов долларов на свою неудачную попытку убить Хусейна, в которой были испробованы все возможные уловки, включая отправку вирусов в ампулах, которые должны были быть спрятаны в штаб-квартире революционного командования. Наконец, Буш, преисполненный ненависти к Хусейну, сбросил 40 крылатых ракет на Багдад и Басру под самыми ничтожными предлогами атаки на "заводы по производству ядерного оружия" и зенитные установки, что было полным абсурдом.

Крылатая ракета была намеренно приурочена к удару по гостинице Аль-Рашид в центре Багдада, где проходила конференция мусульманских лидеров. Идея атаки на "Аль-Рашид" (ракета отслеживалась российскими спутниками с момента запуска и до достижения цели) заключалась в том, чтобы убить нескольких мусульманских лидеров, что настроило бы их страны против Ирака и помогло бы свергнуть иракского лидера в ответ на действия президента Хусейна.

К несчастью для Буша, ракета упала в 20-30 футах перед зданием, разбив двери и окна высотой до трех этажей, убив секретаршу. Никто из мусульманских делегатов не пострадал. Слабое и детское оправдание, выдвинутое Пентагоном и Белым домом, что ракета была "отклонена иракскими зенитными орудиями", было настолько абсурдным, что DGSE (французская секретная служба) задалась вопросом, является ли отчет подлинным или это работа частного подпольного агентства.

Российские военные, уверенные в данных, предоставленных их спутниками, заявили правительству США, что его объяснение неверно - и что у них есть доказательства этого. При цене 1 миллион долларов за ракету параноидальное поведение Буша обошлось американским налогоплательщикам в 40 миллионов долларов - плюс скрытая цена в 40 миллионов долларов. Очевидно, что срочно необходим механизм для обуздания будущих президентов, которые в последние дни своего пребывания на посту могут попытаться последовать шокирующему примеру, поданному Бушем.

Тайные действия часто могут осуществляться правительством против собственного народа. Возьмем случай с Алджером Хиссом и Рокфеллерами. Как заявили нефтяные компании, они "не имеют никаких особых обязательств перед Америкой". Это верно в контексте договоренностей, достигнутых с большевиками Дэвидом Рокфеллером и британскими нефтяными компаниями. В итоге США продвигали социализм и коммунизм в качестве награды большевикам за предоставление нефтяных концессий Рокфеллеру и Арманду Хаммеру. Это, безусловно, подтвердило их утверждение о том, что нефтяная промышленность не обязательно лояльна США.

В 1936 году Алджер Хисс был приглашен Фрэнсисом Б.

Сэйр, зять Вудро Вильсона, перешел на работу в Государственный департамент. RIIA и CFR решили, что Хисс - надежный человек, который будет делать то, что ему говорят, независимо от того, хорошо это для Америки или нет. На самом деле Хисс был первым выбором Рокфеллера, а не Сэйра, но Рокфеллер оставался в тени. К этому времени в 1936 году, когда Сайр сделал свой подход, Хисс уже был глубоко вовлечен в шпионаж в пользу СССР, и этот факт был хорошо известен его профессору права в Гарварде.

Когда Хисса повысили до заместителя руководителя по политическим связям в Госдепартаменте, Чемберс и человек по фамилии Левин сорвали прикрытие Хисса, заявив, что он активно работает на Советский Союз. Человек, к которому Чамберс обратился со своими обвинениями, был Марвин Макинтайр, который не передал информацию Рузвельту, который был его начальником. Вместо этого он направил Чемберса к Адольфу А. Берле, который в то время был помощником госсекретаря по вопросам безопасности в Госдепартаменте. Берл отправился с этой историей к Рузвельту, но президент резко отмахнулся от него.

Не успокоившись, Берле передал свою информацию Дину Ачесону, но с Хиссом абсолютно ничего не случилось. Он не был призван объясниться; вместо этого он был продвинут Рузвельтом, марионеткой Рокфеллера и КФР, как и все сотрудники Рузвельта. В 1944 году Хисс получил еще одно повышение - его повысили до специального помощника директора по делам Дальнего Востока, где у него были все возможности для обслуживания советских экспансионистских планов в Азии.

Чтобы продемонстрировать высокомерие Рокфеллера, все время, пока Хисс был восходящей звездой в штате, ФБР имело на него досье. Его сдал советский перебежчик Игорь Гузенский, который работал в офисе ГРУ (советской военной разведки) в Оттаве, Канада. Сотрудники Госдепартамента знали все о Хиссе и его советских связях, как и президент Рузвельт, но не сделали ничего, чтобы сместить его.

Пока Рокфеллер планировал создание Организации Объединенных Наций, он и Сталин договорились о сделке, согласно которой ООН не будет вмешиваться в дела России в обмен на советскую нефть для нефтяных компаний Рокфеллера. Большевики также не стали бы вмешиваться в дела Саудовской Аравии или пытаться проникнуть в Иран. Человеком, назначенным представлять Рокфеллера в Организации Объединенных Наций, был Алджер Хисс. Его непосредственным начальником был Нельсон Рокфеллер, который отдавал приказы Джону Фостеру Даллесу. Рузвельт, Даллес, ФБР и Рокфеллер - все знали, что Хисс работал с Советским Союзом.

В результате вмешательства Standard Oil механизм управления Организацией Объединенных Наций был выведен из-под контроля американцев. Генеральному секретарю было дано право назначать кого угодно. За свое предательство Хисс получил специальную должность в Фонде Карнеги за международный мир с зарплатой 20 000 долларов в год - очень хороший доход для того времени. Идея заключалась в том, чтобы поставить Хисса над законом.

Фактически, Хисс был выше закона, потому что ему сходили с рук измена и предательство. Хисс был обвинен не в измене, а в лжесвидетельстве. Однако влиятельные люди тут же бросились на его защиту. Судья Верховного суда Феликс Франкфуртер выдал Хиссу сертификат хорошего положения, а Рокфеллер оплатил его судебные издержки на сумму 100 000 долларов.

Во время своего противостояния с Чемберсом Хисс работал членом Исполнительного комитета Ассоциации Объединенных Наций, генеральным директором Института тихоокеанских отношений, был ведущим членом CFR, а также президентом Фонда Карнеги. Дом Хисса был построен на нефтяной промышленности, и никогда не было случая злоупотребления властью со стороны нефтяной промышленности, подобного тому, который произошел с Хиссом. Нефтяная промышленность не проявила никакого страха перед правительством, когда Хисс предстал перед судом; фактически, нефтяная промышленность почти уволила своего бизнесмена и сделала бы это, если бы Хисс не оступился. Дело Хисса - хороший пример того, как правительство выступает против собственного народа.

В Иране США в настоящее время ведут тайные действия против законного правительства, используя местные группы внутри страны и сотрудничая с другими в изгнании. США были встревожены растущим наращиванием вооружений иранским правительством и поставили поставки оружия в страну под особое наблюдение.

Кроме того, между двумя странами сохраняется значительный запас недоброжелательности из-за деятельности "Хезболлы" и готовности Ирана предоставить убежище группам, считающимся враждебными Израилю. В результате возникла опасность для стабильности Ближнего Востока. Иран становится все более враждебным по отношению к Соединенным Штатам и их ближневосточным союзникам - Саудовской Аравии, Египту и Израилю. Очевидно, что для этих стран назревает беда, что может объяснить, почему израильская разведка утверждает, что Иран станет ядерной державой гораздо раньше, чем предсказывало ЦРУ. С другой стороны, иранцы утверждают, что это всего лишь очередная уловка Израиля, чтобы заставить, как он называет, "своего старшего брата напасть на нас, как это было с Хусейном".

В настоящее время иранское правительство имеет сеть агентов по всей Западной Европе, и особенно сильна она в Германии. Эти агенты также активно действуют в Саудовской Аравии, где королевская семья относится к Тегерану с крайним презрением. Иранское правительство является главным спонсором и материально-технической поддержкой десяти лагерей исламских фундаменталистов в Судане, о чем президент Египта Хосни Мубарак пожаловался в Госдепартамент США в декабре 1992 года. Жалоба не была обнародована.

Десять тренировочных лагерей в Судане - это

> **Иклим-аль-Асват.** Это самый большой из десяти лагерей, которым управляет полковник Сулейман Махомет Сулейман, член Совета революционного командования. Там тренируются фундаменталисты из Кении, Марокко, Мали и Афганистана.

> **Билал.** Расположенный в Порт-Судане на Красном море, лагерь является важной тренировочной базой для египетских фундаменталистов, выступающих против режима Мубарака. По последним подсчетам, под командованием эмира Джихада из Тендаха проходили обучение 108 человек, включая 16 египетских врачей.

> **Совайя.** Расположенная недалеко от Хартума, она была реорганизована в 1990 году и теперь обучает алжирских и тунисских фундаменталистов под названием Народное ополчение обороны.

> **Вад Медани.** В этом лагере находятся африканские фундаменталисты из Кении, Мали, Судана и Сомали под командованием полковника Абдула Мунуима Чакки.

> **Донкола.** Расположенный на севере Судана, он является главным лагерем египетских фундаменталистов Аль Наджунмин, группы, основанной покойным Мадждтом Ас Сафти, который был вынужден бежать из Египта в 1988 году. В лагере также находятся члены египетской группы "Шаукиун" и 40 алжирцев из группы "Аль-Афгани".

> **Джехид аль-Хак.** Здесь под командованием подполковника Садика аль-Фадля тренируются члены ООП, Хамаса и Джихада.

- **Омдурман.** В этом лагере тренируются от 100 до 200 египетских фундаменталистов, принадлежащих к группе "Исламбули", которые считаются более воинственными, чем другие группы, решившие покончить с режимом Мубарака.

- **Абуракам.** Этот лагерь является тренировочной базой для 100 афганцев, пакистанцев и иранцев.

- **Хартум Бахри.** Это, вероятно, самый большой из десяти лагерей, в котором содержатся 300 тунисских, алжирских и египетских фундаменталистов из группы "Искупление и иммиграция", которые тренируются под командованием капитана Мухаммада Абдул Хафиза из Народного ополчения обороны.

- **Урна Барбайта.** Расположенная на юге Судана, она является базой, где военная элита обучается использованию взрывчатых веществ и оружия иранскими и суданскими экспертами.

Лагеря координируются в офисах Исламского конгресса арабского народа, расположенных рядом с посольством Египта в Хартуме. Это очень современное помещение с новейшим коммуникационным оборудованием, которое позволяет Конгрессу поддерживать связь с лидерами исламского фундаменталистского движения в других странах. Известно, что GCHQ следит за коммуникациями этого важного офиса с Кипра, включая связь с муфтием египетского джихада, шейхом Омаром Абдул Рахманом.

Шейх Рахман был признан невиновным в заговоре с целью убийства покойного президента Египта Анвара Садата. После освобождения он переехал в США, где координирует фундаменталистскую деятельность из мечети в Нью-Джерси. Считается, что шейх Рахман финансировал несколько сотен арабов, которые были вынуждены покинуть Пакистан по вине США, которые оказывали давление на пакистанское правительство, осуществляя открытые и тайные действия, с целью подавления исламских фундаменталистов в стране. Тайные действия против Пакистана принимали различные формы, но ключевым элементом была коррупция.

Одна из самых безумных тайных акций, осуществляемых в настоящее время, сосредоточена на Западном берегу реки Иордан, в секторе Газа и в Израиле. В этом замешаны ЦРУ, ХАМАС, Сирия и Иран. ХАМАС - это фундаменталистская группировка, которая усложняет жизнь Израилю. Тегеран подхватил факел, оставленный Эр-Риядом. В ходе хорошо отработанной тайной акции с использованием дипломатии США убедили Саудовскую Аравию в том, что исламские фанатики-фундаменталисты могут и, скорее всего, будут угрожать ей в будущем.

Используя методы, которым МИ-6 научила покойного аятоллу Хомейни, иранское правительство адаптировало эти методы для ХАМАС, которые оказались очень эффективными. Привыкшие к тому, что им удавалось без особых проблем проникать в ООП, израильские спецслужбы обнаружили, что в случае с ХАМАС они имеют дело с чем-то другим. Хорошим примером является случай с израильским пограничником Ниссимом Толедано. Толедано был убит 14 декабря 1992 года, и Шин Бет, агентство внутренней безопасности Израиля, до сих пор не знает, кто несет ответственность за это.

Есть еще одно нераскрытое убийство - Хаима Нахама, агента "Шин Бет", который был убит в своей квартире в Иерусалиме 3 января 1993 года. Согласно источникам в Бейруте, израильская разведка озадачена и в частном порядке признает, что высылка 415 палестинцев, подозреваемых в том, что они являются лидерами ХАМАС, не помешала ХАМАС действовать на том же уровне, что и до высылки. Израильтяне обнаружили, что ХАМАС основан на иранской модели МИ-6, с небольшими, широко разбросанными группами внутри ячеек без организованных связей между ними, представляя собой фронт, который трудно прорвать.

Наиболее вероятным человеком, стоящим у истоков ХАМАС, является Аззедин аль-Кассам. По данным разведки, существует около 100 ячеек, каждая из которых состоит из пяти человек. Все эти ячейки автономны, но группа из семи человек, одним из которых является Тарек Далкамуни, может помогать координировать деятельность. Считается, что Далкамуни заменил шейха Ахмеда Ясина, который находится в израильской тюрьме с 1989 года.

Рождение ХАМАС стало результатом тайной акции, санкционированной иранским правительством, действующим под дипломатическим прикрытием в Дамаске, Сирия. В марте 1987 года в секторе Газа состоялась встреча, на которой присутствовали иранские и сирийские военнослужащие и на которой зародилось восстание Интифада. Исламский Майджлис аш-Шура (Консультативный совет) направил Мохаммеда Наззаля и Ибрагима Гоше на встречу с послом Ирана в Сирии Али Ахарти.

Присутствовал также глава сирийских спецслужб генерал Али Дуба. Это довольно хороший пример того, как проводятся тайные операции с использованием дипломатических каналов и частных лиц.

После успешной встречи 21 октября 1992 года делегация Меджлиса отправилась в Тегеран в сопровождении Абу Марзука, одного из ведущих фундаменталистов, где они встретились с другими фундаменталистскими лидерами из ПЛФП Ахмеда Джабриля, ливанской Хезболлы, Аль-Фатха и Хамаса. Были проведены переговоры с представителями иранского правительства, в результате которых было достигнуто соглашение о том, что Иран предоставит финансовые, материально-технические и военные ресурсы для обучения фундаменталистов в лагерях в Судане.

Был создан руководящий совет из 12 человек, в который вошли Мухаммад Сиам (Хартум), Муса Абу Марзук (Дамаск), Абдул Нимр Дарвич, Имад-аль-Алами, Абдул Разиз аль-Рунтисси (Газа) (один из 415 палестинцев, изгнанных Израилем), Ибрагим Гоше и Мохамед Низзам (Амман), Абу Мохамед Мустафа (Бейрут). Эта группа была обучена методам МИ-6, которые использовались для свержения шаха Ирана, и до сих пор ей было трудно проникнуть в ХАМАС.

Иран перешел к активной фазе противостояния тому, что правительство Тегерана воспринимает как произраильскую политику США, когда соглашение, достигнутое во время кризиса с заложниками, было якобы нарушено Вашингтоном. Использование "Хезболлы" в тайных акциях против США было призвано оказать давление на американское общественное мнение и настроить его против Израиля. Иран использовал здесь методологию человеческих отношений Тавистока, переданную тем, кто сверг шаха Ирана.

Основатель Тавистока и блестящий техник Джон Ролингс Риз адаптировал военные методы управления "исследования операций" таким образом, чтобы их можно было применить к "контролю над обществом, от отдельной единицы до миллионов таких единиц, то есть людей и общества и нации, которые они в совокупности составляют". Чтобы достичь этого, требовалась быстрая обработка данных, и это произошло с развитием линейного программирования в 1946 году, после его изобретения Джорджем Б. Данциг. Знаменательно, что 1946 год стал годом, когда Тависток объявил войну американской нации. Это открыло путь к тотальному контролю над населением.

Тегеранское правительство аятоллы Хомейни позволило создать тайную боевую организацию, известную как "Хезболла". Позже через "Хезболлу" из Бейрута и других регионов Ближнего Востока были похищены и удерживались в секретных местах несколько американцев и других иностранных граждан. Система клеток из пяти человек работала идеально. Ни МИ-6, ни ЦРУ не смогли взломать коды "Хезболлы", и заложники томились годами, пока США не были вынуждены признать поражение и начать переговоры с "Хезболлой".

Была достигнута договоренность о том, что вскоре после освобождения последнего заложника, удерживаемого "Хезболлой", США разморозят иранские банковские счета и финансовые инструменты на сумму около 12 миллиардов долларов. США также предоставят заказанное и оплаченное шахом военное оборудование, которое не было поставлено, на сумму около 300 миллионов долларов. Кроме того, Ирану будет разрешено вступить в Совет сотрудничества стран Персидского залива, чтобы он мог участвовать в обсуждениях по Израилю. Кроме того, США обязуются не вести тайную деятельность против Ирана в пределах своих национальных границ и не стремиться наказать похитителей из "Хезболлы", укрывшихся в Тегеране.

Однако Тегеран заявил, что Вашингтон поступил недобросовестно, не выполнив ни одного из своих обещаний. Банковские счета не были разблокированы, военное оборудование, оплаченное шахом, не было возвращено Ирану, ЦРУ фактически активизировало свою тайную деятельность внутри страны, и Иран по-прежнему исключен из Совета сотрудничества стран Персидского залива. Тегеран гневно указывает на увеличение числа террористических атак в Тегеране, которые начались в 1992 году после передачи последнего заложника.

Командир Пасдарана обвинил ЦРУ в создании сети роялистов вокруг Масуда Раджави, лидера моджахедов, и Бабака Хорамдина, а также в организации нападений на казармы Пасдарана, общественные здания, включая библиотеку, нападение на похоронную процессию покойного Хашеми Рафсанджани и осквернение могилы аятоллы Хоемини. Об этих нападениях американские СМИ не сообщали. Официально дипломатические отношения между США и Ираном характеризуются как хорошие.

Чтобы вернуться в Хамас. Используя дипломатические каналы, Иран и Сирия пытались повлиять на Францию, чтобы та тайно поддерживала ХАМАС. Ливанский миллионер Роже Эдде, который служил посредником между Францией и Сирией, обратился к министру иностранных дел Ролану Дюма. Сирия оказывала давление на Дюма по поводу покупки новой радарной установки, которая, по мнению Дамаска, должна была достаться гигантскому французскому конгломерату Thomson. Сообщалось, что выплата долгов Сирии Франции может быть отложена, если дела исламских фундаменталистов не будут восприняты Елисеем благосклонно. Тем не менее, французское правительство официально остается непреклонным в том, что оно не будет поддерживать ХАМАС. Контакт с радаром был поручен американской компании Raytheon. Выплата долга была отложена с большими неудобствами для Франции. На внешнем фронте дипломатические отношения между Сирией и Францией остаются сердечными.

Иран имеет старые счеты с британской и американской разведкой, начиная с 1941 и 1951 годов, когда МИ-6 и ЦРУ проводили грубые тайные действия против Ирака, чтобы привести к падению доктора Мохаммеда Моссадега. Хотя это место в этой главе, история о том, как Ачесон, Рокфеллер, Рузвельт и Трумэн подмяли под себя Иран, находится в главе о нефтяных сделках Рокфеллера на Ближнем Востоке.

ЦРУ и МИ-6 получили второй шанс с Ираном, когда шах начал противостоять вооруженному ограблению американских и британских нефтяных компаний, имеющих концессии в Иране. Затем нефтяные компании заключили сделку с президентом Картером, и была запущена копия операции "Моссадег". Шестьдесят агентов ЦРУ и десять агентов МИ-6 были направлены в Тегеран, чтобы подорвать власть шаха, привести к его падению и, в конечном итоге, убийству.

Тайные действия не всегда означают операции спецслужб и террористических групп при поддержке их правительств. Оно может принимать и принимает форму технологического сотрудничества, особенно в области наблюдения и мониторинга коммуникаций. Поскольку этот вид "шпионажа" обычно не бросается в глаза, он не привлекает особого внимания, но это один из самых ярких примеров дипломатии путем обмана.

Два крупнейших и наиболее полных в мире пункта прослушивания находятся в Англии и на Кубе. Штаб-квартира правительственной связи (GCHQ) в Челтенханме, Англия, вероятно, является одним из самых злостных нарушителей в области шпионажа. Хотя Конституция США запрещает шпионить за своими гражданами, Агентство национальной безопасности (АНБ) в тесном сотрудничестве с GCHQ обманывает население обеих стран в ходе проводимых ими операций по глобальной слежке. Конгресс США либо не замечает происходящего (это немыслимо), либо, что наиболее вероятно, слишком запуган, чтобы остановить эти незаконные действия, которые каждый день происходят в АНБ.

Помимо объекта в Челтнеме, британское правительство прослушивает телефонные разговоры своих граждан из своего центра прослушивания телефонов на Эдбери Бридж Роуд в Лондоне. Некоторые из соглашений были заключены на дипломатическом уровне, что делает их не меньшим обманом для граждан подписавших их стран. UKUSA - одно из типичных соглашений дипломатии путем обмана. Считается, что UKUSA работает только на уровне военной разведки, но мой источник утверждает, что это не так. Изначально это было дипломатическое соглашение между Великобританией и США, но пакт был расширен за счет включения стран НАТО, Канады и Австралии.

Однако в последние годы в него вошли также Швейцария и Австрия, и теперь есть доказательства того, что трафик, идущий к коммерческим компаниям и от них, отслеживается, даже партнерами Великобритании по ЕЭС, Японией, Южной Африкой и Ираном. В МИ-6 есть отдельный департамент по сбору экономической информации, который называется Комитет по экономической разведке за рубежом (OEIC). Фактически, именно расширение этого подразделения привело к необходимости переезда МИ-6 из здания Бродвей, выходившего на ворота королевы Анны, в здание Сенчури, расположенное рядом со станцией метро "Северный Ламбет" в Лондоне.

В США теперь есть новое агентство по сбору разведданных под названием Управление по надзору за информационной безопасностью (ISOO), которое сотрудничает со своим британским коллегой по вопросам промышленности, торговли, а также промышленной безопасности. ISOO сотрудничает с Международной руководящей группой по компьютерному сопровождению закупок и логистической поддержке в США. Его деятельность связана с регулированием коммерческих технологий.

Комитет 300 контролирует эти организации и является мощной невидимой силой, стоящей за решением заставить британские и швейцарские мобильные телефоны с алгоритмом нового поколения 256 байт соответствовать "шпионским требованиям" британских и американских служб безопасности. Почти наверняка будет разрешена только версия ASX5 с 56-байтовым алгоритмом, которую легче подслушать по телефону. Это один из методов, используемых правительствами для тайного контроля своего населения.

В январе 1993 года представители АНБ и GCHQ провели конференцию, на которой объявили, что будет разрешена только менее сложная версия AS5X. Не было никакого обсуждения с Конгрессом США, никаких открытых форумов, как того требует Конституция США. Там, где уже существуют трудно взламываемые телефоны A5, они отзываются для "технических корректировок". Технические изменения заключаются в замене 256-байтного чипа A5 на 509-байтный чип A5Z. Так незаконный шпионаж становится все легче и легче осуществлять, поскольку американский народ обманывается лживой дипломатией на многих различных, но взаимосвязанных уровнях.

Даже таксофоны оказались под пристальным вниманием служб безопасности. В Нью-Йорке, например, под предлогом "борьбы с преступностью" система таксофонов была подстроена таким образом, что телефоны не могли принимать входящие звонки. Полиция Нью-Йорка полагала, что это позволит предотвратить использование телефонов-автоматов, например, для продажи наркотиков или помешать деятелям организованной преступности общаться друг с другом наедине. Это сработало не очень хорошо, но были и успехи.

Новейшая технология заключается в том, чтобы присвоить всем общественным телефонам специальный номер. В некоторых европейских странах таксофоны заканчиваются на 98 или 99. Это позволяет быстро "отследить" таксофоны, когда они используются для "безопасных" разговоров; только звонок с таксофона уже не является "безопасным". В реальных случаях, например, когда совершается преступление или похитители требуют выкуп, это действительно очень полезный инструмент, но что происходит с частной жизнью человека в случаях, когда нет преступления? Следят ли за телефонными разговорами невинных граждан? Ответ однозначный - "да".

Общественность не знает о том, что происходит в Америке, а Конгресс, похоже, не справился со своей задачей. Ни одно из потенциально опасных наблюдений, происходящих в массовом масштабе в нашей стране, не является законным, поэтому обман продолжается бесконтрольно. Конгресс, похоже, медлит с действиями, когда речь идет о надзоре за иностранной шпионской деятельностью, и совсем не склонен действовать против распространения шпионажа за гражданами у себя дома.

Такое безразличие Конгресса к праву на частную жизнь, гарантированному Конституцией США, странно контрастирует с озабоченностью, выражаемой при обсуждении внешних проблем. Директор ЦРУ Джеймс

Вулси-младший предоставил Конгрессу "список анализа угроз", состоящий из оценки ЦРУ стран, обладающих такими вещами, как современные ракеты класса "земля-воздух". Вулси сообщил Конгрессу, что Сирия, Ливия и Иран располагают оперативными крылатыми ракетами, способными обнаруживать самолеты "стелс" и угрожать военно-морским силам США в Персидском заливе.

Известно, что Пакистан также обладает такими крылатыми ракетами и, скорее всего, применит их против Индии, если начнется война. Правительство США давно искало дипломатическую уловку, с помощью которой Индия и Пакистан будут разыгрывать друг друга. США опасаются, что Пакистан будет использовать свои ракеты для помощи Сирии и Ирану против Израиля, что вполне вероятно, если начнется "джихад". США используют все дипломатические уловки и тайные действия, чтобы убедить Пакистан не рассматривать возможность объединения усилий с Ираном в "джихаде", в котором Пакистан использует свое ядерное оружие.

Тайные действия переводят разведку из пассивной в активную роль, тесно связанную по своей природе с применением силы, часто под видом дипломатии. В обоих случаях это действие средств против иностранного правительства или группы в пределах своих границ. Определение тайной или специальной деятельности в Исполнительном приказе 12333 бессмысленно и бесполезно по двум причинам:

> "Специальная деятельность означает деятельность в поддержку национальных внешнеполитических целей за рубежом, которая планируется и осуществляется таким образом, что роль США не является очевидной или публично признанной, а также функции в поддержку такой деятельности, но которая не предназначена для влияния на политические процессы, общественное мнение, политику или СМИ США, и не включает дипломатическую деятельность или сбор и производство разведданных или связанные с этим вспомогательные

действия".

Во-первых, исполнительные приказы явно незаконны, потому что они являются прокламациями, а прокламации могут издавать только короли. В Конституции США нет ничего, что позволяло бы издавать исполнительные приказы. Во-вторых, невозможно соблюдать вышеуказанные рекомендации, даже если бы они были законными. Только очень неосведомленные люди могут поверить, например, что Соединенные Штаты не были причиной падения шаха Ирана, или что ЦРУ не играло в Иране никакой роли в оказании влияния на политические процессы в США. В современном мире ЦРУ было бы банкротом, если бы выполняло указ 12333.

Но в распоряжении ЦРУ и МИ-6 есть и другое секретное оружие, о котором мы упоминали ранее, способное обойти все письменные ограничения, как бы высоки они ни были предложены. Система, разработанная в Тавистоке, является наиболее широко используемой, и, как мы указывали выше, это лучшее оружие для массового социального контроля и массового геноцида, конечной цели управления людьми.

Убийства являются частью тайной деятельности, хотя ни одно правительство никогда не признает, что одобряет убийство как средство решения проблем внешней и внутренней политики, которые невозможно решить другими способами. Я не собираюсь перечислять все убийства, которые произошли как прямой результат тайной деятельности, для этого потребовалась бы отдельная книга. Поэтому я ограничу свой рассказ недавними и хорошо известными убийствами в дипломатическом или политическом контексте.

Выстрелы, убившие эрцгерцога Фердинанда и его жену в Сараево, вызвали резонанс во всем мире, и принято считать, что именно они стали причиной Первой мировой войны, хотя это не так, а подготовленное восприятие для широкой публики. Тависток сейчас правильно делает "подготовленное восприятие". В расстреле принимали активное участие британские и российские спецслужбы. В случае с Британией мотивом было желание начать войну с Германией, а поскольку речь шла о России, то целью было втянуть Россию в эту войну и тем самым ослабить ее для грядущей большевистской революции.

Убийство лидера чернокожих гражданских прав Мартина Лютера Кинга-младшего - это дело, которое заслуживает более пристального изучения, поскольку оно воняет тайной деятельностью и коррупцией. Американская нация, и особенно общественность, убеждена, что Джеймс Эрл Рэй произвел выстрел, убивший Кинга. Это и есть "подготовленное восприятие". Проблема в том, что никто до сих пор не смог установить местонахождение Рэя в номере мотеля, у окна, с пистолетом в руке, в 6:01 вечера 5 апреля 1968 года.

Рэй утверждает, что он невиновен, что его подставил Рауль, таинственный человек, с которым Рэй познакомился в Мемфисе, чтобы продать оружие. 5 апреля, примерно в 17:50, Рэй говорит, что Рауль дал ему 200 долларов и сказал пойти в кино, чтобы он, Рауль и стрелок, когда он придет, могли говорить более свободно, чем если бы он (Рэй) присутствовал. Рассматривая утверждение Рэя о том, что он "падший парень", обратите внимание на следующие факты, которые в совокупности могут поддержать Рэя и ослабить версию Кинга о "подготовленном восприятии".

1) Полицейские Мемфиса, наблюдавшие за Кингом, стояли под балконом мотеля "Лоррейн", где выступал Кинг. Один из них, Соломон Джонс, сообщил, что заметил человека с белой простыней на лице в кустах напротив и прямо перед балконом. Этого человека также видел Эрл Колдуэлл, репортер New York Times. Колдуэлл сказал: "Он был в скорченном положении. Я не видел оружия в руках этого человека...". Ни Джонс, ни Колдуэлл никогда не были допрошены в полиции по поводу того, чему они стали свидетелями.

2) Вилли Грин, механик, которого Рэй попросил починить

спущенную шину на его "Мустанге", ясно помнит разговор с Рэем за несколько минут до того, как Кинг был застрелен. Заправочная станция, на которой произошел инцидент, находится в четырех кварталах от жилого дома на Саут-Мейн в Мемфисе, где остановился Рэй. Невозможно, чтобы Рэй находился в двух разных местах в одно и то же время.

3) Угол попадания выстрела соответствует выстрелу из кустов, упомянутому Джорданом и Колдуэллом. Это несовместимо с выстрелом из окна Рэя.

4) Пистолет, из которого предположительно был убит Кинг, должен был быть зажат в стене ванной комнаты, если бы из него стреляли из окна. Ванная комната была недостаточно просторной, однако, когда ФБР осмотрело ванную, на стене не было обнаружено никаких следов, не говоря уже о каких-либо повреждениях от приклада ружья.

5) Когда помощники шерифа поспешили в квартиру, откуда, по их мнению, раздался выстрел, у входной двери ничего не было. Помощник шерифа Вернон Доллохайт был у двери менее чем через две минуты после выстрела. Он сказал следователям, что возле двери ничего не было. Однако за те несколько секунд, что Доллохит зашел в "Джимс Гриль", расположенный по соседству с квартирой, кто-то оставил на тротуаре возле двери пакет с боксерами - не того размера, который был нужен Рэю, - биноклем и дробовиком, стертым от его отпечатков.

Рэй должен был выпрыгнуть из ванны, в которой он должен был стоять для выстрела, вытереть бинокль и пистолет от отпечатков пальцев и ладоней, бросить их в сумку с несколькими банками пива (также вытертыми), промчаться 85 футов по коридору, спуститься по лестнице, сесть в свой "Мустанг", припаркованный на некотором расстоянии - и все это менее чем за 20 секунд, в течение которых помощник шерифа Доллохайт вышел из квартиры.

6) Рэй каким-то образом смог отправиться в Канаду и Англию только благодаря 200 долларам, которые, по его словам, он получил от Рауля, но когда его задержали, у Рэя

при себе было 10 000 долларов наличными. Одно из имен, которое использовал Рэй, было Эрик Старво Галт, гражданин Канады, имевший необычайное сходство с Рэем, чье имя фигурировало в совершенно секретном досье. Рэй заявил, что нашел Галта в Канаде самостоятельно; никто не давал ему инструкций или денег. Другие имена, которые использовал Рэй, принадлежали людям, также жившим в Канаде: Джордж Реймонд Снейд и Пол Бриджман.

7) Бухгалтерская книга пансионата в Мемфисе пропала и никогда не была найдена. Единственным свидетелем, который мог связать Рэя с убийством Кинга, был пьяница Чарльз Кью. Стивенс, жена которого заявила, что ее муж в момент стрельбы был в состоянии алкогольного опьянения и ничего не видел. Сначала Стивенс сказал, что ничего не видел, но позже вечером он перешел ко второй версии:

"Я видел, кто это сделал, это был негр, я видел, как он выбежал из туалета...". Таксист Джеймс Макгроу утверждает, что днем 5 апреля Стивенс был пьян. Бесси Брюэр слышала, как Стивенс передумал и сказал: "Он был так пьян, что ничего не видел". Фотограф Эрнест Уизерс сказал, что Стивенс сказал ему, что ничего не видел.

Ни один из следственных органов не заинтересовался Стивенсом, пока полиция неожиданно не подтолкнула его память, показав ему фотографию Рэя. В этот момент Стивенс заявил, что Рэй был тем самым человеком, которого он видел убегающим из дома отдыха. ФБР поместило Стивенса в отель за 31 000 долларов, чтобы "защитить" его, но не сообщило от кого. Однако Грейс Уолден, наложница Стивенса, была таинственным образом насильно доставлена в психиатрическую клинику Мемфиса неизвестным сотрудником городской администрации Мемфиса. Мог ли Уолден помешать показаниям единственного свидетеля правительства против Рэя?

Уолден содержалась в этом учреждении, и ее адвокат подал иск против ФБР, полиции Мемфиса и прокурора округа, обвинив их в сговоре с целью лишить Уолден ее гражданских прав. Она утверждает, что Стивенс собирался потерять сознание после выпивки, когда раздался выстрел. Она говорит, что видела белого мужчину без оружия в руках, который вышел из ванной комнаты в доме-интернате вскоре после того, как она услышала выстрел.

8)   То, что суд над Рэем был пародией на суд, не может быть оспорено. Его адвокат, Перси Форман, по мнению многих экспертов-юристов, да и по моему мнению, превратился в Иуду и заставил Рэя признать себя виновным. Форман защищал 1500 человек, обвиненных в убийстве, и почти во всех случаях выиграл дело. Эксперты утверждают, что если бы Перси не заставил Рэя признать себя виновным из-за отсутствия доказательств, Рэй был бы признан невиновным. Заставив Рэя признать себя виновным, Форман совершил немыслимое: Рэй отказался от своего права на апелляцию для подачи ходатайства о новом судебном разбирательстве, апелляции в Апелляционный суд Теннесси, апелляции в Верховный суд Теннесси и, наконец, пересмотра дела Верховным судом.

Полная правда о том, кто убил Кинга, вероятно, никогда не будет раскрыта, и в этом она имеет сильное сходство с убийством Джона Ф. Кеннеди. Вокруг смерти Кинга слишком много сомнений, и даже покойный Джим Гаррисон, бывший прокурор Нового Орлеана, сказал, что он верит в существование связи между убийствами Кинга и Кеннеди, основываясь на том, что он узнал от Рокко Кимбалла, который делал многочисленные телефонные звонки Дэвиду Ферри. Кимбалл говорит, что Рэй отправился из США в Монреаль. Рэй отрицает это. Другое сходство между убийствами Кеннеди и Кинга заключается в том, что оба убийства были тайными операциями, скорее всего, одобренными   очень   высокопоставленными правительственными чиновниками.

Рэй говорит, что встретил Рауля в Монреале, Канада, после того, как тот сбежал из тюрьмы штата Миссури (как был совершен побег, тоже остается загадкой).) Очевидно, Рауль заманил Рэя работать на него в нескольких областях, а затем поманил его вернуться в Алабаму. Находясь в Монреале, Рэй искал фальшивые документы и был представлен Раулю, который заявил, что может удовлетворить его потребности, если Рэй выполнит для него некоторую работу. Рейс заявил, что после нескольких встреч он согласился работать на Рауля.

После нескольких поездок через границу (в том числе в Мексику), Рэй говорит, что Рауль хотел, чтобы он поехал в Алабаму. После долгого обсуждения, в ходе которого, по словам Рэя, он выразил серьезные сомнения по поводу поездки в штат, Рэй, наконец, отправился в Бирмингем. Рэй выполнял несколько заданий; он доставлял посылки с неизвестным содержимым и довольно часто звонил Раулю из Бирмингема, чтобы получить новые задания.

По словам Рэя, Рауль сказал ему, что его последняя работа не за горами, за которую ему заплатят 12 000 долларов. По словам Рэя, ему предложили купить очень мощную винтовку для оленей с оптическим прицелом.

9) Рэй говорит, что Рауль пошел с ним, чтобы купить ружье в Aeromarine Supply, и Рэй говорит, что Рауль затем вернулся в магазин один, чтобы обменять ружье на Remington 30.06.

10) Полиция Мемфиса таинственным образом сняла охрану с Кинга. Примерно за 24 часа до того, как он был застрелен, подразделение из семи человек ушло. Директор полиции Мемфиса Фрэнк Холломан отрицает, что отдавал приказ, и говорит, что он даже не знал, что такой приказ был издан. Утром 5 апреля 1968 года четырем специальным подразделениям полицейского управления Мемфиса было приказано отступить. Никто в полицейском управлении Мемфиса не знает, откуда поступил этот приказ.

В одном из самых загадочных эпизодов этой неразгаданной тайны Эдвард Реддитт, работавший детективом в полицейском управлении Мемфиса, был выманен со своего поста серией радиосообщений, которые впоследствии оказались ложными. По словам Реддитта, он вел наблюдение за мотелем "Лоррейн" с точки, расположенной через дорогу от того места, где остановился Кинг, когда с ним по рации связался Э.Х. Аркин, лейтенант полиции Мемфиса. Аркин сказал Реддитту прекратить наблюдение и вернуться в штаб.

По прибытии агенты Секретной службы приказали Редитту явиться в гостиницу Holiday Inn в Ривермонте, поскольку на его жизнь был заключен контракт. Реддитт отказался, заявив, что он был единственным полицейским, который знал всех местных клансменов[8] и членов окружения Кинга в лицо.

Однако начальник полиции Мемфиса Фрэнк Холломан отменил его решение, и в сопровождении двух полицейских Реддитт был доставлен в свой дом, чтобы забрать одежду и туалетные принадлежности. В необычном отступлении от полицейской процедуры, двое офицеров сидели в передней комнате дома Реддитта, а не в машине снаружи. Реддитт пробыл дома не более десяти минут, когда по специальному экстренному радио объявили об убийстве Кинга.

11)   В розыске Галта говорилось, что он (Галт) брал уроки танцев в Новом Орлеане в 1964 и 1965 годах, хотя на самом деле Рэй в это время находился в тюрьме штата Миссури. Генеральный прокурор Рэмси Кларк, прибывший на место происшествия после того, как ФБР отстранило от дела все другие правоохранительные органы, заявил, что "все имеющиеся у нас доказательства говорят о том, что это дело рук одного человека". Почему такая неприличная поспешность в объявлении столь далеко идущих выводов, когда расследование все еще находилось на ранней стадии? Читатели согласятся, что существует слишком много доказательств против идеи, что Рэй убил Мартина Лютера Кинга.

Президент Джордж Буш также заслуживает особого

---

[8] Клансмен, NDT.

упоминания. Буш, вероятно, самый успешный президент всех времен, и есть много конкретных примеров, подтверждающих это утверждение. Проблема американцев в том, что мы считаем, что правительство США более честное, более моральное и более открытое в своих делах, чем иностранные правительства. Нас учат этому с детства. Джордж Буш доказал, что это мнение на сто процентов неверно.

На самом деле сценарий войны в Персидском заливе был разработан в 1970-х годах. Она была почти раскрыта несколькими газетными статьями, в которых Джеймс Маккартни сообщал о "Секретной повестке дня США". По словам Маккартни, в начале 1970 года тайное правительство США решило строить свою ближневосточную политику на том, что контроль над нефтью в регионе будет отвоеван у арабов. Необходимо было найти предлог для установления значительного военного присутствия США в регионе - но не в Израиле.

Роберт Такер, написав в еврейском журнале *Commentary* в январе 1975 года, сказал, что США должны преодолеть любое нежелание предпринимать вооруженные действия в других странах, и он конкретно упомянул регион Персидского залива в этом контексте Такер сказал, что необходим упреждающий удар, чтобы установить контроль над нефтью Ближнего Востока, а не ждать кризиса, прежде чем действовать.

Очевидно, одним из архитекторов этого наглого представления был Буш, который следовал убеждениям Джеймса Акинса, посла США в Саудовской Аравии с октября 1973 по декабрь 1975 года. Взгляды Акинса легли в основу политики администрации Рейгана и Буша, и интересно отметить, что сценарий, якобы написанный Акинсом, был в точности повторен Джорджем Бушем, когда он обязал Америку начать незаконную войну против Ирака.

Последующие расследования показали, что Акинс просто читал сценарий Генри Киссинджера, который Киссинджер написал под названием "Энергетическая безопасность". Киссинджер изначально выступал за прямое нападение на Саудовскую Аравию, но план был изменен, и вместо Саудовской Аравии была выбрана более мелкая страна.

Киссинджер рассудил, что захват ближневосточной нефти в качестве превентивной меры был бы приемлем для народа Соединенных Штатов, и эту идею можно было бы легко продать Конгрессу. По словам моего источника в Вашингтоне, эта идея была с готовностью принята Бушем, у которого был большой опыт в обмане, а время работы в ЦРУ разожгло в нем аппетит к тому, что, как говорят некоторые, является его природной склонностью. План Киссинджера по "энергетической безопасности" был взят на вооружение Бушем и применен к Ираку. Существует твердое убеждение, что иракско-кувейтская вражда из-за кражи компанией "Аль-Сабах" нефти с месторождений Румайла и саботаж иракской экономики путем продажи украденной нефти по цене ниже, чем цена ОПЕК, были спланированы ЦРУ в сотрудничестве с "Киссинджер Ассошиэйтс".

Подтолкнув Ирак к открытому конфликту благодаря вероломному поведению Эйприл Гласпи, Буш увидел, что его планы осуществились Эйприл Гласпи следовало бы судить за ложь Конгрессу, но это вряд ли произойдет. Как раз когда Буш думал, что игра в его руках, король Иордании Хусейн чуть было не поставил точку в этом деле. По словам моего источника в разведке, которые позже подтвердил Пьер Сэлинджер из АВС, король Хусейн считал, что Соединенные Штаты действуют из лучших побуждений и будут приветствовать разрешение ирако-кувейтского кризиса мирными средствами, а не путем вооруженного конфликта.

Основываясь на своей вере в честность администрации Буша, Саддам Хусейн звонит в Багдад и просит президента Хусейна передать спор на арбитраж арабских стран. Король Хусейн заверяет Саддама Хусейна, что у него есть благословение Вашингтона на такой шаг. 3 августа продвижение иракских войск к кувейтской границе было остановлено, чтобы дать шанс предложенному арбитражу. Но у Саддама Хусейна было еще одно условие: египетский диктатор Хосни Мубарак должен был принять предложение арбитража.

Король Хусейн позвонил Мубараку, который с готовностью согласился с этим планом. Затем король Хусейн позвонил президенту Бушу, который принял звонок в самолете ВВС I, направляясь в Аспен на встречу с Маргарет Тэтчер, которая была послана для передачи ультиматума Королевского института международных отношений, призывающего американские вооруженные силы атаковать Ирак. По данным разведки, частично подтвержденным Сэлинджером, Буш с энтузиазмом отнесся к инициативе короля Хусейна и пообещал иорданскому лидеру, что США не будут вмешиваться.

Но как только король Хусейн закончил разговор, Буш позвонил Мубараку и сказал, чтобы тот не принимал участия ни в каких межарабских арбитражных переговорах. Буш, как сообщается, позвонил Тэтчер, чтобы сообщить ей о своем разговоре с королем Хусейном. Подобно Чемберлену во времена Мюнхена, король Хусейн должен был обнаружить, что мирное урегулирование иракско-кувейтского конфликта было последним, чего хотели правительства США и Великобритании.

После получения одобрения Тэтчер, Буш, как говорят, снова позвонил Мубараку и приказал ему сделать все возможное, чтобы сорвать арабские посреднические усилия. Расплата, как мы теперь знаем, наступила позже, когда Буш незаконно "простил" долг Египта перед США в размере 7 миллиардов долларов. У Буша не было конституционных полномочий списывать египетский долг. Мубарак яростно осудил предложения о посредничестве. Буш начал угрожать Ираку. Прошло всего несколько часов после того, как король Хусейн сказал президенту Хусейну, что они оба были разочарованы тем, что иракская армия пересекла границу

Кувейта.

Роль Соединенных Штатов и Великобритании в развязывании войны против Ирака - это классический случай дипломатии путем обмана. Пока мы говорили о мире на Ближнем Востоке, наше правительство, которому мы так неразумно доверяем, готовилось к войне с Ираком с 1970-х годов. Война в Персидском заливе была намеренно спровоцирована в соответствии с политикой Киссинджера. Таким образом, несмотря на то, что Киссинджер не был правительственным чиновником, он имел большое влияние на внешнюю политику США на Ближнем Востоке.

Взрыв рейса 103 авиакомпании Pan Am - еще один ужасный пример тайной деятельности. Все факты еще не известны и, возможно, никогда не будут известны, но пока известно лишь то, что в этом деле участвовало ЦРУ и что на борту самолета находились по крайней мере пять высокопоставленных агентов ЦРУ с дорожными чеками на сумму 500 000 долларов. Есть сообщения, что ЦРУ снимало на видео погрузку сумки с бомбой, но эти сообщения пока не подтверждены другими источниками.

VIII. Правда о Панаме

Один из последних примеров - возможно, самый вопиющий случай в истории: договор Картера-Торрихоса о Панамском канале. Этот договор заслуживает более пристального внимания, чем в то время, когда он был составлен и якобы обсуждался. Я надеюсь осветить важные последствия, которые никогда не были полностью или должным образом изучены или рассмотрены, и которые сейчас, как никогда ранее, нуждаются в усилении. Одним из них является опасность того, что в ближайшем будущем мы, как суверенный народ, будем вынуждены перейти под юрисдикцию Организации Объединенных Наций. Скользкая сделка, как сделка Картера по Панамскому каналу, может быть вручена нам, если мы не знаем, чего ожидать.

Менее известно, что нефтяная компания Anglo-Persian, принадлежащая британскому правительству, пыталась купить у колумбийского правительства концессию на права на канал, огибающий территорию США, в то самое время, когда США вели переговоры с Колумбией об этих правах. Ирвингу Фредерику Йейтсу, британскому дипломату, почти удалось заключить сделку с Колумбией, которая помешала бы планам США купить землю для зоны канала. Йейтс был остановлен в последнюю минуту дипломатическим инцидентом, в результате которого была применена доктрина Монро.

Краткий обзор истории того, как Соединенные Штаты приобрели землю, через которую был построен Панамский канал, может помочь нам понять последующие события:

Между 1845 и 1849 годами правительство Колумбии

заключило договор с Соединенными Штатами, предоставив последним право транзита через Панамский перешеек. В 1855 году Панама получила федеральный статус благодаря поправке к конституции. До революции 1903 года Панама была частью Колумбии. 19 апреля 1850 года Великобритания и США подписали договор Клейтона-Булвера, в котором обе стороны договорились не получать и не сохранять исключительный контроль над предлагаемым каналом и гарантировали его нейтралитет. В то время главным вопросом была колумбийская нефть. 5 февраля 1900 года был подписан первый договор Хей-Паунсефота между Великобританией и США. Договор отказывался от прав собственности Великобритании на совместное строительство канала и был отклонен, когда попал в британский парламент.

Второй договор Хей-Паунсефоте был подписан в ноябре 1901 года, предоставляя Соединенным Штатам исключительное право на строительство, обслуживание и контроль канала. 23 января 1903 года Колумбия и США подписали договор Хей-Херан, который предусматривал приобретение Соединенными Штатами зоны канала. Сенат Колумбии не ратифицировал договор.

Договор Хей-Бунуа-Варилья между Соединенными Штатами и новым правительством Панамы был подписан 18 ноября 1903 года: Панама уступила Соединенным Штатам территорию шириной в пять миль по обе стороны будущего канала на вечные времена, с полной юрисдикцией. Соединенные Штаты также получили право на укрепление зоны канала и заплатили за эти права 10 миллионов долларов, а затем согласились выплачивать ежегодный роялти в размере 250 000 долларов. В январе 1903 года, освободившись от договора Клейтона-Булвера, Соединенные Штаты и Колумбия провели переговоры по договору Хей-Геррана, который предоставлял Соединенным Штатам суверенитет над территорией шириной пять миль по обе стороны от предполагаемого канала, и был подписан 26 февраля 1904 года. Крайне важно отметить, что земли шириной в пять миль по обе стороны от предполагаемого канала были суверенной территорией Соединенных Штатов, которая не могла быть уступлена или отчуждена иным образом, кроме как по поправке к конституции, ратифицированной всеми штатами.

Ратификация договора была отложена Колумбией, и только через одиннадцать лет, 6 апреля 1914 года, был подписан договор Томпсона-Уррутии, в котором Соединенные Штаты выразили сожаление по поводу споров, возникших с Колумбией, и согласились выплатить Колумбии сумму в 25 миллионов долларов, что позволило Колумбии ратифицировать договор. 2 сентября 1914 года были определены границы зоны Канала, и Соединенным Штатам были предоставлены дополнительные суверенные права на защиту. После этого зона Панамского канала стала суверенной территорией США.

Договор Томпсона-Уррутиа был подписан 20 апреля 1921 года. Условия договора заключались в том, что Колумбия признавала независимость Панамы. Ранее спорные границы были зафиксированы, а дипломатические отношения были установлены путем подписания различных соглашений между Панамой и Колумбией. Сенат США откладывал ратификацию еще семь лет, но 20 апреля 1928 года он наконец ратифицировал договор Томпсона-Уррутиа с некоторыми изменениями. Конгресс Колумбии также ратифицировал договор 22 декабря 1928 года.

Ранее, в 1927 году, панамское правительство заявило, что при подписании договоров оно не предоставляло суверенитет Соединенным Штатам. Но Лига Наций отказалась рассматривать этот явно абсурдный спор, и неоспоримый суверенитет США над территорией зоны Панамского канала был подтвержден, когда президент Флоренсио Хармодио Аросемена дезавуировал обращение панамского правительства в Лигу Наций.

Для каждого американца крайне важно, особенно в наши дни, когда Конституция попирается политиками, обратить внимание на то, как скрупулезно соблюдалась Конституция США на протяжении всех переговоров с Колумбией и Панамой. Договоры составлялись Сенатом и подписывались президентом. Для изучения соглашения до его ратификации был предоставлен соответствующий период времени.

Позже мы сравним конституционный способ, которым был заключен договор между США и Колумбией по Панаме, с небрежным, лживым, извращенным, нечестным, неконституционным, граничащим с мошенничеством поведением администрации Картера при передаче собственности суверенного народа Соединенных Штатов панамскому диктатору Омару Торрихосу, и даже заплатив ему за ее принятие.

Единственная серьезная ошибка, допущенная Соединенными Штатами в 1921 году, заключалась в том, что они не объявили сразу же Канал и земли суверенными владениями суверенного народа Соединенных Штатов и не сделали его штатом Соединенных Штатов в соответствии с Конституцией, которая предусматривает, что территория становится штатом, как только она становится территорией Соединенных Штатов. Не сделать зону Панамского канала государством означало предложить международным банкирам Рокфеллера захватить зону Панамского канала у ее законных владельцев, суверенного американского народа, и это действие поддерживалось президентом Картером на каждом шагу под прикрытием дипломатии лжи.

Говорят, что если мы не учимся на своих ошибках, то обречены их повторять. Эта максима применима к Соединенным Штатам сегодня как никогда, если проанализировать роль США в большевистской революции, Первой мировой войне, Палестине, Второй мировой войне, Корее и Вьетнаме. Мы не должны допустить, чтобы незаконные прецеденты, созданные администрацией Картера и сенатским комитетом по международным отношениям, были использованы против нас в любых будущих переговорах по договорам, таких как те, которые, вероятно, состоятся с Организацией Объединенных Наций в ближайшем будущем. Эти попытки подорвать Конституцию могут принять форму подчинения наших вооруженных сил командованию Организации Объединенных Наций.

Прецедент, созданный успешной кражей Панамского канала у его суверенных владельцев, нас, народа, привел к войнам с огромными затратами жизней и денег, захвату полномочий, не предоставленных президенту Конституцией, и расширению действий, ведущих к игнорированию Конституции тайным высокопоставленным параллельным правительством, как это происходит в Сомали, Боснии и Южной Африке.

Вот почему я считаю необходимым обеспечить, чтобы больше никаких подарков за Панамский канал не делалось, и единственный способ предотвратить повторение этой масштабной аферы под прикрытием - посмотреть на то, что произошло между 1965 и 1973 годами.

Если мы знаем, что произошло, мы с большей вероятностью сможем предотвратить это в будущем.

Чтобы понять, как администрация Картера смогла обмануть суверенный народ Соединенных Штатов, необходимо иметь хотя бы рабочее представление о Конституции США. Чтобы интерпретировать Конституцию, мы также должны знать нашу форму правления и понимать, что ее внешняя политика прочно укоренилась в "праве народов" Ваттеля, которое отцы-основатели использовали для формирования нашей Конституции. Мы также должны понимать договоры и их связь с нашей Конституцией. Есть лишь несколько сенаторов и членов Палаты представителей, которые имеют четкое представление об этих жизненно важных вопросах.

Мы постоянно слышим, как дезинформированные люди называют Соединенные Штаты "демократией". Печатные и вещательные СМИ особенно несносны в увековечивании этой лжи, как части преднамеренного обмана, призванного ввести народ в заблуждение. Соединенные Штаты не являются демократией; мы - Конституционная Республика, или Конфедеративная Республика, или Федеративная Республика, или смесь всех трех. Непонимание этого - первый шаг к путанице.

Мэдисон отметил, что мы не являемся демократией. Именно споры о форме нашего правительства привели к Гражданской войне. Если бы не было выхода из Союза, то войны могло бы и не быть, и, скорее всего, не было бы. Президент Авраам Линкольн считал, что существует заговор английского происхождения с целью расчленения Соединенных Штатов Америки и превращения их в два государства, которые затем всегда могли бы разыгрываться друг против друга международными банкирами. Гражданская война велась для того, чтобы доказать, что раз суверен, то суверен всегда, и что Юг не может выйти из состава Союза. Вопрос о суверенитете и суверенной территории был раз и навсегда решен Гражданской войной.

В конституционной республике народ, проживающий в штатах, является сувереном. Палата представителей и Сенат являются их представителями или агентами - если это лучшее описание того, как они должны функционировать. Это объясняется в $10^{\text{ème}}$ поправке к Биллю о правах, которая гласит:

> "Полномочия, не делегированные Конституцией Соединенным Штатам и не запрещенные ею штатам, сохраняются за штатами соответственно или за народом".

Президент не является королем и не является главнокомандующим армией, кроме как во время объявленных войн (других быть не может). Многие наши чиновники, включая президента, грубо нарушают конституцию. Самый вопиющий из них произошел, когда президент Картер и 57 сенаторов под видом дипломатии лжи уступили суверенитет народа над Панамским каналом, поскольку фактически они попытались распорядиться суверенной территорией, принадлежащей Соединенным Штатам.

Территория Соединенных Штатов, согласно Конституции Соединенных Штатов, не может быть отчуждена. Основание для этого заявления содержится в Записях Сената Конгресса, S1524-S7992, 16 апреля 1926 года. Отцы-основатели приняли постановление о том, что территория Соединенных Штатов не может быть отчуждена путем передачи или уступки другой стороне, кроме как на основании поправки к конституции, ратифицированной всеми штатами.

В Конституции нет ничего, что касалось бы вопроса о политических партиях. Как я уже часто говорил в прошлом, политики появились потому, что мы, суверенные люди, были слишком мягкими, слишком ленивыми, чтобы делать эту работу сами, поэтому мы избирали агентов и платили им за то, чтобы они делали эту работу за нас, оставляя их в основном без присмотра. Вот чем являются сегодня Палата представителей и Сенат; агенты, не подконтрольные нам, народу, бегают и попирают Конституцию Соединенных Штатов.

Договор о Панамском канале, принятый президентом Картером, был гораздо большим скандалом, чем дело "Иран/Контра" и скандал с "Куполом чайного горшка", которые обсуждаются в главах о нефтяной политике Рокфеллера и нефтяной промышленности. Кто принимает законы? Сенат и Палата представителей принимают законы, которые становятся законом после подписания президентом. Являются ли договоры частью закона? Во-первых, давайте поймем, что договор определяется в Конституции (согласно статье 6, раздел 2 и статье III, раздел 2) как закон после того, как Сенат разработал проект договора, он был принят Палатой представителей и подписан Президентом.

Палата представителей играет решающую роль в заключении договоров, так как она имеет право признать договор недействительным, поскольку он подпадает под сферу международной и межгосударственной торговли, регулируемой Палатой (статья 1, раздел 8, пункт 3 - "регулировать торговлю с иностранными государствами и между несколькими штатами"). В 13ème , 14ème и 15ème поправках к Конституции говорится, что договоры заключает законодательная власть, а не частные лица, которыми были Линовиц и Бункер, хотя и утверждали, что представляют Соединенные Штаты. Статья 1, раздел 7:

> "Любой законопроект, принятый Палатой представителей и Сенатом, должен быть представлен Президенту Соединенных Штатов...".

Картер, Буш, а теперь и Клинтон вели себя так, будто они всемогущие короли, хотя это не так. У нас был Картер, который имел дело с международным правом и уступил право собственности суверенного народа Торрихосу, у нас был Буш, который начал войну без объявления войны, а теперь у нас есть Клинтон, который пытается использовать прокламации (исполнительные приказы) для принятия законов. Конституция ясно говорит об этих вопросах; в Конституции есть только одно место, где даны полномочия заниматься международным правом, и это Конгресс. Таким образом, это не является прямым полномочием президента ни при каких обстоятельствах. (Часть 10, Статья 1, Раздел 8.)

То, что сделали Картер и Буш, и то, что сейчас пытается сделать Клинтон, - это сократить и ослабить Конституцию в соответствии с желаниями и целями Комитета 300. Два примера, которые приходят на ум, - это аборты и контроль над оружием. Картер добился этого сокращения и ослабления с помощью сделки по Панамскому каналу. Картер был виновен в лжесвидетельстве, узурпировав и заявив, что у него есть право на суверенную американскую собственность в Панаме.

Полномочия Картера действовать в качестве суррогата Дэвида Рокфеллера и наркобанков, якобы под прикрытием переговоров о Панамском канале, не являются ни явными, ни подразумеваемыми, ни случайными по отношению к любым другим полномочиям в Конституции. Но Картеру сходило с рук нарушение и попрание Конституции, как и его преемникам Бушу и Клинтону.

Если мы правильно прочитаем Закон народов Ваттеля, на котором была основана наша внешняя политика отцами-основателями, то увидим, что он никогда не наделял федеральную власть или власть Конгресса правом дарить, продавать или иным образом распоряжаться суверенной территорией, принадлежащей суверенному народу Соединенных Штатов. Договорная власть никогда не может превышать ту, которая содержится в Законе о нациях Ваттеля.

Статья 9 Билля о правах и внимательное прочтение Конституции ясно показывают, что ни Президент, ни Палата представителей, ни Парламент, ни Сенат не уполномочены дарить, продавать или иным образом распоряжаться любой суверенной территорией Соединенных Штатов, кроме как путем внесения поправки в Конституцию, ратифицированной всеми штатами. Этого не было сделано в случае с договором Картера-Торрихоса о Панамском канале: следовательно, каждый из 57 сенаторов, подписавших соглашение, нарушил свою присягу, и президент Картер в том числе. В результате их предательского поведения Соединенные Штаты потеряли контроль над ключевым элементом своей обороны - нашим Панамским каналом.

Каковы факты о так называемом договоре о Панамском канале, мошеннически принятом президентом Картером? Давайте рассмотрим, что значит вести переговоры по договору. Ведение переговоров подразумевает, что переговорщики ставят перед собой цель добиться уступок. Во-вторых, участники переговоров должны владеть имуществом, деньгами или чем бы то ни было, о чем ведутся переговоры, или быть должным образом уполномочены владельцами вести переговоры от их имени. Кроме того, когда человек что-то отдает, по закону должно быть "вознаграждение" за то, что отдается. Если есть только рассмотрение с одной стороны, то по закону ясно, что не может быть договора и нет договорного соглашения.

Как я уже сказал, при ведении переговоров по договору

очень важно, чтобы стороны, ведущие переговоры, имели на это законное право. В договоре о Панамском канале участники переговоров не имели конституционного права вести переговоры. Ни Эллсворт Бункер, ни Сол Линовиц (якобы посол США) не имели права вести переговоры; во-первых, потому что договорной документ не был составлен Сенатом, а во-вторых, потому что в переговорах, которые якобы вели Бункер и Линовиц, полностью отсутствовала объективность.

Ни Линовиц, ни Бункер не должны были быть напрямую заинтересованы в договоре о Панамском канале, но оба имели очень большой финансовый интерес в проекте; в их личных финансовых интересах было, чтобы договор был успешным. Это было достаточной причиной для того, чтобы договор был признан недействительным. Конституция была растоптана назначениями Бункера и Линовица. Статья 11, часть 2, раздел 2 гласит, что Линовиц и Бункер должны иметь "совет и согласие Сената", которые ни один из них никогда не получал.

Линовиц был директором банка Marine and Midland Bank, который имел обширные банковские связи в Панаме и ранее работал на панамское правительство. Банк Marine and Midland Bank был поглощен банком Hong Kong and Shanghai Bank, ведущим банком в мире по отмыванию денег, полученных от наркотиков. Поглощение Midland Bank было осуществлено с прямого разрешения Пола Волкера, бывшего председателя Федеральной резервной системы, хотя Волкер прекрасно знал, что целью поглощения было дать банкам Панамы, принадлежащим Рокфеллерам, возможность закрепиться в прибыльной панамской торговле кокаином. Приобретение Midland Гонконгским и Шанхайским банком было крайне незаконным, граничащим с преступлением в соответствии с банковским законодательством США.

Семья Бункеров вела бизнес с Торрихосом, а ранее вела дела с Арнульфо Ариасом и бывшим президентом Панамы Марко

О. Роблесом. Неважно, что два американских переговорщика якобы разорвали эти отношения; неважно, что был осуществлен хрупкий и прозрачный обман (шестимесячный период ожидания), Конституция гласит в статье 11, раздел 2, часть 2, что президент назначает посла или министров "по совету и с согласия Сената". Нет никакого упоминания о периоде ожидания - который был использован, чтобы обойти конфликт интересов вокруг Линовица и Бункера. Все это было грубым обманом американского народа.

Назначение Линовица и Бункера было запятнано обманом и нечестностью и нарушило священное фидуциарное доверие, которое президент должен оказывать нам, суверенному народу. Назначение Линовица и Бункера "переговорщиками" по договору, который Сенат никогда не составлял, вопреки Конституции, Комитетом по международным отношениям Сената, никогда не было таким умным. Все члены комитета должны были быть подвергнуты импичменту и, возможно, даже обвинены в государственной измене в тот момент, когда они согласились с выбором наркобанкира Эллсворта и Линовица в качестве "переговорщиков".

Теперь мы переходим к тому, о чем договаривались Бункер и Линовиц. Панамский канал и территория не могли быть предметом переговоров; это была суверенная территория Соединенных Штатов, которой можно было распорядиться только через поправку к конституции, принятую Конгрессом и ратифицированную всеми штатами. Более того, полномочия двух послов, если они вообще были, не были установлены Сенатом. Картер и его сообщники с Уолл-стрит обманули американский народ, заставив его поверить, что Бункер и Линовиц действовали законно от имени США, тогда как на самом деле они нарушали американское законодательство.

Стратегия, разработанная банкирами с Уолл-стрит, заключалась в том, чтобы держать американский народ в сомнениях и в неведении, делая вещи настолько неясными, чтобы они сказали себе: "Думаю, в этом вопросе мы можем доверять президенту Картеру". В этом банкирам с Уолл-стрит и Дэвиду Рокфеллеру помогала целая армия оплачиваемых, обслуживаемых и направляемых политических журналистов, редакторов газет, крупнейших телевизионных сетей и, в частности, двух сенаторов США.

Сенатор Деннис де Кончини добавил к договору оговорки, которые были не более чем витриной для оправдания отказа сенатора соблюдать Конституцию. Эти "оговорки" не были подписаны Омаром Торрихосом и не имели никакой силы, но это действие создало у избирателей Аризоны ложное впечатление, что де Кончини не полностью поддерживает договор. Это была дешевая политическая возня. Избиратели Аризоны сообщили де Кончини, что они подавляющим большинством голосов против договора.

Так о чем же были "переговоры"? Каковы были обмены мнениями, соображения, которые, согласно закону, должны быть частью переговоров по договору? Удивительная правда заключается в том, что их не было. Мы, суверенный народ, уже владели суверенной территорией зоны Панамского канала; Торрихос и панамское правительство не могли предложить никаких quid pro quo и не предоставили их Соединенным Штатам. Таким образом, переговоры явно были односторонними, что делает договор Торрихоса-Картера недействительным.

Если ни с одной из сторон нет соображений, договор не может быть заключен. Договоры часто содержат символический платеж в качестве компенсации за придание договору законной силы, которой в противном случае не было бы. Иногда в качестве компенсации выплачивается всего 10 долларов, просто чтобы сделать контракт законным. Это было так просто. Торрихос не принял во внимание Соединенные Штаты.

Когда Комитет по международным отношениям Сената заявил, что наемники Рокфеллера могут делать то, что они делают, все его члены подвели нас, народ, и должны были быть сняты с должности.

Прежде чем Сенат ратифицировал злополучный договор о Панамском канале, его следовало изучать не менее двух-трех лет. Рассмотрим время, которое потребовалось Соединенным Штатам и Колумбии для ратификации договора 1903 года. Это было уместно; поспешное рассмотрение Комитетом по международным отношениям Сената договора Картера-Торрихоса было совершенно неуместным. На самом деле, договор вообще не должен был выноситься на рассмотрение, поскольку Сенат сам не составлял проект договора и увидел его только после того, как он был согласован. Это прямо противоречит Конституции.

Таким образом, подписание договора, отмененного Картером, было пародией и обманом со стороны президента, направленным на нанесение вреда собственному народу и получение выгоды наркобанками и их партнерами с Уолл-стрит. Независимо от срока его существования, договор Картера-Торрихоса остается недействительным и по сей день. Документ содержит не менее 15 вопиющих нарушений порядка заключения договоров, предусмотренных Конституцией США, и, возможно, еще пять.

Только поправка к конституции, принятая Конгрессом и ратифицированная всеми штатами, могла бы придать силу договору Картера-Торрихоса. Но договор был настолько несовершенен, что мог быть отменен Верховным судом, если бы суд намеревался выполнить свой долг перед нами, народом.

Все определения договора указывают на то, что договор должен что-то давать обеим сторонам. Панамский канал уже принадлежал Соединенным Штатам. В этом нет сомнений, но давайте вернемся назад и еще раз подтвердим эту позицию. Договор 1903 года был подписан обеими сторонами, одна сторона отдавала землю, другая получала деньги. Соединенные Штаты дают понять, что территория, за которую они заплатили, теперь является суверенной. Ни в одном из дебатов на слушаниях Картера-Торрихоса по Панамскому каналу не оспаривался тот факт, что канал является суверенной территорией США, причем с 1903 года.

На данном этапе очень важно представить формулировку договора 1903 года:

> "к полному исключению осуществления Республикой Панама любого суверенного права, власти или авторитета... расположены к полному исключению осуществления Республикой Панама любого суверенного права, власти или авторитета... и осуществляют его, как если бы это была территория Соединенных Штатов".

Это не оставляло сомнений в том, что речь идет о договоре, который устанавливал зону Панамского канала в качестве суверенной территории США с 18 ноября 1903 года и на вечные времена.

Я уже несколько раз упоминал о суверенитете в этой работе. Хорошее определение суверенитета можно найти в книге Джорджа Рэндольфа Такера о международном праве. Еще одно хорошее объяснение суверенитета можно найти в книге доктора Малфорда "Суверенитет наций":

> "На существование суверенитета нации, или политического суверенитета, указывают определенные знаки или ноты, которые являются универсальными. Это независимость, власть, верховенство, единство и величие [...]. Разделенный суверенитет - это противоречие верховенства, которое подразумевается во всем его необходимом понятии и несовместимо с его содержанием в органической воле. Она безупречна. Ее нельзя отменить или избежать с помощью юридических форм и узаконений, от нее нельзя отказаться или добровольно возобновить, она предполагает непрерывность власти и действия... Она действует через всех членов и во всех органах и должностях государства...".

Картер пытался от имени Рокфеллера и фармацевтических банков изменить Панамский договор 1903 года "с помощью юридических форм и юридических приспособлений". Но Панамский договор 1903 года не мог быть "аннулирован и обойден" с помощью таких юридических средств. В результате Картер получил подложный документ, который не имел юридической силы и который он выдавал за настоящий договор, новый юридически обязывающий договор, которым он не был в то время и никогда не будет.

Когда в 1960-х годах наркобанки Рокфеллера начали думать о том, как защитить свои инвестиции в Панаме, торговля кокаином в Колумбии процветала. Поскольку в Гонконге назревали волнения - китайское правительство требовало контроля над островом и большей доли в торговле героином, которая веками велась британцами - кокаин процветал, - международные банкиры с Уолл-стрит стали рассматривать Панаму как новое убежище для операций по отмыванию наркоденег. Кроме того, необходимо было защитить огромные суммы денег, поступающие в панамские банки в результате торговли кокаином.

Но для этого Панама должна была контролироваться представителем банков Уолл-стрит, а это было бы нелегко. История показывает, что президент Рузвельт был первым, кто попытался ослабить договор 1903 года о Панамском канале, уступив регион Колон, который затем стал центром торговли и наркотрафика. Президент Дуайт Эйзенхауэр стал вторым официальным лицом США, попытавшимся ослабить суверенитет Панамского канала, когда 17 сентября 1960 года он приказал, чтобы в зоне канала панамский флаг развевался рядом с флагом США. Эйзенхауэр осуществил это предательское действие по поручению CFR и Дэвида Рокфеллера. Однако даже акт измены Эйзенхауэра не смог "аннулировать и избежать" договора 1903 года. Эйзенхауэр не имел права приказывать флагу иностранного правительства развеваться над суверенной территорией США; это было вопиющим нарушением его клятвы защищать Конституцию.

Воодушевленный вероломным поведением Рузвельта и Эйзенхауэра, президент Панамы Роберто Ф. Кьяри официально попросил Соединенные Штаты пересмотреть договор о Панамском канале. Это произошло через месяц после инцидента с флагом Эйзенхауэра. Если наша Конституция что-то и значит, так это то, что в Соединенных Штатах никакие подобные действия невозможны, пока они не будут приняты Палатой представителей и Сенатом и не ратифицированы всеми штатами. В январе 1964 года платные агитаторы начали беспорядки, и Панама разорвала отношения с США. Это был классический трюк банкиров с Уолл-стрит.

Затем, в апреле 1964 года, президент Линдон Джонсон (без согласия Палаты представителей и Сената) заявил Организации американских государств (ОАГ), что Соединенные Штаты "готовы рассмотреть все вопросы, связанные со спором о канале с Панамой", и дипломатические отношения возобновились. Президент Джонсон не имел полномочий заниматься вопросами международного права или делать что-либо для изменения договора 1903 года "каким-либо юридическим процессом" или любым другим способом.

Джонсон активно искал меры, которые позволили бы начать новые переговоры по договору 1903 года. Джонсон не имел полномочий для ведения переговоров по договорам, и его действия еще больше ущемляли суверенитет территории канала, поощряя банкиров с Уолл-стрит во главе с Рокфеллером к более смелым действиям. Очевидно, что действия Джонсона были неконституционными, поскольку он пытался заключить договор, охватывающий суверенную территорию Панамского канала, на что ни один президент не имеет полномочий.

Договор Картера-Торрихоса о Панамском канале был заключен потому, что Панама задолжала банкам Уолл-стрит около 8 миллиардов долларов. Весь этот жалкий обман был задуман для того, чтобы заставить суверенный американский народ выплатить то, что Панама задолжала банкирам с Уолл-стрит. Это был не первый раз, когда нас, народ, обманули банкиры с Уолл-стрит. Напомним, что именно американские налогоплательщики были вынуждены заплатить 100 миллионов долларов за репарационные облигации, выпущенные Германией в период с 1921 по 1924 год. Как и в случае с договором Картера-Торрихоса, банкиры с Уолл-стрит были глубоко вовлечены в немецкие облигации, наиболее заметными из которых были J.P. Morgan и Kuhn and Loeb and Company.

Следуя тщательно разработанному Рокфеллером сценарию, в октябре 1968 года Арнульфо Ариас был свергнут силами обороны Панамы под командованием полковника Омара Торрихоса. Торрихос немедленно упразднил все политические партии в Панаме. 1er сентября 1970 года Торрихос отклонил проект Джонсона 1967 года (якобы для пересмотра договора 1903 года) на том основании, что он не доходил до полной передачи Панаме канала и контроля над ним.

Сцена была создана для того, чтобы заговорщики с Уолл-стрит под прикрытием продвигались вперед, и они начали предпринимать шаги по передаче Панамского канала в руки Торрихоса, которому, как знал Рокфеллер, можно было доверять, чтобы он не сорвал крышку с банков Панамы, отмывающих деньги от наркотиков, как угрожал Арнульфо. В обмен Торрихосу было обещано, что зона Панамского канала будет возвращена Панаме.

Новый договор передает контроль над Панамой правительству Торрихоса и был подписан президентом Картером, который войдет в историю как, вероятно, самый худший рекорд по нарушению Конституции среди всех президентов этого века, за исключением Джорджа Буша. Когда рассматриваешь мошеннический договор Картера-Торрихоса, вспоминаются слова покойного, великого конгрессмена Луиса Т. Макфаддена. 10 июня 1932 года Макфадден осудил Совет Федеральной резервной системы как "одно из самых коррумпированных учреждений, которые когда-либо знал мир...". Договор Картера-Торрихоса - один из самых коррумпированных договоров, которые когда-либо знал мир.

Поскольку торговля кокаином в США намного превосходит торговлю героином на Дальнем Востоке, Панама стала одним из самых защищенных банковских убежищ в мире для отмывания наркоденег. Спиртные бароны прошлых лет стали наркобаронами сегодняшнего дня. Ничего особенного не изменилось, разве что механизмы сокрытия сегодня гораздо более изощренные, чем тогда. Сегодня это как джентльмены в зале заседаний и эксклюзивных клубах Лондона, Ниццы, Монте-Карло и Акапулько. Олигархи держатся на расстоянии от своих придворных слуг; они неприкасаемы и безмятежны в своих дворцах и власти.

Ведется ли торговля наркотиками так же, как торговля бутлегерским алкоголем?[9] Ходят ли зловещего вида мужчины с чемоданами, полными стодолларовых купюр? Да, но только в очень редких случаях. Финансовые операции, связанные с наркоторговлей, осуществляются в основном при активном сотрудничестве международных банков и их финансовых институтов. Закройте банки, отмывающие деньги от наркотиков, и наркоторговля начнет затухать. Закройте крысиные норы, и вам будет легче избавиться от грызунов.

Именно это произошло в Панаме. Крысиные норы затыкал генерал Мануэль Норьега. Международные банкиры не смогли удержаться. Когда вы наносите удар по банкам, отмывающим деньги от наркотиков, последствия не заставят себя ждать. Чтобы дать представление о том, что было поставлено на карту, Агентство по борьбе с наркотиками (DEA) подсчитало, что 250 миллионов долларов в день переходили из рук в руки через телетайпные переводы, 50% из которых составляли межбанковские деньги от торговли наркотиками. Каймановы острова, Панама, Багамы,

---

[9] "Бутлегерство", в оригинале NDT.

Андорра, Гонконг и США были основными участниками этого трафика.

Большую его часть обрабатывают швейцарские банки, но с 1970-х годов все большая его часть проходит через панамские банки.

Банкирам, ответственным за отмывание денег от наркотиков в США, становилось все более ясно, что в Панаме у них есть победитель. Понимая это, отмыватели денег стали беспокоиться о необходимости иметь в Панаме актив, который они могли бы контролировать. Арнульфо Ариас навел на них шороху, когда начал обыскивать их банки в Панама-Сити. По оценкам Управления по борьбе с наркотиками, из США в Панаму ежегодно поступает 6 миллиардов долларов. Братья Кудерт, адвокаты "Комитета 300", "мафии" либерального истеблишмента Восточного побережья, начали предпринимать шаги для того, чтобы еще один Арнульфо Ариас не угрожал все более прибыльной торговле кокаином, наполняющей их панамские банки наличными.

Человек, которого Coudert Brothers выбрали для наблюдения за панамскими переговорами с Торрихосом, был один из них, Сол Линовиц, о котором мы упоминали ранее. Партнер Coudert Brothers, директор Xerox, Pan American Airlines и Marine Midland Bank, Линовиц обладал всеми необходимыми полномочиями для достижения того, что задумал Рокфеллер, а именно захвата всей зоны Панамского канала. Посланник "олимпийцев" (Комитета 300) нашел в Омаре Торрихосе то, что нужно для достижения целей международных банкиров.

Как было описано ранее, Панама была достаточно дестабилизирована, чтобы Торрихос пришел к власти и упразднил все политические партии. Шакалы из американских СМИ нарисовали светлую картину Торрихоса как ярого панамского националиста, который сильно чувствовал, что панамский народ был обижен договором 1903 года, уступившим Соединенным Штатам зону

Панамского канала. Маркировка "сделано Дэвидом Рокфеллером", которую носил Торрихос, была тщательно скрыта от американского народа.

Благодаря предательству сенатского комитета по международным отношениям, и в частности сенаторов Денниса де Кончини и Ричарда Лугара, Панама перешла в руки генерала Торрихоса и Комитета 300, что обошлось американским налогоплательщикам в миллиарды долларов. Но Торрихос, как и многие другие смертные, казалось, потерял из виду своих создателей, "олимпийцев".

Первоначально выбранный на эту должность Киссинджером и Линовицем, как и все те, кто служит тайному параллельному правительству США, будь то государственный секретарь или министр обороны, Торрихос вел себя хорошо во время передачи Панамского канала от суверенного народа Соединенных Штатов банкирам с Уолл-стрит, наркобаронам и их руководителям. Затем, к большой досаде своих наставников, Торрихос начал серьезно относиться к своей роли националиста, вместо того чтобы продолжать быть марионеткой чревовещателей с Уолл-стрит.

Панама должна рассматриваться глазами троянского коня Киссинджера, то есть мы должны рассматривать ее как поворотный пункт в Центральной Америке, как будущий плацдарм Киссинджера для тысяч американских солдат. Киссинджер приказал начать еще одну "вьетнамскую войну" в Центральной Америке. Но у Торрихоса появились другие идеи. Он решил присоединиться к группе Contadora. Хотя Контадоры и не были совершенны, они были готовы к борьбе с наркобаронами. Таким образом, Торрихос стал источником раздражения для своих хозяев, что привело к тому, что его "навсегда обездвижили".

Торрихос был убит в августе 1981 года. Самолет, на котором он летел, был оборудован так же, как и самолет, на котором погиб сын Аристотеля Онассиса. Управление было подстроено таким образом, что подъемные силы самолета (управляющие подъемом и спуском) работали в направлении, противоположном тому, которого хотел пилот. Вместо того чтобы набрать высоту после взлета, самолет с Торрихосом буквально рухнул на землю.

Банки Панамы перешли под контроль ряда банков Уолл-стрит, принадлежащих Дэвиду Рокфеллеру, которые увидели в ней удобное хранилище для грязных наркоденег, и вскоре она была назначена мировым центром кокаиновых банков, в то время как Гонконг оставался центром героиновых банков. Рокфеллер поручил Николасу Ардито Барлетте, бывшему директору Всемирного банка и Marine and Midland Bank (того самого банка, в правлении которого заседал Линовиц), взять под контроль ситуацию в банковской сфере.

Барлетта должен был реструктурировать банковский сектор Панамы и изменить банковское законодательство, чтобы сделать его более безопасным для отмывателей денег от наркотиков. Барлетта был достаточно респектабелен, чтобы быть вне подозрений, и имел опыт работы с огромными суммами наличных денег, полученных от наркотиков, благодаря своим связям с Гонконгским и Шанхайским банком - ведущим мировым банком по отмыванию денег, полученных от наркотиков, - который позже купил Midland Marine Bank в США.

Согласно документам Управления по борьбе с наркотиками США (DEA), к 1982 году Национальный банк Панамы увеличил поток долларов США на 500% по сравнению с 1980 годом. С 1980 по 1984 год из США в Панаму перетекло почти 6 миллиардов долларов непереведенных денег. В Колумбии, по оценкам DEA, за период с 1980 по 1983 год объем наличных денег, полученных от кокаина, составил 25 миллиардов долларов, почти все они были размещены в банках Панама-Сити. Через шесть месяцев после свержения Торрихоса наркобанкиры выдвинули силовика, генерала Руэбена Паредеса из Панамских сил обороны.

Но, как и его предшественник, Парадес демонстрировал все

признаки того, что он не знает, кто его начальники. Он начал говорить о присоединении Панамы к группе Контадораса. Киссинджер, должно быть, послал сообщение Паредесу в феврале 1983 года, и генерал был достаточно умен, чтобы заметить это и сделать обратный ход, выгнав Контадораса из Панамы и пообещав полную поддержку Киссинджеру и международным банкирам с Уолл-стрит.

Парадес приложил все усилия, чтобы заручиться дружбой Арнульфо Ариаса, который был смещен Торрихосом, что придало его руководству атмосферу респектабельности. В Вашингтоне Киссинджер представляет Парадеса как "убежденного антикоммунистического друга Соединенных Штатов". Даже безжалостная казнь его 25-летнего сына членами кокаинового клана Очоа-Эскобар не остановила Паредеса; он держал Панаму открытой для торговли кокаином и защищал ее банки.

Мануэль Норьега, который стал преемником Паредеса в ПФО, стал все больше беспокоиться о коррумпированности панамских сил обороны, которые он пытался оградить от наркоторговли. Норьега спланировал переворот против Паредеса, который затем был свергнут силами обороны Панамы, и Норьега захватил власть в Панаме, став командующим ПФО. Сначала реакция была незначительной; Норьега уже несколько лет работал на ЦРУ и DEA, и Киссинджер и Рокфеллер считали его "человеком компании".

Когда на Уолл-стрит и в Вашингтоне начали возникать сомнения в отношении Норьеги? Я полагаю, что это произошло сразу после ошеломляющего успеха совместной операции по борьбе с наркотиками PDF-DEA под кодовым названием "Операция "Рыба", о которой DEA публично сообщило в мае 1987 года. DEA назвало операцию "Рыба" "крупнейшим и самым успешным расследованием под прикрытием в истории федеральной наркополиции".

Наркобанкиры считали, что у них есть веские основания опасаться Норьеги, о чем свидетельствует письмо, написанное Норьеге главой DEA Джоном Лоуном 27 мая 1987 года:

> "Как вы знаете, недавно завершившаяся операция "Рыба" прошла успешно. У международных наркоторговцев и отмывателей денег были изъяты многие миллионы долларов и тысячи фунтов наркотиков. Ваша личная приверженность операции "Рыба" и компетентные, профессиональные и неустанные усилия других должностных лиц Республики Панама сыграли важную роль в окончательном положительном исходе этого расследования. Наркоторговцы всего мира знают, что доходы и прибыль от их незаконной деятельности не приветствуются в Панаме.

Во втором письме Норьеге Лоун пишет:

> "Я хотел бы воспользоваться этой возможностью, чтобы еще раз выразить свою глубокую признательность за принятую вами активную политику борьбы с незаконным оборотом наркотиков, которая нашла отражение в многочисленных высылках из Панамы обвиняемых наркоторговцев, крупных изъятиях кокаина и химических веществ-прекурсоров, которые были произведены в Панаме, и искоренении марихуаны на панамской территории".

Генерал Пол Горман, командующий Южным командованием США, заявил на слушаниях в подкомитете по международным отношениям Сената, что он никогда не видел никаких доказательств правонарушений со стороны Норьеги, и что нет никаких веских доказательств того, что Норьега был связан с наркобаронами. Сама комиссия не смогла представить никаких убедительных доказательств обратного. Комиссия подвела американский народ, не проведя расследование обвинений Норьеги в том, что среди его самых влиятельных врагов были First Bank of Boston, Credit Suisse, American Express и Bank of America.

Адам Мерфи, возглавлявший оперативную группу по Флориде Национальной системы пресечения незаконного оборота наркотиков на границе (NNBIS), заявил прямо:

> "За все время моей работы в NNBIS и в оперативной группе Южной Флориды мне не было известно никакой информации о том, что генерал Норьега был вовлечен в торговлю наркотиками. На самом деле, мы всегда считали Панаму образцом сотрудничества с Соединенными Штатами в войне с наркотиками. Помните, обвинительное заключение большого жюри - это не приговор. И если дело Норьеги когда-нибудь дойдет до суда, я посмотрю на доказательства выводов присяжных, но пока этого не произошло, у меня нет прямых доказательств причастности генерала. Мой опыт говорит об обратном".

Никогда не сообщалось, что операция "Рыба" стала возможной только благодаря принятию панамского закона № 29, продвигаемого Норьегой. Об этом сообщила крупнейшая панамская газета *La Prensa*, которая с горечью пожаловалась, что панамские силы обороны проводят рекламную кампанию против наркотиков, "которая опустошит панамский банковский центр".

Неудивительно. В ходе операции "Рыбы" было закрыто 54 счета в 18 панамских банках и изъято 10 миллионов долларов наличными и большое количество кокаина. За этим последовало замораживание еще 85 счетов в банках, депозиты на которых состояли из наличных денег, полученных от торговли кокаином. Пятьдесят восемь крупных американских, колумбийских и несколько кубинско-американских наркодилеров были арестованы и обвинены в незаконном обороте наркотиков.

Однако когда Норьега был похищен, а затем доставлен в федеральный суд в Майами, в результате ошеломляющего нарушения гражданских прав Норьеги, судья Уильям Хоевлер отказался приобщить к делу эти письма и сотни других документов, свидетельствующих о роли Норьеги в борьбе с наркотиками. И мы смеем говорить о "справедливости" в Америке, а наш президент говорит о "войне с наркотиками". Война с наркотиками закончилась, когда генерал Норьега был похищен и заключен в тюрьму в США.

После операции "Рыба" в Панаме и Вашингтоне началась целенаправленная кампания по дискредитации генерала Норьеги. Международный валютный фонд (МВФ) даже угрожал отменить свои кредиты Панаме, если Норьега не прекратит свое "диктаторское поведение", т.е. если Норьега не прекратит борьбу с наркобанками и торговцами кокаином. 22 марта 1986 года в телеобращении Норьега сообщил панамскому народу, что Панаму душит МВФ. МВФ пытался оказать давление на профсоюзы, чтобы заставить Норьегу уйти от власти, предупреждая их, что Панаму ждут ужасные меры жесткой экономии, если Норьега не будет отстранен от власти.

Позицию МВФ в отношении Панамы, Колумбии и стран Карибского бассейна ясно выразил Джон Холдсон, высокопоставленный сотрудник Всемирного банка, который сказал, что "индустрия" кокаина очень выгодна для стран-производителей: "С их точки зрения, они просто не могли найти лучшего продукта". Колумбийское представительство МВФ открыто заявило, что, с точки зрения МВФ, марихуана и кокаин являются такими же сельскохозяйственными культурами, как и все остальные, которые приносят столь необходимую иностранную валюту в экономику Латинской Америки.

Затем банкиры с Уолл-стрит и их союзники в Вашингтоне привлекли внимание д-ра Нормана Бейли к поддержке Гражданской группы в Панаме и США. Гражданская группа была создана для поддержки попыток банкиров с Уолл-стрит избавиться от Норьеги, при этом создавая видимость того, что это вопрос государственных интересов Панамы. Следующие люди поддержали Гражданскую группу:

В Панаме	В Соединенных Штатах
Элвин Уидон Гамбоа	Сол Линовиц

Сезар и Рикардо Трибалдос	Эллиотт Ричардсон
Роберто Айзенманн	Джеймс Бейкер III
Карлос Родригес Милан	Президент Рональд Рейган
Подполковник Джулиан Мело Борбура	Сенатор Альфонс Д'Амато
Братья Роблес	Генри Киссинджер
Хосе Бландон	Дэвид Рокфеллер
Льюис Галиндо	Джеймс Рестон
Стивен Самос	Джон Р. Петти
Парады генерала Рубена Дариоса	Генерал Сиснерос
Гильермо Эндара	Билли Форд

После провала кампании МВФ братья Кудерт из Госдепартамента, *"Нью-Йорк Таймс"*, "Киссинджер Ассошиэйтс" и *"Вашингтон Пост"* начали тотальную клеветническую кампанию в американской и мировой прессе, чтобы настроить общественное мнение против Норьеги. При этом заговорщики искали и получали поддержку наркоторговцев, наркобанкиров, наркодилеров и различных преступников. Любой, кто мог обвинить Норьегу в правонарушениях или в том, что он торговец наркотиками, даже без доказательств, был принят. Поток наличности в панамские наркобанки, составляющий 6 миллиардов долларов в год, должен был быть защищен.

В июне 1987 года в Вашингтоне, округ Колумбия, был организован "Гражданский крестовый поход" - главный инструмент координации кампании по его дискредитации. Его основными спонсорами и финансовыми помощниками были братья Кудерт, Линовиц, Трехсторонняя комиссия, Уильям Колби (в основном из ЦРУ), Kissinger Associates и

Уильям Г. Уокер, заместитель помощника по международным делам в Государственном департаменте США. Хосе Бландон, самопровозглашенный "международный представитель панамской оппозиции Норьеге", был нанят для руководства организацией.

Реклама была в руках доктора Нормана Бейли, бывшего высокопоставленного панамского чиновника. Доктор Бейли работал в Совете национальной безопасности, в его обязанности входило изучение движения наркоденег, что, конечно, дало ему возможность из первых рук узнать, как наркоденьги входили и выходили из банков Панамы. Бейли был близким другом Николаса Ардито Барлетты. Доктор Бейли вступил в конфликт с Норьегой, когда Норьега попытался навязать МВФ "условия", которые наложили бы на панамский народ более жесткие меры экономии. Партнером Бейли был Уильям Колби из юридической фирмы Colby, Bailey, Werner and Associates. Именно к этой фирме обратились запаниковавшие банкиры и наркобароны, когда стало ясно, что Норьега настроен серьезно.

Вступив в должность в "Гражданском крестовом походе", Бейли сказал: "Я начал свою войну с Панамой, когда мой друг Ники Барлетта ушел с поста президента Панамы". Бейли имел уникальную возможность узнать о панамских законах о банковской тайне от Барлетты, человека, который ввел их в действие. Почему Бейли разозлился, что Барлетта потерял работу? Потому что это лишило наркобаронов и их союзников-банкиров возможности иметь своего "человека в Панаме", что стало серьезным ударом по бесперебойному потоку денег и кокаина в Панаму и из нее. Барлетта также был оружейником МВФ и большим любимцем восточного либерального истеблишмента, особенно среди членов Богемного клуба. Неудивительно, что Норьега столкнулся лоб в лоб с Барлеттой и вашингтонским истеблишментом.

Под руководством Бейли "Гражданский крестовый поход" замкнул цепь от кокаиновых баронов Колумбии до элиты наркоторговли в Вашингтоне и Лондоне. Именно благодаря

Бейли была создана низкопробная убийственная кокаиновая мафия и респектабельные, неприкасаемые имена в социальных и политических реестрах Вашингтона, Лондона, Бостона и Нью-Йорка.

Бейли сказал, что он хочет сместить PDF, "потому что это самая сильно милитаризованная страна в Западном полушарии". Бейли заявил, что после свержения Норьеги его сменит гражданская хунта. Мы еще вернемся к тем, кого Бейли предлагает возглавить Панаму после Нориеги. В поддержку "Гражданского крестового похода" шесть членов аппарата Сената отправились в Панаму в ноябре 1987 года и пробыли там четыре дня. По возвращении сотрудники заявили о необходимости отставки Норьеги, но они не упомянули ни об ошеломляющих объемах наличных денег и кокаина, перевозимых через Панаму, ни об усилиях Норьеги по запрету торговли наркотиками. Хотя это не было ясно, Сенат в своем заявлении по Панаме предположил, что если "беспорядки продолжатся", то могут быть вызваны американские военные.

Каков был характер волнений? Были ли они спонтанным выражением недовольства панамского населения против Норьеги, или это были надуманные ситуации, искусственно созданные в соответствии с планами банкиров с Уолл-стрит? Чтобы ответить на этот вопрос, необходимо рассмотреть роль, которую сыграл Джон Майсто в панамских "неприятностях". Майсто был человеком номер два в посольстве США в Панаме. Он служил в Южной Корее, на Филиппинах и Гаити. Маисто в прошлом был нарушителем спокойствия. После его прибытия в эти страны быстро последовали волнения и "беспорядки". По данным независимой разведки, влияние Майсто ответственно за 90% уличных протестов в Панаме.

Бейли не пытался скрыть свою поддержку Майсто. Выступая на форуме в Университете Джорджа Вашингтона, Бейли сказал, что Норьега сдастся только в том случае, если панамский народ выйдет на улицы, будет избит и расстрелян. Бейли добавил, что если на таких мероприятиях не будет телевизионных камер, то "это будут бесполезные усилия".

Последней каплей для Норьеги два года спустя, в феврале 1988 года, стало обвинительное заключение большого жюри Майами. Эта вендетта Министерства юстиции решила судьбу Норьеги и подчеркнула необходимость избавиться от архаичной системы присяжных, оставшейся со времен звездной палаты. Судебные разбирательства в Звездной палате (большом жюри) никогда не бывают справедливыми по отношению к обвиняемому. Наркобароны и их банкиры вместе с политическим истеблишментом в Вашингтоне избавились от Норьеги, который справедливо рассматривался как угроза их многомиллиардным ежегодным доходам.

Тревожные звонки начали звучать всерьез, и призывы к действиям по устранению Норьеги стали настойчивыми в 1986 году после принудительного закрытия Первого банка Interamerica и рейда PDF на банк Banco de Iberiamerica, который принадлежал картелю Кали. В сочетании с уничтожением лаборатории по переработке кокаина и огромных запасов этилового эфира в отдаленных панамских джунглях, Комитет 300 приказал убить Норьегу или похитить его и доставить в США со всей возможной скоростью.

Подкомитет Сената по международным отношениям по терроризму, наркотикам и международным операциям, возглавляемый сенатором Джоном Керри, не смог в достаточной мере очернить Норьегу, хотя против него был выдвинут целый поток ложных обвинений, что было равносильно заочному суду над Норьегой. Воротилы оффшорной торговли наркотиками стоимостью 300 миллиардов долларов призвали к более быстрым и жестким методам свержения Норьеги. Сенатор Альфонс Д'Амато выступает за прямое действие: он хочет, чтобы отряды киллеров убили Норьегу. Д'Амато также предложил похищение, и Буш, возможно, почерпнул эту идею у него.

Затем, в ответ на давление Уолл-стрит, президент Буш изменил правила ведения боевых действий для американских войск в Панаме; с этого момента они должны были стремиться к конфронтации с НДФ. 8 июля 1989 года генерал Сиснерос, командующий Южной армией США в Панаме, сделал необычное заявление, за которое его следовало призвать к ответу:

> "ОАГ не действовала достаточно решительно, чтобы убрать Норьегу. Что касается меня, я думаю, что настало время для военной интервенции в Панаму".

С каких пор военным разрешено определять политическую повестку дня? На протяжении октября и ноября 1989 года американские военные силы в Панаме преследовали панамские вооруженные силы, что в конечном итоге привело к трагической гибели американского солдата на блокпосту. Солдатам было приказано остановиться на блокпосту, установленном НДФ. Возникла ссора, и солдаты убежали. Прозвучали выстрелы, и один из американских солдат был убит.

Это стало сигналом для президента Буша к началу давно запланированного нападения на Панаму. В то время как Панама готовилась к Рождеству, вечером 20 декабря 1989 года против Панамы был предпринят акт насильственной агрессии без предварительного объявления войны, предусмотренного Конституцией. В нападении участвовали от 28 000 до 29 000 американских военнослужащих, в результате чего погибли 7 000 панамских граждан и был разрушен весь регион Чоррильо. В этой необъявленной войне без необходимости погибли по меньшей мере 50 американских солдат. Норьега был похищен и доставлен в Соединенные Штаты в ходе дерзкого акта международного разбоя, который стал предвестником многих других актов.

Почему администрация Буша уделяла так много внимания Панаме? Почему было оказано такое сильное давление с целью свержения Норьеги? Тот факт, что Соединенные

Штаты пошли на такие экстраординарные меры, чтобы избавиться от так называемого диктатора маленькой страны, должен нам о чем-то говорить. Нам должно быть очень любопытно узнать, что стоит за этой сагой. Это должно сделать нас еще более настороженными, менее доверчивыми к правительству, и не убеждать, в таких больших масштабах, что то, что делает правительство США, обязательно правильно.

Норьега ударил наркоолигархов по больному месту: по их карманам. Он стоил банкам, отмывающим деньги от наркотиков, значительной части их прибыли. Он вывел банкиров на чистую воду. Он нарушил статус-кво, дав банковскому законодательству Панамы "зубы". Норьега препятствовал плану Киссинджера "Анды" и сорвал продажу оружия в Центральной Америке. Он топтал ногами очень влиятельных людей. За это генерал Мануэль Норьега был приговорен провести остаток жизни в американской тюрьме.

В сознании большинства американцев Панама отошла на второй план, если вообще отошла. Норьега прочно замурован в тюрьме и больше не представляет опасности для беззаконной администрации Буша и банкиров с Уолл-стрит, а также для их клиентов из наркокартелей. Похоже, это сработало для Картера, Рейгана и Буша. Тот факт, что вопиюще незаконное вторжение в Панаму стоило жизни 50 американцам и 7000 панамцам, быстро забывается. Забыт человек, которого главный агент DEA Джон Лоун однажды назвал лучшим игроком в команде по борьбе с наркотиками, которая когда-либо работала в Панаме. Стоимость для американских налогоплательщиков того, что Панама остается открытой для торговли наркотиками, никогда не раскрывалась.

Преступление Норьеги заключалось в том, что он слишком много знал о торговле наркотиками и обслуживающих ее банках, и в 1989 году он представлял серьезную угрозу для рокфеллеровских банков, отмывавших деньги от этой якобы незаконной торговли. Поэтому с ним пришлось повозиться. Квартал, разрушенный американскими войсками, до сих пор лежит в руинах. В Панаме цензура прессы все еще в силе, даже спустя три года после ухода вторгшихся американских войск. В августе 1992 года мэр Панама-Сити Майин Корреа напал на редактора журнала *Momento* за публикацию статьи, раскрывающей действия мэра и "специальные счета" в панамском банке.

Оппозиция марионеточному правительству в Вашингтоне не допускается. Каждый, кто участвует в демонстрациях протеста в Панаме, рискует быть арестованным и заключенным в тюрьму. Даже "организация" демонстрации является преступлением, и организаторы могут быть брошены в тюрьму без суда и следствия. Это наследие Буша и тех членов Палаты представителей и Сената, которые позволили ему выйти сухим из воды, попирая Конституцию США.

В Панаме процветают взяточничество и коррупция, а обвинения в связи с наркотиками доносятся до самых верхов правительства "Порки" Эндара, суррогата Вашингтона, включая Карлоса Лопеса, председателя Верховного суда Панамы. Беспорядок, оставленный администрацией Буша, требует расследования, но, к сожалению, никто в Вашингтоне не заинтересован в том, чтобы что-то с этим делать. Гражданский крестовый поход закончился. Похоже, что единственный гражданский крестовый поход был посвящен угрозе, которую Норьега представлял для банкиров с Уолл-стрит и их партнеров по торговле кокаином.

Буша когда-нибудь будут судить за военные преступления, совершенные в Панаме? Вряд ли, учитывая, что Верховный суд США отклонил весьма скромное требование 500 панамских семей о возмещении убытков, понесенных во время вторжения в декабре 1989 года. А как же торговля наркотиками, которую импичмент Норьеги должен был гарантировать, чтобы положить конец ситуации? Правда в том, что это ни к чему не привело. По словам моего источника в разведке, Колон, зона свободной торговли Панамы, сегодня обрабатывает примерно в два раза больше кокаина, чем в годы правления Норьеги. По данным разведки, каждый день здесь проходит пять-шесть судов с наркотиками. Если раньше наркобароны платили только высшим чиновникам, то сегодня это делают все; наркоторговля в Панаме достигла невероятных высот.

Резкий рост торговли наркотиками в Панаме сопровождался соответствующим ростом уровня преступности: на 500% больше с тех пор, как Норьега был захвачен своими похитителями в 1989 году. Банды безработных молодых людей бродят по некогда бурлящему городу Колон в поисках работы, но им постоянно отказывают и оставляют на произвол судьбы, как правило, преступный. После расформирования НДФ улицы и шоссе принадлежат гангстерам, включая некоторых бывших членов НДФ, которые не могут найти работу, поскольку находятся в "черном списке". Несколько американских компаний, расположенных в зоне свободной торговли Колон, были вынуждены вернуться в США, поскольку их руководители были похищены и удерживались с целью выкупа, часто за миллион долларов, чего никогда не могло произойти, когда Норьега был у руля.

Опасаясь более высокого уровня преступности, чем при правлении Норьеги, была создана большая армия частных охранников. Президент Буш заявил всему миру, что Панамские силы обороны были "инструментом репрессий" правительства Норьеги, и дал понять, что он и его друг доктор Бейли намерены расформировать эти силы. Панама осталась без своей некогда хорошо дисциплинированной военной полиции, которую заменили 15 000 частных охранников и каждый член правительства со своей собственной частной армией. На улицах Панамы царила анархия.

Коррупция процветает. Субсидии США (деньги

американских налогоплательщиков), которые должны были быть использованы для восстановления разрушенных кварталов, оказались в жадных руках политиков, поставленных у власти Вашингтоном. Результат: непригодные для жилья, похожие на срубы бетонные квартиры без окон, ванных комнат и кухонь, неокрашенные и непригодные для проживания. Вот чего добилась "демократия" Джорджа Буша в Панаме.

IX. В центре внимания Югославия

Сербия всегда была нарушителем спокойствия на Балканах, о чем свидетельствует событие, которое привело к Первой мировой войне. Этим событием стало убийство эрцгерцога Фердинанда 28 июня 1914 года, когда он находился с визитом в Сараево. Убийца - Гаврило Принцип, который вместе со своими сообщниками действовал от имени сербского тайного общества, известного как "Союз или смерть" ("Черная рука"), основанного в 1911 году Сербией и использовавшегося для разжигания агитации против Австрии во имя сербских территориальных претензий.

Правительство Сербии знало о заговоре и ничего не сделало, чтобы предотвратить его. Европа была возмущена этим преступлением, особенно в свете многолетней недопустимой деятельности Сербии. 5 июля 1914 года граф Александр Хойос был направлен в Берлин и заявил:

"... Я здесь, чтобы раз и навсегда решить проблемы постоянных сербских волнений и потребовать справедливости для Австрии".

Визит Хойоса показал, что Сербия была реальной проблемой, нарушителем спокойствия первого порядка, намеревающимся приобрести территорию и основать сербскую династию.

23 июля 1914 года Австрия направила Сербии письменный ультиматум:

1) Роспуск изданий и организаций, ведущих пропаганду против Австрии.

2) Увольнение должностных лиц, обвиненных Австрией в

антиавстрийской деятельности.

3)   Прекращение антиавстрийской пропаганды в школах.

4)   Сотрудничество с австрийским правительством с целью установления ответственности за убийство эрцгерцога Фердинанда.

5) Судебное разбирательство в отношении лиц, ответственных за заговор

6) Арест двух сербских чиновников, о причастности которых известно.

7)   Извинения от правительства Сербии

Из истории этого периода ясно, что сербы были коварны в такой степени, которая ранее не была известна на Балканах. Еще до того, как они дали свой ответ, сербы мобилизовались для войны против Австрии. Их официальный ответ выглядел внешне примирительным, но при ближайшем рассмотрении он оказался фактически отказом от австрийских требований. Сербия также получила тайные заверения от России, что она не допустит нападения на Сербию, а в частном порядке Сербия получила такое же обещание от британского правительства...

28 июля 1914 года Австрия объявила войну Сербии, после чего последовала бомбардировка Белграда, а Германия потребовала оккупации Сербии. Впоследствии многие другие страны объявили войну:

1er августа: Германия против России.

3 августа: Германия против Франции.

4 августа: Британия против Германии.

5 августа: Черногория против Австрии.

6 августа: Сербия против Германии.

6 августа: Австрия против России.

8 августа: Черногория - Германия.

Затем последовал взрыв объявлений войны: Япония против Германии, Сербия против Турции, Болгария против Сербии, кульминацией которого стало объявление войны в 1918 году: Гватемала против Германии, Никарагуа против Германии и Австрии, Коста-Рика против Германии, Гаити и Гондурас против Германии. К сожалению, Россия не смогла увидеть более широкую картину: она была подставлена Британией под грядущую большевистскую революцию, и царь Николай угодил прямо в ловушку, которую расставили для него коварные сербы и еще более сомнительные британцы.

7 мая 1915 года, по инициативе Великобритании, союзники дали Сербии гарантию на окончательное приобретение Боснии и Герцеговины, которая включала гарантию "широкого доступа к Адриатике". Это стало первопричиной сербской агрессии против этих государств, которая в 1993 году грозила вновь вовлечь Европу в разрушительную войну. На протяжении всех четырех десятилетий беспорядков и террора видна рука чернокожего британского дворянства, олицетворением которого был сэр Эдвард Грей, человек, ответственный за втягивание Соединенных Штатов в Первую мировую войну. Сегодня актерами являются лорд Дэвид Оуэн, лорд Каррингтон, Сайрус Вэнс и Уоррен Кристофер.

18 декабря 1916 года были обнародованы так называемые предложения Вильсона, среди которых было требование британского правительства о восстановлении Сербии и Черногории. В свете вмешательства Соединенных Штатов вместе с Великобританией в 1916 году, мы не должны удивляться нынешней агитации за вовлечение Соединенных Штатов, через депешу государственного секретаря Уоррена Кристофера из Совета по международным отношениям, в создание более широкой войны на Балканах. Все это уже было сделано раньше.

Краткая история Югославии показывает присутствие британских олигархических махинаций. 20 июля 1917 года под огромным давлением Лиги Наций, предшественницы Организации Объединенных Наций, Великобритании и Италии, хорваты, сербы и черногорцы подписали пакт Корфу. Для сербов подписание пакта означало первый шаг к созданию сербской династии на Балканах, в которой Габсбурги будут играть решающую роль. Хорваты, поддерживаемые католической церковью, выступили против пакта, но были бессильны помешать его реализации. Таким образом, единый народ под властью сербской династии стал немного ближе к реальности.

3 ноября 1918 года Германия была вынуждена признать поражение в Первой мировой войне благодаря американской военной интервенции, спланированной Греем, полковником Хаусом (Mandel Huis) и президентом Вильсоном. По инициативе британского правительства в Женеве проводится "Югославская конференция", и 4 декабря 1918 года провозглашается Королевство Хорватии, Словении и Сербии.

Сербы немедленно начали акты агрессии против Хорватии в попытке утвердить свои права на хорватскую территорию, несмотря на то, что они подписали в Женеве. 26 ноября 1917 года черногорцы провозгласили свой союз с Сербией, а князь Александр принял новое государство. История этого региона, начиная с того момента, ясно показывает все обманы, сокрытия и откровенную ложь, которые привели к краху Сербии, вплоть до нынешнего конфликта, в котором британское правительство сыграло ведущую роль.

Как я уже неоднократно отмечал, врагом свободных народов во всем мире является не столько коммунизм, сколько тайное, всемогущее, превосходящее его параллельное правительство в Вашингтоне, которое на самом деле всегда считало коммунистов во всем мире своими союзниками, никогда не признавая, что коммунизм и социализм были созданы в Великобритании и Соединенных Штатах.

Нигде это не проявляется так ярко, как в Югославии и Южной Африке. Вавилонская денежная система, ложно называемая "капитализмом", представляет собой гораздо большую угрозу для западной цивилизации, чем доктрины Карла Маркса, поскольку она создает мировые условия, а затем манипулирует ими в интересах своих хозяев из Нового мирового порядка, единого правительства, на благо международных банкиров.

Этот тиранический олигархический блок был создан несколько десятилетий назад, чтобы лишить страны их суверенитета, культурного наследия и природных ресурсов. В случае Южной Африки англо-бурская война (1899-1902) приняла форму массового геноцида и была попыткой подавить голландский язык и христианскую религию народа. Это сопровождалось массовым хищением большого количества золота, алмазов, платины, титана, железной руды и других металлов и минералов.

В Южной Африке колесо несчастья прошло полный круг: "Иуда Искариот" Питер Бота продал свою душу единому мировому правительству, а "Керенский" Виллем де Клерк предал свой народ так, что Бенедикт Арнольд покраснел бы. В случае Южной Африки оправданием послужил "апартеид", библейская доктрина расового разделения, в то время как в Индии гораздо худшей системе кастового разделения, установленной британской оккупацией, было позволено процветать без помех, как это происходит и сегодня. Апартеид" в Индии намного строже, чем в Южной Африке.

На основании смехотворной заботы о благополучии чернокожего населения осужденный преступник Нельсон Мандела, чьи преступления включали кражу со взломом, терроризм, изготовление бомб и государственную измену, был внезапно превращен шакалами СМИ в национального героя, как и его коллеги-преступники во главе с индийскими адвокатами и еврейским коммунистом Джо Слово. Это будет новое правительство ЮАР после того, как де Клерк передаст власть Манделе. Южноафриканский народ только сейчас с шоком и ужасом осознает, что Москва сыграла лишь очень незначительную роль в их предательстве. Основными игроками были Вашингтон и Лондон.

Наднациональное правительство под руководством Комитета 300 использует свою программу разрушения суверенитета наций непосредственно в Хорватии и Боснии-Герцеговине, а также в Соединенных Штатах, где оно занято подчинением Конституции США Уставу ООН, вероломно и предательски представленному CFR и принятому Сенатом США в 1945 году, причем только пять сенаторов официально заявили, что действительно читали этот договорный документ.

Хорватия, 10 000-летняя нация, стала жертвой тех же заговорщиков, которые причинили столько вреда всему миру. Под предлогом того, что во Второй мировой войне Хорватия встала на сторону Германии, она начала чувствовать на себе прицел ядовитого пера журналистов американских СМИ. Несмотря на демократически избранное правительство, несмотря на суверенитет, принятый и признанный Организацией Объединенных Наций, Европейским экономическим сообществом, тайное правительство США взяло курс на уничтожение Хорватии, которая лишь неохотно приняла единство, навязанное ей "союзниками" 1er декабря.

Полностью поддерживаемый Великобританией и США, план сербов заключался в захвате как можно большей территории, чтобы после того, как сербы получат то, что они хотят, ООН была призвана "принять решение". Это решение будет принято на основе территории, удерживаемой и оккупируемой сербскими гражданами, следовательно, необходимо будет вытеснить хорватов и мусульман в той степени, в которой это может сойти сербам с рук. Это и есть происхождение "этнической чистки".

Президент Джордж Буш четко обозначил свою позицию 9 ноября 1991 года:

> "Мы видим на примере Югославии, как национальная гордость может разорвать страну в кровавую

гражданскую войну".

Такова была "линия" и британского правительства; национальный суверенитет должен быть отодвинут на задний план истории в пользу установления Нового мирового порядка.

Из всех христианских лидеров только у Папы Иоанна Павла II хватило смелости выступить против сербов менее чем через четыре дня после того, как Буш дал зеленый свет президенту Милошевичу. Многие лидеры протестантских церквей хранили призрачное молчание:

"Эта трагедия, которая позорит Европу и весь мир, должна быть остановлена. В последние несколько дней беспрецедентно жестокие нападения произошли по всей Хорватии, но особенно в Дубровнике и Вуковаре. В Дубровнике пострадали, в частности, гостиница и больница, переполненная беженцами и ранеными. Это агрессия, и она должна быть прекращена. Я прошу югославскую армию пощадить жизни беззащитных гражданских лиц".

В ответ белградское правительство усилило бомбардировки домов, церквей, школ и больниц, прекрасно понимая, что администрация Буша не предпримет никаких действий, чтобы остановить насилие.

В одном из своих самых коварных действий Слободан Милошевич попросил Организацию Объединенных Наций прислать "миротворцев", чтобы разделить две стороны. Этот запрос был принят ООН, которая, разместив свои войска, молчаливо согласилась с тем, что захваченные югославской армией земли теперь принадлежат Сербии. То же самое предательство повторилось в Боснии и Герцеговине. Лорд Каррингтон, предатель НАТО и Родезии, услужливо попросил Организацию Объединенных Наций разместить своих солдат в так называемых кризисных зонах, тем самым прекрасно выполнив задачу Югославии.

С помощью Лоуренса Иглбургера, Сайруса Вэнса и администрации Буша Германии угрожали экономическими репрессиями, если она признает независимость Хорватии и Боснии и Герцеговины. Иглбургер, которого конгрессмен Генри Гонсалес осудил за его обширные финансовые связи с правительством Белграда, сказал, что Соединенные Штаты никогда не должны позволить ни одному европейскому государству признать независимость Хорватии и Боснии-Герцеговины. Вэнс, который играл определенную роль в плане, разработанном Межконфессиональным мирным коллоквиумом, состоявшимся в Белладжио, Италия, в 1972 году, заявил, что признавать независимость Боснии и Хорватии "слишком опасно", но Вэнс не сказал, что он на самом деле имел в виду: что это действительно "слишком опасно" для Нового мирового порядка - Единого правительства!

Папа Иоанн Павел II положил конец плану Буша, заявив, что он "направит послание республикам, признающее их независимость". Это заявление вызвало шок в Комитете 300 и институтах Вашингтона и Лондона, что помогло убедить Германию признать Хорватию и Боснию-Герцеговину.

Сербский лидер Милошевич отказался от "Югославии" в пользу "Великой Сербии". Все сербские регулярные и нерегулярные военные подразделения сейчас сосредоточены на захвате как можно большей территории, прежде чем США и Великобритания под давлением общественности будут вынуждены предпринять слабую попытку остановить его злодейские действия. Моделью, на которой Милошевич основывал свои территориальные амбиции, была модель, сформулированная британцами на Лозаннской конференции 1923 года, где был согласован план массового изгнания гражданского населения из Греции и Турции, повлекший за собой тысячи смертей. Это также почти точная копия того, как был разделен Ливан.

Администрация Буша, полностью осведомленная о сербской стратегии, последовала ей. Великобритания и США закрыли глаза на продолжающуюся бойню на Балканах, где массовый геноцид и захват территорий происходят так быстро, что если продвижение Милошевича не остановить немедленно, то будет слишком поздно. Произошли некоторые изменения; если в Хорватии большая часть населения была изгнана, то теперь в Боснии, особенно в мусульманских районах, граждан целенаправленно истребляют.

Проблема беженцев приобретает масштабы, невиданные со времен Второй мировой войны. Целые деревни и небольшие города были уничтожены, их жители, молодые и старые, были расстреляны или намеренно попали под снаряды и минометный обстрел. Источники во французской разведке сообщили мне, что

> "Почти 68% территории Боснии находится под угрозой уничтожения: люди, церкви, школы и дома. Это худшая форма террора, которую мы видели за последние семьдесят лет".

"А войска ООН? "Я спросил: "Что они делают для защиты боснийцев? Разве не для этого они должны быть там? "Мой источник ответил:

> "Силы ООН фактически работают на стороне сербов, которые не должны воевать на захваченной боснийской территории, патрулируемой ООН, но сербы просто используют войска ООН в качестве щита. С другой стороны, силы ООН мешают боснийским силам вернуть территорию, потерянную сербами; силы ООН встают на их пути, но ничего не делают, чтобы предотвратить нападение сербских сил из-за спин миротворцев".

Сербы использовали "демилитаризованные зоны" для ввода тяжелой артиллерии и танков. Боснийские лидеры теперь уверены, что силы ООН предпочитают план лорда Каррингтона в Лозанне: пока лорд Оуэн говорит о "мире", сербы обходят силы ООН.

Все, что до сих пор делали США и Великобритания, включая насмешки над так называемыми "санкциями" против Сербии, было плюсом для Милошевича; он мог сказать сербам, что они являются жертвами "британской и американской агрессии", при этом не испытывая никаких лишений от беззубых санкций. Даже *Washington Post* признала, что санкции ничего не меняют, и пришла к выводу, что боевые действия не прекратятся, пока сербы не удовлетворят свои территориальные амбиции.

Как всегда в случае с глобальной политической стратегией, британское правительство лидирует, когда речь идет о причинении боли и страданий другим странам. Лорд Каррингтон, бывший "переговорщик", чей послужной список предательств мог бы заполнить два тома, утверждает, что "обе стороны лгут" - самый старый трюк в книге для искажения истины. Лондонская газета *Daily Telegraph* заявила, что Боснии не должна оказываться никакая помощь, даже продовольственная:

> "Это только облегчает им дальнейшую борьбу. Они остановились бы быстрее, если бы их оставили голодать и умирать от ран или болезней. Чтобы быть добрым, нужно быть жестоким. Бывают моменты, когда тяжело сидеть сложа руки и смотреть, как страдают другие, но все равно это правильное решение".

Британское правительство должно знать об этом. Во время англо-бурской войны (1899-1902), когда они не смогли победить незначительные и нерегулярные силы буров, лорд Китченер собрал всех бурских женщин и детей, поместил их в концентрационные лагеря и оставил голодать и умирать от болезней. Погибло около 25 000 бурских женщин и детей, что для сравнения означало бы, что 17-18% американского населения погибло бы от этого варварства. Очевидно, лорд Каррингтон и лорд Оуэн повторяют тактику Китченера в Боснии и Хорватии.

Одно можно сказать наверняка: трус в душе, как и все хулиганы, Милошевич никогда бы не решился на уничтожение человеческой жизни и имущества, если бы не знал, что его не арестуют и что он не пострадает от репрессий со стороны Великобритании и США. Милошевич не намерен прекращать боевые действия, пока не захватит

100% территории Боснии и Герцеговины. Если его не остановить в ближайшее время, боевые действия могут перекинуться на Косово, которое является этническим албанским регионом.

Турция уже пообещала прийти на помощь мусульманам в случае нападения на Косово. Турция будет использовать свой договор с Албанией для оправдания таких действий. Если это произойдет, опасность войны, охватившей всю Европу, станет еще больше, поскольку беженцы хлынут в Македонию, где проживает большое количество албанцев-мусульман. Если Турция придет на помощь мусульманам, можно ожидать, что Греция выступит против нее, что создаст условия для быстрой эскалации крупной войны.

В настоящее время Македония подвергается стратегии "Вероломного Альбиона", что означает, что делается все возможное для подрыва македонского правительства, которое было демократически избрано 1er сентября 1991 года и получило новую конституцию 17 ноября 1991 года. Судя по полученным мною разведданным, похоже, что из Лондона поощряется политическая изоляция, что облегчит сербскому населению обращение за помощью, открыв тем самым дверь для нападения сербской армии на Македонию. Мой источник в разведке сказал мне: "Это почти наверняка произойдет, как только Босния закончится.

Мирный план Оуэна-Каррингтона-Вэнса для Боснии - это мрачный фарс. Она сделает для сербов то, что они решили сделать, без дальнейших жертв. План предусматривает раздел Боснии, дающий сербам большую долю Боснии, без гарантии того, что после подписания и объявления мира сербы не вернутся, чтобы вырезать то, что осталось от боснийцев, и, самое главное, положить конец многовековому мусульманскому присутствию.

Лорд Каррингтон выразил свое презрение к народу Боснии и Герцеговины в лондонской газете "*Таймс*" 13 мая 1992 года:

"Если люди хотят бороться, есть только два варианта.

Либо позвольте им сражаться, либо разделите их силой".

Это подразумевает, что Босния и Хорватия решили бороться с сербской агрессией без веских причин, причем агрессором является Сербия, и что это семейная вражда или гражданская война. Это не борьба, а попытка Хорватии и Боснии предотвратить отъем их земли, уничтожение их народа и культуры.

Можно сделать справедливый вывод, что Великобритания руководила операциями на Балканах еще до Первой мировой войны. Говорят, что МИ-6 фактически управляет многими странами, и это не преувеличение. Как это делается? В основном через тайную разведывательную деятельность, санкционированную британским монархом, которым в настоящее время является королева Елизавета II.

МИ-6 подчиняется только монарху, и королева Елизавета II была гораздо более активна в делах МИ-6, чем большинство других. Конечно, она может это сделать, поскольку средства поступают исключительно из ее кошелька. Королева Елизавета ежедневно получает информацию от отдела "М" МИ-6, что делает ее более информированной, чем президент США. Ее интерес к Балканам, как к британской операции, не вызывает сомнений.

В нынешней операции в Югославии, которая началась в начале 1984 года, британская разведка имеет полный контроль. В предвидении будущих событий большое количество пороха было заказано для Югославии в Южной Африке, которая в то время производила самый качественный порох в мире. В 1984 году большая часть южноафриканской продукции отправилась в Иран, но затем, по приказу кого-то в Лондоне, Югославия начала выкачивать значительные объемы этих поставок для собственных нужд. Из отчетов разведки, к которым я имел доступ, стало известно, что финансовыми вопросами занимался лондонский банк Arbuthnot Latham, как для иранцев, так и для югославов. Наращивание вооружений продолжалось и в годы, предшествовавшие "конституционному кризису" в Югославии.

Конституционный кризис" разразился по инициативе МИ-6 15 мая 1991 года, когда Милошевич, его обученные МИ-6 "большевики" и воинственная фракция сербской армии заблокировали систему коллективных государственных президентов, попеременно сменявших друг друга в Сербии, Хорватии, Словении, Македонии, Черногории и Боснии. Это произошло, когда пришла очередь хорвата Стипе Месича занять этот пост.

Эта акция также заблокировала подписание всеми партиями конституционного соглашения о создании четырех отдельных республик, как того требовали всенародные выборы. Сербия, Хорватия, Босния и Македония согласились стать конфедерацией государств. Если бы это произошло, контроль МИ-6 был бы значительно ослаблен. Намерение Милошевича, действующего по инструкциям МИ-6, заключалось в том, чтобы начать войну, в которой Сербия, обладающая самой сильной армией, могла бы захватить территорию, которая ей не принадлежит.

Месич выступил по белградскому радио с осуждением подстрекательского шага Милошевича: "Это не межэтнический конфликт, а кризис, вызванный большевистско-сербским экспансионизмом". Эти пророческие слова прошли мимо голов большинства западных лидеров и народов мира; для них это была просто буря в чашке, а не начало Третьей мировой войны. Даже на этом этапе все не безнадежно; Сербия изолирована, ее поддерживает только Черногория, и кажется, что MI6 можно помешать.

Как это было принято в Комитете 300 на протяжении многих лет, Соединенные Штаты были вовлечены в конфликт, чтобы сделать грязную работу за британцев. Буш вмешался в Югославию так же, как и в войну в Персидском заливе. 20 мая 1991 года Буш объявил, что вся помощь США Югославии будет приостановлена. Буш слишком хорошо знал, что его действия дестабилизируют деликатную ситуацию и спровоцируют вооруженную войну, но он упорствовал на том сомнительном основании, что "Югославия проводит жестокие репрессии в Косово". Даже время объявления было весьма подозрительным - Сербия в то время уже третий год применяла насилие против несербов в Косово - по образцу, которому она должна была следовать в Хорватии и Боснии, а вскоре последует в Македонии.

Что послужило причиной искусственно созданного кризиса? Британское правительство хотело предотвратить расширение немецкой торговли в бассейне Дуная и реструктуризацию Балкан в небольшие, легко контролируемые государства. По мере расширения кризиса Россия предупредила, что Балканы могут снова стать пороховой бочкой, способной вызвать большую войну в Европе. Адресуя свои комментарии Лондону, Москва заявила:

> "Существует очень тонкая грань между добрыми услугами и вмешательством во внутренние дела.

Поддерживаемые Сербией партизаны, которые теперь, кажется, не имеют большого значения для Запада, начинают нападать на Хорватию с благословения Москвы. Прямо заявляя, что Россия будет против любого шага по поддержке независимых государств, Москва предупреждает, что "участие на одной стороне конфликта означало бы вступление в конфликт с другими внутри и вне Югославии, конфликт, который может стать общеевропейским". Москва продолжала оказывать военную поддержку сербам.

Германия заявила, что "попытки изменить границы силой абсолютно неприемлемы", и предположила, что Великобритания, Россия и США пытаются помочь создать Великую Сербию, что является очень фактическим наблюдением. Буш встретился с Горбачевым незадолго до того, как в августе было сделано немецкое заявление. Однако, несмотря на все предупреждения о том, что назревает большая война, США и Великобритания не сделали ничего, чтобы дать советы своим народам или остановить экспансионистские военные действия Сербии.

6 августа министр иностранных дел Нидерландов Ван ден Брук выступил с предупреждением для своих европейских коллег:

> "Наша миссия в Югославии провалилась. На данный момент мы ничего не можем здесь сделать, но мы хотим, чтобы мир знал, что именно сербская сторона несет ответственность за провал переговоров. Югославия сейчас стоит перед трагедией и катастрофой.

Ван ден Брук не сказал, что сербская неуступчивость тайно поддерживалась Лондоном, Вашингтоном и Москвой. Главного американского заговорщика зовут Вэнс. Пламя третьей мировой войны разгорается все быстрее и быстрее, но никто, похоже, не обращает внимания на опасность.

Совершенно секретные разведданные, показанные мне, описывают британско-сербские экспансионистские планы примерно следующим образом:

Сербы начали наступление и провели новые границы с Хорватией и Словенией. Город Винковцы, важный железнодорожный центр, должен был стать центром нападения. Это привело бы к перемещению 170 000 хорватов и освобождению места для сербов, которые увеличили бы существующее сербское население на 29 000 человек. Так и произошло: начались первые "этнические чистки", при этом Лондон и Вашингтон практически не протестовали. Какой может быть протест, ведь это было сделано в соответствии с американо-британской стратегией на Балканах.

Британский план, разработанный МИ-6, поддерживает "Великую Югославию", которая будет стремиться вернуться к границам на Балканах, существовавшим до 1915 года. Я бы сказал, что 1915 год был оптимальным годом для войны Сербии против Австрии, войны, которая привела к значительному расширению сербских границ, и все, что делает МИ-6, это продолжает то, на чем она остановилась в

1915 году.

Британская разведка посоветовала Милошевичу отказаться от коммунистического ярлыка и немедленно начать пропаганду сербской родины, что и сделали медиа-шакалы в США. На первом этапе реализации британского плана в города Каролбаг, Карловац и Вировитица вторглись сербские иррегуляры под командованием Войслава Сеселя, который совершал всевозможные зверства и позже заявил лондонской газете:

> "... Хорваты должны переехать или умереть.... Мы не хотим, чтобы на наших территориях были другие национальности, и мы будем бороться за наши настоящие границы".

На все это ЦРУ, очевидно, закрывало глаза, как и администрация Буша. Если бы в то время США предприняли решительные действия, дальнейших "этнических чисток" не было бы. Можно ли представить, чтобы ЦРУ и администрация Клинтона закрыли глаза на то, что белая Южная Африка приняла тактику Милошевича и с большим насилием и кровопролитием вытеснила черные племена на их родные земли?

Без сомнения, во всем мире поднялся бы шум, и мы бы увидели, как Организация Объединенных Наций, Великобритания и Соединенные Штаты в мгновение ока отправляют войска в Южную Африку. Лицемерие этих держав в отношениях с Сербией и Южной Африкой просто чудовищно.

Нет сомнений, что из-за давления сионистов не было предпринято никаких действий, чтобы остановить сербские зверства и захват земель. Сионисты надеются использовать массовые перемещения населения для решения того, что они называют "палестинской проблемой". Сионистский писатель Шоломо Тадмор высказывал подобное мнение и в качестве доказательства приводил массовое переселение индусов и мусульман во время отделения Пакистана от Индии под наблюдением лорда Луиса Маунтбеттена.

Маунтбаттен был убит, по некоторым данным, по усмотрению MI5, потому что его предполагаемая гомосексуальная деятельность стала смущать королеву Елизавету. "Дядя Дики", как говорят, слишком часто выходил из гардероба и отказывался слушать советы MI5 быть более осмотрительным в отношении своей личной жизни.

Связи между Сербией и сионизмом играют важную роль в трагедии, предсказанной министром иностранных дел Нидерландов Ван ден Бруком. Зверские нападки на Германию и Хорватию, включая эпитеты "нацист", брошенные в адрес президента Хорватии Туджмана и канцлера Германии Коля, говорят о многом. По словам моего собеседника в разведке, европейские усилия по поиску жизнеспособного решения проблемы "были саботированы изнутри Британией и источниками в Иерусалиме". Видимо, британский метод баланса сил между Францией, Россией, Турцией и США - это предопределенный путь.

К сентябрю 1991 года стало совершенно ясно, что сербы намереваются разделить Хорватию и Боснию-Герцеговину, за чем последует "этническая чистка" Македонии. Отчеты британской разведки ясно показали, что балканская программа идет по плану и осуществляется в соответствии с планом. Все требования о прекращении сербской агрессии, выдвигаемые министрами иностранных дел Европейского сообщества в Брюсселе, старательно игнорируются Милошевичем, Уайтхоллом и Вашингтоном.

Мой источник в разведке сказал, что никто из европейских лидеров не осмелился раскрыть, что их руки были связаны, когда Джеймс Бейкер III и британцы сделали то же самое.

Министр иностранных дел Дуглас Херд дал Милошевичу зеленый свет для начала полномасштабного нападения на Боснию и Герцеговину.

> "Европейские министры хорошо знают, что бесполезно пытаться помешать сербам, которые знают, что их

поддерживают Лондон и Вашингтон, следовать нашим предложениям. Ничего нельзя сделать, чтобы остановить сербское наступление, пока не будет прекращена британская и американская поддержка".

Возможно, это правда: без молчаливой поддержки британцев и американцев Милошевич не осмелился бы совершить отвратительные злодеяния, в результате которых погибло около 250 000 человек, 2 миллиона получили ранения и не менее 4 миллионов стали беженцами. Позиция сербов в Югославии опирается на американскую и британскую поддержку.

История показывает, что тайное правительство Великобритании всегда было удивительно успешным в достижении своих целей с помощью дипломатии обмана. Я думаю о переговорах по Палестине, которые с самого начала были мошенническими и контролировались главой сионистской федерации в Великобритании лордом Ротшильдом.

В сентябре 1991 года переговоры в Югославии вел не лорд Ротшильд, а его подчиненный лорд Каррингтон, убежденный сионист. Каррингтон приобрел отличный опыт в разрушении Родезии, Южной Африки, НАТО и Аргентины. Как мастер обмана, мирная конференция Европейского сообщества, которую Каррингтон организовал 7 сентября 1991 года в Гааге, Голландия, была просербской. Результатом конференции стало усиление сербской агрессии, что позволило Сербии перекроить границы Югославии в пользу Великой Сербии.

Принимая эмбарго на торговлю и экономические отношения с Югославией, конференция не уточнила, что наказанию подвергается Хорватия: большая часть европейской торговли с Югославией ведется через Хорватию. Казалось бы, наказав Милошевича, именно Хорватия ощутила на себе тяжесть большой дубинки, спонсируемой Великобританией. Мирная конференция по Югославии не должна была состояться, если сербы не прекратят боевые действия, но когда Милошевич не согласился с этим условием, делегаты ЕК все равно провели ее, что стало настоящей политической победой белградского мясника.

После конференции мошенников министр иностранных дел Италии Джанни де Микелис, который горячо поддержал незаконную войну Буша против Ирака, откровенно поддержал Милошевича, задав вопрос: "Действительно ли мы пошли бы на войну в Югославии? Умерли бы мы за Загреб? Конечно, нет. 19 сентября лорд Каррингтон официально признал, что конференция провалилась. Конечно, он не сказал, что она была рассчитана на неудачу. Как он мог быть успешным, если Каррингтон отказался выдвигать предварительные условия для встречи между сербами и другими сторонами?

Спонсируемая британцами и американцами конференция должна была дать сербским агрессорам все необходимое время, чтобы захватить больше земли и убить больше хорватов, мусульман и боснийцев. Именно это и произошло. Кроме того, впервые югославские ВВС совершили воздушные налеты на гражданские города. Бои продолжались на протяжении всей конференции, и лорд Каррингтон ни разу не сделал замечание Милошевичу за его поведение. Ситуация в Родезии была почти идентичной: пока Каррингтон говорил о "мире", а родезийские войска держали огонь, коммунист Роберт Мугабе продолжал свои кровавые нападения на женщин и детей в изолированных населенных пунктах, причем Каррингтон не высказывал никакой критики.

Мой источник в разведке сообщил мне, что Каррингтон угрожал Германии "экономическими репрессиями", если она переступит черту и предложит реальную поддержку хорватам и боснийцам. Лорд Каррингтон принял собственное секретное решение о создании "миротворческих" сил ООН. После конференции канцлер Коль попросил о встрече с Джорджем Бушем. Его просьба была принята при условии, что не будет речи о военном вмешательстве или финансовых санкциях против Белграда. Единственное, на что согласился Буш, так это на размещение миротворческих сил вдоль линии разграничения между Хорватией и Сербией, тем самым де-факто признавая сербскую оккупацию хорватской территории.

Предупрежденный британцами, Милошевич отверг даже такой незначительный шаг против Сербии, заявив, что он не приемлет "никакого иностранного военного присутствия". Коля предупредили, что если Германия начнет волноваться, это может спровоцировать крупную войну на Балканах, которая быстро распространится по всей Европе. Буш не хотел признавать, что такая война уже идет полным ходом и что ничто не может ее предотвратить.

Пока дипломаты говорили, хорваты, мусульмане и боснийцы продолжали истекать кровью. Поддерживая этот фарс, Буш направил Сайруса Вэнса, давнего члена иллюминатов и высокопоставленного чиновника Комитета 300, посредником в новом раунде мирных переговоров. Прибыв в Белград 9 октября, Вэнс, первоначальный участник Межконфессионального коллоквиума мира 1972 года, который заложил основу для нынешних действий в Югославии, получил максимальное освещение в СМИ.

Все, что стало результатом визита Вэнса, это то, что Госдепартамент США попросил американцев в Югославии покинуть страну и сократил штат консульства в своем посольстве в Загребе. Эмбарго на поставки оружия сербам, введенное Вэнсом, опять же было полным обманом, поскольку он знал, что белградское правительство накопило большие запасы пороха для своей артиллерии и что его собственная процветающая оружейная промышленность не пострадает от эмбарго, введенного американцами. Как и в случае с экономическим эмбарго, именно хорваты, мусульмане и боснийцы серьезно пострадали от эмбарго на поставки оружия. Трудно найти более жестокую политику дипломатии путем обмана.

6 ноября 1991 года канцлер Германии Гельмут Коль не мог больше сдерживать себя. Вопреки приказу лорда Каррингтона и Джорджа Буша, Коль заявил в Бундестаге (парламенте), что независимые республики Словения, Хорватия и Босния-Герцеговина должны быть признаны немедленно. Поводом для Коля послужил третий отказ Милошевича от европейского мирного плана.

Мой источник в разведке сообщил мне, что Коль был возмущен тактикой лорда Каррингтона, чьи просербские эдикты становились все более наглыми. Каррингтон сказал Милошевичу, что Сербия не будет требовать от него уважения к региону Косово, в котором доминируют албанцы. Затем Каррингтон дал зеленый свет сербским войскам для нападения на Косово и последующего марша в Македонию. Коль в частном порядке обсуждал со своими руководителями разведки возможность заморозить все югославские активы в немецких банках и заставить немецких инвесторов вывести свои деньги в белградские банки.

Мой источник также сообщил мне, что когда информация о секретных беседах Коля "просочилась" в Каррингтон, он очень рассердился и, как сообщается, предупредил Милошевича о том, что может произойти. Затем Милошевич издал срочный указ, предписывающий Центральному банку Югославии разместить до 95% своей иностранной валюты - почти 5 миллиардов долларов - на счетах в швейцарских банках. Эта мера была принята через несколько часов после того, как Каррингтон сообщил в Белград.

Недовольный ущербом, который он уже нанес независимым республикам Хорватии, Словении и Боснии-Герцеговины, Буш, скорее всего по указанию Королевского института международных отношений, отправился в Гаагу. 9 ноября он выступил перед делегатами Европейского сообщества. Объявление

"В новой Европе нет места этим старым следам вражды, и то, что мы видим сейчас в Югославии, - это то, как национальная гордость может разделить страну в гражданской войне.

Затем Буш обвинил Хорватию в том, что она хочет независимости.

Продолжая нападки на Хорватию, г-н Буш сказал:

"... В то время как неотложная работа по построению демократии и реформированию рынка продвигается, некоторые видят в триумфе свободы горький урожай. С этой точки зрения, крах коммунизма открыл ящик Пандоры для старой этнической ненависти, обид и даже мести... Вся Европа была разбужена опасностью старого врага - национализма, движимого ненавистью и безразличного к более благородным целям. Этот национализм питается старыми, закостенелыми предрассудками, которые учат нетерпимости и подозрительности, и даже расизму и антисемитизму".

Конец речи является ключом к выступлению Буша: стремление к независимости приравнивается к антисемитизму. Как устанавливается связь, будет непонятно тем, кто не знаком с кодовыми словами и жаргоном спецслужб. Что скрывалось за этим посланием? Мои контакты в разведке, специализирующиеся на кодовых словах, сказали мне, что сообщение предназначалось для Германии, как предупреждение не приходить на помощь Хорватии, Словении и Боснии, чтобы не быть принятым за рост национализма, который приравняет попытки Германии оказать помощь к "нацизму".

В канадском парламенте правительство также было обязано показать чистый лист. 18 ноября 1991 года министр иностранных дел Барбара Макдугалл была вынуждена объявить, что независимые республики Хорватия и Босния-Герцеговина не будут признаны. Под завывания ярости с обеих сторон Палаты представителей Макдугалл заявила, что Каррингтон и Вэнс убедили ее в том, что признание республик будет плохим решением. По мере того, как раскрывалась поистине злая, лживая и предательская роль двух фальшивых "переговорщиков", происходил яростный обмен мнениями. Невероятно, но Макдугалл заявил, что

> "... признание Хорватии, Боснии и Словении в настоящее время означало бы конец переговорного процесса и оставило бы вопрос для решения силой и насилием.

Именно такова политика сербов, и именно этого они всегда хотели.

Тем временем эмбарго на поставки оружия в Югославию продолжало играть нешуточную роль, поскольку сербы продолжали получать порох от шведских купцов, а также другое оружие, не производимое в Югославии. Поезду вооружений не было конца. Мусульмане не получили никакого оружия, а боснийцы получили лишь небольшое количество винтовок и гранат через Иран. Это оружие не шло ни в какое сравнение с сербской артиллерией и танками. Хорошо вооруженная сербская армия продолжала свою кампанию "лагерей смерти". Хорватия и Босния, получившие 7000 винтовок и боеприпасы, которых хватило бы на три месяца, выступили против сербской 155-мм артиллерии, минометов, тяжелых пулеметов, гранатометов, танков и бронетранспортеров.

Женевская конвенция была полностью нарушена сербами, но Соединенные Штаты не могут жаловаться на это, потому что мы сделали точно то же самое в Ираке, если не хуже. Я не знаю ни одного случая, который мог бы сравниться по варварской жестокости с захоронением заживо 12 000 иракских солдат. Сербская тяжелая артиллерия обрушила убийственный шквал на церкви (вероятно, это была цель номер один), больницы, школы и даже детские сады. Нет никаких сомнений в том, что сербы намеревались терроризировать, убивать и калечить как можно больше мирных жителей.

Будущее Боснии и Герцеговины, несомненно, очень мрачное; сербские агрессоры уже занимают 78% территории страны и ежедневно грозно наступают на все, что попадается им под руку, в то время как Организация

Объединенных Наций мечется по окольным дорогам и ничего не делает, чтобы предотвратить террор и массовое убийство невинных людей. Мой источник сообщил мне:

> "ООН] полностью дискредитирована, она не делает ничего, чтобы помочь гражданскому населению, не говоря уже о том, чтобы защитить его от сербских зверств. В частности, миссия ООН в Боснии - это фикция и позор".

Не удовлетворившись хаосом, который он уже посеял в Хорватии, Боснии-Герцеговине и Словении, Совет министров Европейского сообщества собрался в Португалии 2 мая 1992 года и немедленно опубликовал декларацию об отказе признать независимость Республики Македония. По сути, это был третий раз, когда дестабилизирующие силы из-за пределов Югославии вышли на арену, чтобы гарантировать, что Македония станет следующим объектом сербской агрессии.

Македония имеет право на независимость, как и все балканские государства. У нее есть территория, суверенный народ, суверенный парламент и подавляющая поддержка независимости, выраженная народом на референдуме, проведенном 18 сентября 1991 года. Ассамблея (парламент) была избрана в ноябре 1990 года, а новая конституция была обнародована и принята годом позже.

Почему же Европейский совет не хочет признавать независимость Македонии? Причина в том, что Греции не нравится название "Македония", которое может стать причиной будущего конфликта. Между тем, дверь для сербской агрессии остается широко открытой на том основании, что Македония - не республика, а неотъемлемая часть Югославии. Я ожидаю, что Македонию постигнет участь Хорватии и Боснии-Герцеговины при молчаливом согласии Соединенных Штатов, Великобритании и Франции. Президент Франции Миттеран намерен сыграть важную роль в Югославии, даже если он будет "хромой уткой".

Таким образом, создана сцена для этнической чистки в Македонии, но на этот раз она усилится и распространится на Албанию и Венгрию, что подразумевает большую вероятность вмешательства России, что будет означать начало большой европейской войны, в которую будут втянуты Соединенные Штаты. Наши силы будут нести основное бремя в людях, технике и финансовых затратах.

Этого нельзя допустить. Американский народ должен каким-то образом пробудиться к тому, что происходит, несмотря на обман средств массовой информации. Есть много других альтернатив, которые можно использовать для прекращения войны. Такие меры были успешно использованы для свержения шаха Ирана, оказания жесткого давления на Южную Африку и уничтожения Ирака после прекращения насилия.

Одним из основных видов оружия, имеющихся в распоряжении США и Великобритании, является финансовый контроль. В течение нескольких дней сербов можно заставить прекратить агрессию, запретив торговлю югославской валютой, заморозив все югославские средства, где бы они ни находились, и введя жесткие санкции против любой страны, торгующей с сербской Югославией. Эти меры, применяемые неукоснительно, сделают гораздо больше, чем могут сделать любые наземные силы, и могут быть быстро реализованы. Ни при каких обстоятельствах Соединенные Штаты не должны направлять сухопутные войска на Балканы, так как это станет предвестником начала большой европейской войны.

Наряду с этими финансовыми и экономическими мерами, США должны дать Сербии три дня на отвод тяжелой артиллерии и минометов, после чего США, с одобрения Конгресса, должны направить истребители-бомбардировщики или переоборудованные крылатые ракеты для уничтожения сербских оружейных установок. Неубедительное оправдание, что наши пилоты не смогут найти свои цели, оказывает большую услугу нашим вооруженным силам. Учитывая развитие технологий, включая инфракрасную и лазерную визуализацию, нет сомнений, что наши пилоты могли находить цели практически в любую погоду, днем и ночью. Единственное, что мешает таким действиям, - это нежелание Вашингтона действовать против интересов Великобритании. Использование переоснащенных крылатых ракет также исключит любую возможность американских потерь в воздухе.

Эксперты оборонной разведки утверждают, что для того, чтобы остановить сербскую агрессию, потребуются силы численностью от 35 000 до 40 000 военнослужащих. Это абсолютно заниженная оценка, призванная обмануть американский народ, который, возможно, и согласится на участие такого большого количества войск, но не согласится на более крупные силы. Грандиозный план предусматривает участие наших сухопутных войск либо в Боснии, либо (что более вероятно) в Македонии. В свое время нам скажут, что наши наземные силы находятся под угрозой перегруженности и что необходимо увеличить численность войск на 50 000 человек. На первый взгляд, кто из нас скажет: "Больше никаких войск, хватит". Так будет происходить эскалация войны. Пришло время сказать "НЕТ" наземным силам и "ДА" воздушным ударам или крылатым ракетам для уничтожения сербской тяжелой артиллерии и минометов.

Такие действия сорвали бы грандиозный замысел британских стратегов, которые давно планируют держать Европу в состоянии подчинения - экономического и военного - используя политическое и военное крылья НАТО. Нет необходимости в обмане, когда план известен. Это вопрос четкого определения того, что необходимо сделать. Явное намерение Вашингтона и Лондона - навязать Европе новый мировой порядок, используя сербов в качестве суррогатных террористов, чтобы показать другим странам, что защита НАТО по-прежнему жизненно необходима.

Сторонники Нового мирового порядка пытаются доказать, что существует долгосрочная тенденция к анархии, когда доминируют националистические интересы. Продолжающаяся фрагментация Европы, согласно плану 1972 года IRPC-Bellagio, должна была показать, что народы, живущие вместе, будь то большинство или меньшинство, всегда будут иметь разногласия и будут стремиться положить конец своим разногласиям в насильственном конфликте. Таким образом, защита ненационалистического правительства Нового мирового порядка абсолютно необходима и даже желательна.

По мнению стратегов NWO,[10] баланс сил между странами не решит проблему, так как страны всегда будут с подозрением относиться друг к другу, опасаясь, что одна будет искать преимущества над другой. Примером тому могут служить отношения между Японией и США, которые резко ухудшились за последние пять лет. Новый мировой порядок - единое мировое правительство устранит напряженность и заставит ее исчезнуть, поскольку первопричиной проблемы является националистическое соперничество, которое будет устранено.

Эта идеалистическая фикция, предлагаемая Новым мировым порядком, конечно же, будет включать в себя массовые перемещения больших групп населения, которые, как нам говорят, не будут сопровождаться кровопролитием. "Вы видели, что произошло в Югославии, - скажут стратеги NWO, - конечно, лучше осуществлять такие передачи мирным путем". Они могут указать на мирный переход индусов и мусульман, греков и турок; последний - в конце Первой мировой войны. Правда совсем другая: миллионы индусов и мусульман погибли, наряду с тысячами греков и турок, в этих "мирных" переходах.

"Возможно, - скажут планировщики NWO, - но реальная выгода будет получена от отвлечения внимания от мировой политики". В поддержку своей теории они указывают на

---

[10] Новый мировой порядок, Ндт.

ужасы Югославии, которые, как они обещают, никогда не смогут повториться в Новом мировом порядке/Одном правительстве. Они указывают на неспособность Европы остановить военные действия в Югославии, обещая, что при едином правительстве таких конфликтов не будет. Если бы они случайно вспыхнули, то были бы быстро подавлены. Вопиющая неспособность Европы предотвратить югославский конфликт будет рассматриваться как пример того, как нельзя позволять миру управлять своими делами в будущем.

В этих обстоятельствах развал Европы в результате крупной войны будет большим преимуществом для Нового мирового порядка - Единого мирового правительства. Французы поспешили принять Вудро Вильсона как миротворца и спасителя, когда он прибыл в Париж со своим мирным планом, и этот обман вот-вот повторится. Европейские и американские нации, вероятно, поспешат принять Новый мировой порядок - мировое правительство как единственную надежду на вечный мир.

Подобно мирному плану Вильсона из 14 пунктов, каждый из народов получит вечное рабство и невиданное на земле варварство. Югославская трагедия - это искусственно созданная трагедия, имеющая гораздо более широкие цели в общей стратегии. Жестокость сербов - это хорошо, потому что она заставляет народы Европы каждый день бояться, что они могут стать следующими, и в свое время их достаточно "уговорили", чтобы они приняли своих будущих рабовладельцев с распростертыми объятиями.

После нескольких месяцев колебаний президент Клинтон пообещал вооружить боснийских мусульман. Из Лондона доносились крики возмущения. В один голос этот план осудили лорд Оуэн, лорд Каррингтон и Сайрус Вэнс. По словам моего источника в разведке, послание, которое Клинтон получил от этих достойных представителей, заключалось в том, что он

"было бы неразумно вооружать боснийских мусульман,

так как это только повысит уровень насилия, что заблокирует мирное урегулирование, над которым мы работаем".

Из-за этого недостойного давления на внешнюю политику США Клинтон отложила план помощи мусульманам в самозащите, что позволит сербским агрессорам продолжать убивать и захватывать земли. Вот до чего дошла "наша" независимая и суверенная нация: мы склоняем колено перед всеми требованиями Комитета 300.

Мы пока не знаем, кто из черной знати контролирует сербов, но ясно, что некоторые из их самых важных членов в этом замешаны. Ливан является хорошим примером того, что предстоит сделать в Боснии, Хорватии и Словении. Гражданская война" в Ливане была спровоцирована и контролировалась представителями черной аристократии: принцем Йоханнесом фон Турн унд Таксисом, лордом Харлехом (Дэвид Ормсби Гор) и лордом Каррингтоном, действующими совместно с Александром Хейгом, Джулианом Амери, Генри Киссинджером, сэром Эдмундом Пеком, Николасом Эллиотом (глава ближневосточного отделения МИ-6), Рупертом Мердоком и Чарльзом Дугласом Хоумом и др.

Это преступление против Ливана было описано средствами массовой информации как гражданская война, хотя это не так. Убийственное нападение Сербии на своих соседей описывается таким же образом. Только на этот раз заговорщики гораздо тщательнее заметают следы, учитывая то, как за ними следили в Ливане, что привело к их обнаружению мной и еще одним писателем. Как только у меня появятся имена теневых контролеров в Сербии, я без колебаний разоблачу их.

Как и в Ливане, план состоит в том, чтобы разделить Балканы на ряд маленьких, слабых, автономных государств, которые не смогут оказать никакого сопротивления планам Нового мирового порядка - мирового правительства. Если сухопутные войска США и союзников будут направлены в

Боснию и Косово, они смогут справиться с ситуацией.

В Македонии они выступят в манере экспедиционных сил союзников, которые высадились в Мурманске в последние дни Первой мировой войны.

Необходимо разоблачить подноготную компаньонов Лоуренса Иглбургера и Брента Скоукрофта в югославских деловых предприятиях, а важность связей Милошевича в Вашингтоне трудно переоценить. Народы Словении, Боснии и Герцеговины и Македонии не получат никакой помощи от единственной в мире сверхдержавы, управляемой, как тряпка, Комитетом 300 и его отделом иностранных дел, Королевским институтом международных отношений.

X. Анатомия убийств

Убийство уже давно стало предпочтительным методом избавления от политического соперника или лидера, чья политика враждебна другой державе, или когда лидер, назначенный секретным агентством, не продолжает подчиняться его приказам, как в случае с президентом Джоном Кеннеди.

Убийства также совершаются для того, чтобы добиться политических, экономических или религиозных изменений, которые считаются желательными для сторон, выступающих против правительства, руководящего органа или религиозных предписаний. История полна примеров.

Очень часто вокруг убийств возникают заговоры, которые никогда не раскрываются, как в случае с убийствами Мартина Лютера Кинга-младшего, Джона Ф. Кеннеди и Роберта Кеннеди. Во всех трех случаях предполагаемого убийцу заставили замолчать: Освальда - до того, как он смог выступить в суде; Рэя - после того, как его перехватил недобросовестный адвокат; Сирхан Сирхан - в тюрьме. Таким образом, миллионы американцев убеждены, что ни Рэй, ни Освальд, ни Сирхан Сирхан не нажимали на курок.

Сразу же после убийства Кинга у полиции Мемфиса была прекрасная возможность снять отпечатки пальцев в гостевом доме, где, предположительно, останавливался Рэй. Пансион находился на Саут-Мейн-стрит в черном районе Мемфиса; Рэй прибыл туда в 3 часа дня 4 апреля 1968 года. Свидетели сообщили, что видели, как из здания вышли трое мужчин, один из которых был Рэй. Было бы интересно узнать, почему никогда не предпринимались попытки найти двух других мужчин, которых видели вместе с Рэем.

Отпечатки пальцев Рэя не были идентифицированы в доме отдыха. По словам майора Барни Рэгсдейла из Бюро расследований штата Джорджия, тюрьма штата Миссури, где содержался Рэй, отправила в ФБР неправильный набор отпечатков пальцев. По какой-то пока необъяснимой причине ФБР потребовалось две недели, чтобы найти отпечатки Рэя, прежде чем объявить, что убийца - он. Это противоречит давнему утверждению ФБР о том, что оно может идентифицировать человека путем сравнения отпечатков пальцев за 10 минут. Сравнение отпечатков пальцев было проведено по материалам Лос-Анджелеса, что является отклонением от обычной процедуры. Атланта была бы логичным местом для проверки записей. Отпечатки пальцев в Лос-Анджелесе принадлежали Эрику Старво Галту. К отпечаткам прилагается фотография. Имела ли эта задержка какое-либо отношение к Эрику Старво Галту? Был ли "Галт" Рэем?

Когда полиция Мемфиса была уволена ФБР, репортер АР Дон Макки написал:

"Федеральные агенты прочесывали город, показывая фотороботы мужского лица и задавая вопросы об имени Эрика Старво Галта, таинственного объекта охоты, связанной с поисками убийцы доктора Мартина Лютера Кинга. Что узнали агенты или чего они хотят от Галта - это тщательно охраняемый секрет.

Гэйлорд Шоу, также репортер АР, прислал депешу, в которой говорилось:

"ФБР отказывается от распространения по всей стране фоторобота убийцы доктора Мартина Лютера Кинга. Когда белый "Мустанг", на котором Рэй предположительно скрылся после стрельбы, был найден в Атланте, его приписали Эрику Старво Галту. ФБР выпустило бюллетень, в котором арестовало Галта за "сговор с другим человеком, которого он выдавал за своего брата, с целью причинения вреда, притеснения, угроз и запугивания доктора Кинга".

Бюллетень сначала был отозван, а затем восстановлен. Среди прочего, выяснилось, что Галт брал уроки танцев в Новом Орлеане в 1964 и 1965 годах. Джеймс Эрл Рэй в то время находился в тюрьме штата Миссури.

Через две недели после убийства Кинга Дж. Эдгар Гувер объявляет, что Галт на самом деле Джеймс Эрл Рэй. Гувер не сказал, что случилось с братом Галта. Почему не было проведено расследование судьбы "брата" Галта?

Таинственное выселение детектива полиции Мемфиса Реддитта из района мотеля "Лоррейн" до сих пор не раскрыто. После того как Реддитта проводили домой, лейтенант полиции Мемфиса Аркин получил сообщение от Секретной службы, в котором говорилось, что "была допущена ошибка" в отношении "контракта" на жизнь Реддитта". Затем детектив Аркин отправился в дом Реддитта с неизвестной целью. Аркин до сих пор ни с кем не хочет говорить об этом странном эпизоде.

На самом деле Реддитта в его слежке сопровождал У.Б. Ричмонд, коллега-детектив. Ричмонд заявил, что в момент убийства Кинга он не был на задании по наблюдению, а находился в штаб-квартире полиции Мемфиса и ничего не знал об убийстве. Позже Ричмонд повернулся и признался, что он был в пожарной части, прямо напротив мотеля "Лоррейн", в то самое время, когда был застрелен Кинг. Почему такое противоречие? Свидетельствовал ли Ричмонд об этом факте под присягой Министерству юстиции, и если да, то почему его никогда не обвиняли в лжесвидетельстве?

Когда Скотланд-Ярд арестовал Рэя в лондонском аэропорту Хитроу, он сказал агентам, что его зовут "Рамон Джордж Снейд". И снова ФБР сделало нечто странное: отпечатки пальцев Галта в Лос-Анджелесе были отправлены в Скотланд-Ярд, а не в ФБР в Вашингтоне.

На ставшей знаменитой фотографии Кинга, лежащего мертвым на балконе мотеля "Лоррейн", Джесси Джексон и Эндрю Янг указывают не на окно домика, а на холм, где, по словам свидетелей, они видели человека, накрытого полотенцем, прятавшегося за кустами. Ориентация раны на теле Кинга указывает, вне всяких разумных сомнений, что выстрел, скорее всего, был произведен именно из этого места, а не из окна ванной комнаты гостевого дома.

Нет никаких сомнений в том, что суд над Рэем был пародией на правосудие. Рэю не разрешили упомянуть слово "заговор", которое несколько раз фигурировало в его первоначальном заявлении. Судья также не разрешил Рэю обсуждать его заявление о заговоре, и его адвокат, Перси Форман, согласился с судьей. По совету Формана Рэй признал себя виновным, что уничтожило его шансы на полноценный и справедливый суд.

В октябре 1974 года Рэй получил разрешение на новое слушание в федеральном окружном суде в Мемфисе, но после восьми дней слушаний его заявление было отклонено. Рэй продолжал утверждать свою невиновность и говорил своей семье, что он полон решимости докопаться до истины. Возможно, именно поэтому в 1977 году, находясь в тюрьме штата Браши Маунтин, на него было совершено покушение. Хотя он получил тяжелые ножевые ранения, Рэй выжил. Существует слишком много неувязок, чтобы доказать, что именно Кей произвел выстрел, убивший Кинга.

Комитет 300 постоянно стремится контролировать все природные ресурсы во всех странах. Их позицию излагали и подтверждали Уэллс и лорд Бертран Рассел. Нигде эта позиция не была реализована так прочно, как в Конго и Южной Африке.

Известная как Бельгийское Конго, эта огромная страна, вторая по величине в Африке, в течение десятилетий безжалостно лишалась своих природных ресурсов: меди, цинка, олова, каучука, слоновой кости и сельскохозяйственной продукции, такой как какао, кофе и пальмовое масло. Бельгийский король Леопольд II часто говорил, что все ценное в Конго принадлежит ему. Это, безусловно, было правдой, поскольку бельгийское правительство управляло железными дорогами, шахтами, металлургическими заводами, плантациями какао и пальмового масла, фабриками и отелями страны через подставные компании. Это была политика Комитета 300 в ее лучшем проявлении.

Конголезские рабочие получали мизерную зарплату, а то, что они получали, было в основном в виде бесплатного жилья, медицинских пособий и одежды. Всему этому угрожал начинающий политический лидер по имени Патрис Лумумба, который в 1959 году объявил о создании национальной политической партии, чтобы противостоять бельгийскому правлению в стране. Бельгийские власти объявили Лумумбу "коммунистом" и угрозой благополучию страны. Он был арестован и позже отпущен. На самом деле Лумумба был озабочен не коммунизмом, а улучшением жизни конголезского народа.

В 1960 году произошли большие волнения, когда Лумумба потребовал независимости от Бельгии. Лумумба обратился за помощью к Организации Объединенных Наций и Соединенным Штатам, но получил отказ. Госдепартамент назвал его "человеком, играющим с марксистским словоблудием", не предоставив, кстати, никаких доказательств своего утверждения. Поразительный ораторский дар Лумумбы производит такое впечатление на конголезский народ, что Комитет 300 начинает проявлять интерес к этому вопросу.

В августе 1960 года Аллен Даллес приказал двум сотрудникам ЦРУ, оба с криминальным прошлым, убить Лумумбу в течение трех месяцев. Ораторский дар Лумумбы был отмечен в отчетах ЦРУ в Конго, где также описывались предполагаемые коммунистические связи Лумумбы. В следующем месяце ЦРУ приказало Джозефу Шнайдеру, ученому-бактериологу, отправиться в Конго с дипломатической почтой, содержащей пузырек со смертельным вирусом, который должен был быть использован для убийства Лумумбы. Даллес приказал ликвидировать Лумумбу после консультации с

Эйзенхауэром, но вирус, который носил Шнайдер, не мог быть применен, поскольку Лумумба постоянно находился в движении.

Комитет Сената по надзору за разведывательными операциями, возглавляемый Фрэнком Черчем, сообщил, что ЦРУ поддерживало контакт с элементами в Конго, которые хотели убить Лумумбу. Церковный отчет предполагал, что это были агенты бельгийского правительства. Опасаясь за свою жизнь, Лумумба обратился за защитой в ООН, но ему было отказано в помощи. Вместо этого ООН поместила его под домашний арест, но ему удалось бежать на машине, предоставленной его братом, и вместе с женой и одним из детей Лумумба скрылся в Стэнливилле, где он пользовался большой поддержкой.

В отчетах ЦРУ за 1960 год говорится о том, как агентство помогло захватить Лумумбу, показав конголезским военным, как и где устанавливать блокпосты. Марионеточный лидер, назначенный Комитетом 300, некто Джозеф Мобуту, руководил поисками. Когда Лумумба был захвачен людьми Мобуту 1er декабря 1960 года, он находился в плену до 17 января 1961 года.

12 февраля 1961 года Мобуту объявил, что Лумумба сбежал из дома в отдаленном районе, где его держали, и что он был убит враждебными племенами. Но Джон Сиквелл из ЦРУ заявил, что агент ЦРУ перевозил тело Лумумбы в багажнике своего автомобиля, пока решал, что с ним делать, что именно, так и не было раскрыто. Однако ООН сообщила, что убийцами были два бельгийских наемника, полковник Гюйге и капитан Гат. Министерство юстиции завершило свое расследование, придя к выводу, что доказательств причастности ЦРУ к убийству Лумумбы нет.

Убийство Папы Римского Иоанна Павла Ier также можно назвать политическим убийством, если принять во внимание, что Ватикан - это государство, а его титулярный глава, Папа Римский, может обладать и обладает огромной властью, изменившей ход истории. Из документов, которые я изучил, следует, что четыре Папы были убиты, и все они были убиты с помощью яда.

История Папы Климента XIII (Карло Реццонико) хорошо задокументирована, если не доказана. По наущению европейских королевских особ Климент решил положить конец подрывной деятельности иезуитов в иерархии католической церкви. После нескольких месяцев ожидания прокламация Климента о подавлении ордена иезуитов была готова. Но у него никогда не было возможности прочитать его для включения в каноническое право. После ночи ужасных конвульсий и рвоты Клемент умер 12 февраля 1769 года. Прокламация Климента исчезла и больше никогда не была найдена, а иезуиты стали сильнее, чем когда-либо.

Папа Климент XIV (Лоренцо Гананелли) продолжил дело, которое Папа Климент XIII был вынужден (из-за смерти) прекратить. 16 августа 1773 года Климент издал буллу "Dominus ac Redemptor", в которой объявил иезуитов врагами Церкви. Последовали немедленные действия: арест и заключение в тюрьму генерала иезуитов и его иерархии, конфискация имущества иезуитов и закрытие их учебных заведений. Это был самый сильный удар, который когда-либо наносился иезуитам. Сразу же после этого в Ватикане стали распространяться зловещие слухи против Климента.

2 октября 1774 года Папа Климент XIV жестоко заболел и после нескольких часов ужасных страданий умер. Сильный яд, введенный неизвестными лицами, оборвал его жизнь. Яд был настолько силен, что вызвал немедленное разрушение внутренних органов, а затем удивительно быстрое разложение всего тела. Его лицо было совершенно неузнаваемо, а тело не могло лежать в состоянии покоя. Послание было ясным: оставьте масонство и иезуитов в покое, иначе вас ждет смерть.

Когда Альбини Лучани неохотно принял папскую корону и стал Папой Иоанном Павлом Ier, он сразу же осознал степень влияния масонов и иезуитов в высших советах Ватикана. Прекрасный ученый с удивительно острым умом, он был совершенно неправильно понят своими врагами; его мягкое смирение было принято за раболепие. Возможно, по этой причине среди 99 кардиналов, проголосовавших за него, были видные сторонники масонства и иезуитов.

Но позиция Папы Иоанна Павла скрывала железную волю и решимость человека, которого, когда он принял решение, невозможно было отговорить от того, что он считал нужным сделать. Либеральные кардиналы, голосовавшие за него в ошибочном убеждении, что Папой Иоанном можно легко манипулировать, были шокированы, узнав, что он намерен разоблачить масонов в иерархии Ватикана и положить конец власти большого бизнеса над Церковью.

Пабло Панераи, редактор *Il Mondo*, крупной газеты в Риме, специально напал на то, что он назвал "Ватикан Инк. Панераи назвал Менини и Пола Марцинкуса и раскритиковал их связи с Синдоной и Континентальным Иллинойским банком Чикаго. Панераи шокировал Ватикан, резко напав на епископа Марцинкуса за то, что тот входил в совет директоров банка Cisalpine Overseas Bank в Нассау, Багамы.

Этого было достаточно, чтобы Папа Иоанн Павел Ier начал действовать. 27 августа 1978 года он пригласил своего государственного секретаря, кардинала Виллота, отобедать с ним в его личной квартире. Здесь есть одна тревожная деталь: Папа Иоанн знал, что имя Виллота было в списке P2 Гелли, в котором перечислялось более 100 католических масонов в Ватикане. Этот список был изъят, когда итальянская полиция провела рейд на вилле Джелли. Почему же тогда Папа предупредил Виллота о том, что он собирается сделать?

В тот вечер, во время ужина, Папа Иоанн Павел Ier приказал Виллоту подготовить список масонов, занимающих высокие посты в Ватикане. Он сказал Виллоту, что католикам недопустимо быть частью тайной организации, которая, по его мнению, была посвящена уничтожению христианства, как установили три предыдущих Папы и как подтвердил

Вейсхаупт, основатель Иллюминатов.

Затем он приказал, чтобы после того, как Виллот выполнит свою задачу, произошла резкая перестановка в рядах масонов; они должны были быть рассеяны за границей, где они могли бы причинить меньше вреда Церкви. Согласно моим источникам в ватиканской разведке, Виллот был сначала разгневан, а затем ошеломлен, утверждая, что такие радикальные изменения приведут лишь к хаосу. Но, как и многие другие, Вийо недооценил железную решимость своего Папы. Лучани оставался непреклонным в том, что его приказ должен быть сохранен. Виллот должен подготовить список без промедления.

Больше всех теряли Марцинкус, Кальви, Синдона, Коди, де Штрёбель и Менини из "Ватикан Инк", а ведущие иезуиты рисковали потерять всю власть и влияние, если их имена появятся в списке Виллота. Сам Виллот многое терял, являясь членом эксклюзивного финансового клуба Ватикана - Управления достоянием Святого Престола. Он потерял бы свой пост ее главы, а также должность государственного секретаря Ватикана. Для Вийо, возможно, даже больше, чем для других, было абсолютно необходимо предотвратить выполнение приказа Лучани.

Месяц спустя, 28 сентября 1978 года, Вийо снова был приглашен на ужин в личную квартиру Папы. Лучани попытался успокоить страхи Виллота, говоря на французском языке, одним из многих языков, которыми он владел. По словам присутствовавшего при этом кардинала Бенелли, это никак не повлияло на ледяное отношение Виллота. Твердым голосом Лучани потребовал, чтобы его распоряжения относительно списка масонов были выполнены немедленно. Папа сказал, что его обеспокоили сообщения кардинала Беннелли о том, что Istituto per le Opere di Religione (OPR, банк Ватикана) был вовлечен в нерегулярную деятельность. Он требует, чтобы монсеньеры де Бомнис, Маркинкус, де Стрёбель и Ортолани были сняты со своих постов, а связи OPR с Синдоной и Кальви были немедленно разорваны.

Лучани запустил серию событий, которые приведут его к гибели. Другие, воображавшие, что их власть достаточна, чтобы перевесить власть масонства, не понимали, насколько ошибочными были их убеждения. Возможно, папа Климент XIV знал о своей судьбе, когда пробормотал "Я потерян", подписывая буллу о роспуске иезуитов.

Детали того, что Лучани предлагал сделать, были переданы кардиналу Бенелли, а Папа позвонил своему близкому другу, кардиналу Коломбо, в Милан и доверил ему детали. Это подтвердил отец Диего Лоренци, который звонил Папе Иоанну и слышал, что между ними произошло. Без этого не было бы записи о том, что Папа Иоанн Павел Ier потребовал от Виллота; папский документ, содержащий инструкции Виллоту передать имена масонов, никогда не был найден.

Вскоре после встречи с Виллотом, вечером 28 сентября 1978 года, Папа Иоанн Павел удалился в свой кабинет. Любопытно, что в ту ночь в Ватикане не дежурил ни один врач, и, что еще более любопытно, у квартиры Папы Иоанна не было выставлено никакой охраны. Между 21:30 вечера той ночи и 4:30 утра следующего утра был убит Папа Римский Иоанн Павел Ier . Лампа для чтения, горевшая всю ночь, была замечена швейцарским охранником, но охрана Ватикана ничего не предприняла для проверки этого необычного обстоятельства. Папа Иоанн Павел Ier был первым Папой, умершим без присмотра, но не первым, погибшим от рук отравителей.

Вийо сыграл важную роль в сокрытии смерти Лучани. Позванный сестрой Виченцой, которая ухаживала за простыми нуждами Лучани и первой обнаружила тело Папы 29 сентября, Виллот сунул в карман бутылочку с лекарством Efortil, прописанным Папе Иоанну, с прикроватной тумбочки. Затем он снял с Лучани очки и тапочки. Затем Виллот отправился в офис Папы Иоанна и изъял последнюю волю и завещание Папы. Затем он покинул квартиру, не сказав ни слова сестре Виченце, которая присутствовала при этом. Сестра Виченца описала кардиналу Беллени необычное поведение Вилло. Когда Беллени задал ему вопрос о его действиях, Виллот опроверг сообщение сестры Виченцы. Он также солгал об обстоятельствах обнаружения тела Лучано.

От рук отравителей погибли и другие люди, например, президент Закари Тейлор, который поплатился жизнью за отказ выполнять приказы масонства. Эти приказы были отданы представителем Мадзини из Леона, основателем "Молодой Америки", масонского движения. Вечером 4 июля 1850 года Тейлору стало плохо, и его начало рвать густой черной субстанцией. Он умер медленной и мучительной смертью, которую врачи объясняют тем, что он "выпил слишком много холодного молока и съел слишком много вишни". Но это не объясняет наличие густой черной субстанции. Рвота такой степени тяжести указывает на наличие смертельного яда. Как и в случае с Папой Иоанном Павлом Ier, вскрытие Тейлора не проводилось, и способ его смерти был описан вскользь врачами, которые не могли знать точной причины. В этом отношении к смерти Папы Иоанна Павла Ier врач Ватикана, доктор Буццоннетти, который должен был иметь самые серьезные подозрения в нечестной игре, отнесся столь же бесцеремонно.

Убийство конгрессмена Луиса Т. Макфаддена стало результатом его лобовой атаки на Федеральный резервный совет и Федеральные резервные банки - самую священную из многочисленных священных коров тайного правительства Америки. Макфадден был председателем банковского комитета Палаты представителей в 1920 году. Он открыто нападал на руководителей Федеральной резервной системы и обвинял их в том, что они стали причиной краха на Уолл-стрит в 1929 году.

Война Макфаддена против Федеральной резервной системы имела последствия для всего Вашингтона. Джордж Стимпсон, основатель *Национального пресс-клуба*, сказал, что обвинения Макфаддена в адрес губернаторов невероятны, и что общество не может поверить в то, что говорит Макфадден. Но когда Макфаддена обвинили в сумасшествии, именно Стимпсон сказал, что ни на минуту не верит в это.

Макфадден вел неустанную войну против Федерального резерва более 10 лет, разоблачая некоторые из самых гнусных преступлений $20^{\text{ème}}$ века. Одно из самых язвительных обвинений Макфаддена заключалось в том, что Федеральная резервная система вступила в коварный сговор с целью уничтожения конституционного правительства Соединенных Штатов. Он также нападал на президента Рузвельта и международных банкиров.

В пятницу 10 июня 1932 года Макфадден сделал следующее заявление в Палате представителей

"Господин президент, у нас в стране один из самых коррумпированных институтов, которые когда-либо видел мир. Я имею в виду Совет Федеральной резервной системы и банки-члены Федеральной резервной системы. Федеральный резервный совет, правительственный совет, обманом лишил Соединенные Штаты и их народ достаточного количества денег для выплаты государственного долга... Это зловещее учреждение обнищало и разорило народ Соединенных Штатов; оно разорило себя и практически разрушило наше правительство. Это произошло из-за недостатков закона, в соответствии с которым он действует, из-за неправильного управления этим законом Федеральным резервным советом и из-за коррумпированной практики денежных стервятников, которые его контролируют".

В своей пламенной и бесстрастной речи в Палате представителей 23 мая 1933 года Макфадден сказал

"Господин президент, нет ни одного человека в пределах слышимости, который бы не знал, что эта страна попала в руки международных банкиров, и здесь мало членов, которые не сожалеют об этом... Господин президент, мы сегодня на палубе. Наш враг, тот самый коварный враг, наступает на нас. Господин президент, я умру на месте, прежде чем отдам ему один квадратный дюйм американской земли или один доллар из его военного долга перед нами.

"Господин президент, я требую, чтобы золотой запас Соединенных Штатов был изъят из Федеральных резервных банков и помещен в Казначейство Соединенных Штатов. Я требую провести аудит финансовых дел правительства США сверху донизу. Я требую возобновления денежных выплат на основе полной стоимости золота и серебра...".

Этот донос, а затем разоблачение Макфаддена в том, что "Облигации репараций" и "Иностранные ценные бумаги" были вложены в ремонтные облигации немецкого рынка на сумму 100 миллионов долларов, настолько потрясли высокопоставленное секретное параллельное правительство, что конспирологи считают, что именно в этот момент был отдан приказ навсегда заставить Макфаддена замолчать.

Всего на жизнь Макфаддена было совершено три покушения. Первый случай произошел, когда он присутствовал на званом ужине и внезапно жестоко заболел. Сидевший рядом с ним врач смог вырвать его из лап смерти. Вторая попытка произошла, когда Макфадден выходил из такси возле Капитолия. Было произведено два выстрела, но оба промахнулись. Третья попытка, которая оказалась успешной, произошла в Нью-Йорке, где Макфадден присутствовал на очередном званом ужине. И снова у него случился сильный приступ рвоты, и он умер, прежде чем помощь смогла добраться до него. Отравителю удалось избавить международных банкиров и Совет управляющих Федеральной резервной системы от единственного человека, который мог бы полностью разоблачить их деятельность и настроить нацию против них, заставив прекратить их контроль над нашей денежной системой.

Доктор Хендрик Вервурд - отец "апартеида" в Южной Африке. Уроженец Голландии, доктор Вервурд пронесся по политическому ландшафту Южной Африки как колосс. Бесстрашный и презирающий машину Оппенгеймера и либеральных политиков, которых она контролировала, доктор Вервурд не терял времени на нападки на международных банкиров и их лакеев в Южной Африке.

Вервурд презирал Организацию Объединенных Наций и весьма критически относился к ее вмешательству во внутренние дела Южной Африки, в частности, к ее приглашению в Индию для обсуждения дискриминации индийцев в Южной Африке. Индейцы были потомками подневольных работников, привезенных в Южную Африку Сесилом Джоном Родсом. Как класс они добились огромного процветания, в основном за счет коренного населения банту, что объясняется беспорядками 13 января 1949 года между зулусами и индийцами в Дурбане, в результате которых погибло 100 человек и более 1000 получили ранения. Большинство жертв были индейцами.

Доктор Вервурд не хотел иметь ничего общего с индейцами, утверждая, что все их лидеры - коммунисты. Позже, после его убийства, его утверждение, похоже, было подкреплено тем фактом, что юридическое представительство индийцев и чернокожих, обвиняемых в политических преступлениях, попало в руки индийских адвокатов, все из которых принадлежали к Индийскому конгрессу, организации, связанной с коммунизмом.

27 апреля 1950 года был представлен законопроект о групповых районах, основной целью которого была сегрегация рас по различным районам. После беспорядков в апреле 1953 года было введено и реализовано новое антитеррористическое законодательство.

Затем "Комитет 300" нашел лазутчика в лице Алана Патона, чья книга "Cry the Beloved Country" была искусственно превращена во всемирно признанное произведение литературы. Патон был любимцем либералов, которые сделали из крайне неприятного человека своего рода героя. Патон основал Либеральную партию, которая выступала за голосование для "всех цивилизованных людей". В этом его поддерживала мощная машина Оппенгеймера. Доказательства этих обвинений можно найти в файлах *Sunday Times*, газеты из Йоханнесбурга, принадлежащей Оппенгеймеру.

Доктор Вервурд был избран премьер-министром 3 сентября 1958 года. 5 октября 1960 года на референдуме было одобрено предложение об установлении республиканской формы правления и прекращении членства в Британском Содружестве. 31 мая 1961 года д-ра Вервурда встречали как героя по возвращении из Лондона, где он выступил в британском парламенте с "бомбовой" декларацией о выводе войск. Организация Объединенных Наций немедленно обратилась к своим государствам-членам с просьбой запретить продажу военного оборудования Южной Африке.

Политические линии были проведены во время третьей англо-бурской войны. 20 апреля 1964 года так называемая группа экспертов ООН выпустила доклад, призывающий к созданию нерасовой демократии в Южной Африке, полностью игнорируя кастовую систему, существовавшую в Индии на протяжении сотен лет. Кастовая система, строгая сегрегация социальных классов, гораздо более суровая, чем в Южной Африке, остается в силе. Даже сегодня Организация Объединенных Наций хранит молчание по поводу "апартеида" в Индии.

Доктор Вервурд управляет страной упорядоченно и не терпит никаких черных или индийских антиправительственных групп. 12 июня 1964 года Нельсон Мандела и семь чернокожих были пойманы за изготовлением бомб и хранением запрещенной коммунистической литературы. Наставники Манделы - инициаторы этих преступлений - Абрамс и Вольпе - бежали из страны, но Мандела и его сторонники были приговорены к пожизненному заключению за саботаж, воровство, насильственные преступления и попытки подрыва правительства.

Судебное разбирательство было проведено абсолютно справедливо в рамках независимой судебной системы Южной Африки. Мандела был заключен в тюрьму за обычные преступления, а не по политическим причинам. Материалы дела, которые я изучал в Верховном суде Рэнда, ясно указывают на характер гражданских преступных деяний, за которые был осужден Мандела. Именно западная пресса затушевала эту правду и создала впечатление, что Мандела был заключен в тюрьму по политическим причинам. США и Великобритания никогда не пытались быть объективными в отношении Манделы.

6 сентября 1966 года доктор Вервурд был зарезан посыльным во время заседания парламента в Кейптауне. Посыльный был хорошо известен, он занимал эту должность в течение многих лет и был знакомой фигурой, которая свободно перемещалась по палате, раздавая бумаги и документы отдельным членам. Полиция сделала очевидный вывод, что к убийству причастны иностранные элементы. Темные силы уже работали над тем, чтобы уничтожить Южно-Африканскую Республику.

Убийца был описан как "психически ненормальный", но агенты спецслужб всего мира считали, что он был запрограммирован на совершение убийства, зная то, что мы знаем сегодня об использовании гипноза спецслужбами. До нападения на доктора Вервурда убийца не проявлял никаких признаков психического расстройства. Вопрос: "Кто отдал приказ об убийстве Вервурда и кто составил программу? "В то время только две спецслужбы имели полномочия проводить миссии, связанные с контролем сознания: ЦРУ и КГБ. Доказать ничего не удалось, но общее мнение таково, что убийство было делом рук ЦРУ.

В 1966 году секретные эксперименты ЦРУ с гигагерцовыми лучами, изменяющими сознание, не были достоянием общественности и оставались секретными до тех пор, пока Джон Маркус в 1977 году и Гордон Томас в 1990 году полностью не разоблачили действия ЦРУ в этой области.

Некоторые эксперты теперь убеждены, что доктор Вервурд был одной из первых жертв этих экспериментов ЦРУ.

Как и многие другие, я написал глубокую книгу об убийстве Джона Ф. Кеннеди. Многие из заявлений, которые я сделал, не могли быть подтверждены в то время, но теперь другие независимые источники подтверждают мои слова. На сегодняшний день никто из исполнителей этих чудовищных преступлений не арестован, и маловероятно, что кого-либо из них когда-либо удастся задержать. Угроза убийства любым способом всегда нависает над всеми национальными лидерами, особенно в Соединенных Штатах, где, если кто-то возьмет на себя смелость раскрыть правду, нельзя исключать возможность причинения вреда.

Одним из таких источников является Роберт Морроу, бывший сотрудник ЦРУ по контракту. Морроу подтверждает, что Кеннеди должен был умереть, потому что его не любили в ЦРУ и потому что он объявил, что избавится и от Гувера, и от Линдона Джонсона. Морроу подтвердил то, что я сказал о Типпите, что он был послан убить Освальда, чтобы помешать ему говорить, но Освальд, узнав его, выстрелил в него первым.

Морроу также подтвердил мои слова о том, что Освальд после стрельбы отправился в кинотеатр для встречи с Джеком Руби. Морроу также подтвердил, что Освальд никогда не стрелял в Кеннеди и что во время стрельбы Освальд находился на втором этаже Техасского хранилища школьных книг, пил колу и ел сэндвич.

Морроу также считает, что Кеннеди был убит выстрелом в голову с травянистого холма перед кортежем. Он также подтвердил мой рассказ о том, что лимузин президента был увезен с места происшествия и отправлен на разборку, прежде чем кто-либо смог провести полную экспертизу.

Морроу делает несколько интересных утверждений; в частности, одно из них гласит, что Джордж Буш получил должность директора Центральной разведки (DCI) с единственной целью - помешать сенатскому церковному комитету получить все факты об убийстве Кеннеди, что он и сделал. Морроу также утверждает, что Буш знает все, что можно знать об убийстве Кеннеди.

XI. Апартеид и кастовая система в Индии

Комитет 300 много говорил о "зле" политики расового разделения в Южной Африке. Однако о жестком разделении классов в индийском обществе практически ничего не сказано. Может быть, Южная Африка подвергается нападкам, потому что она обладает самыми богатыми месторождениями золота в мире, в то время как Индия имеет лишь несколько природных ресурсов меньшей ценности?

При активной поддержке коварного хозяина Сесила Джона Родса, слуги Ротшильдов, ковровые мешочники и полчища иностранцев, которые хлынули в Трансвааль после объявления об обнаружении золота, подняли агитацию за "права". Эти странники и охотники за удачей требовали избирательного права - первой из афер "один человек - один голос", использовавшейся для того, чтобы отделить бурский народ и его потомков от национального суверенитета. Агитация была организована политической машиной Ротшильдов-Родсов в Йоханнесбурге и тщательно контролировалась лордом Альфредом Милнером из Лондона.

Для бурских лидеров было очевидно, что если разрешить новоприбывшим голосовать, то их правительство будет сметено ордами иностранных авантюристов, которые обрушились на них. Когда стало ясно, что бурские лидеры не собираются безропотно позволить лишить свой народ политических прав в соответствии с требованием "один человек - один голос", планы войны, которые разрабатывались в течение года, пока министры и эмиссары королевы Виктории говорили о мире, вырвались на сцену.

Королева Виктория отправила самую мощную армию, когда-либо собранную для борьбы с крошечными бурскими республиками. Нужно обладать живым воображением, чтобы поверить, что английская королева заботилась об избирательных правах охотников за состоянием и ковровых мешочников, которыми кишели бурские республики. После трех лет жесточайшего конфликта, в ходе которого британцы не проявили милосердия к бурским женщинам и детям, 25 000 из которых погибли в первых в истории концентрационных лагерях. Буры, в основном непобежденные на поле боя, были вынуждены сесть за стол переговоров. В Верееннигинге, где проходила конференция, буров лишили всего, за что они выступали, включая огромные богатства, которые лежали под бесплодной почвой их республик.

Важно помнить, что буры были набожной христианской нацией. Приспешники и советники королевы Виктории - иллюминаты-гностики-катаристы-богомилы - были полны решимости не только победить буров военным путем и захватить минеральные богатства их республик, но и сокрушить их, уничтожить их язык и культуру. Главным архитектором этого преступного предприятия был надменный аристократ лорд Альфред Милнер, который в 1915 году финансировал большевиков и сделал возможной "русскую" революцию. Британцы изгнали Пауля Крюгера, почтенного президента Трансвааля, вместе с большинством его министров и теми, кто возглавлял вооруженную борьбу против британского империализма. Это первый зарегистрированный случай такого варварского обращения со стороны якобы цивилизованной страны.

Причина, по которой вопиющий и необузданный апартеид процветал и продолжает процветать в Индии, заключается в том, что Индия является родиной религии Нового века, которой отдают предпочтение черная аристократия Венеции и олигархи Великобритании. Религия Нью Эйдж полностью основана на индуистской религии. Первосвященнице теософии Анни Безант приписывают адаптацию индуистской религии к идеям Нового времени после посещения Индии в 1898 году.

Идея "один человек - один голос", в которой апартеид изображается злодеем, не имеет места в американской истории. Это была просто уловка, чтобы убедить мир в том, что Организация Объединенных Наций озабочена благополучием черных племен Южной Африки (черные разделены на 17 племен и не являются однородной нацией политически единых людей). Шумиха вокруг борьбы с апартеидом была поднята для прикрытия истинной цели - получения полного контроля над огромными минеральными богатствами Южной Африки, которые теперь перейдут к Комитету 300. Как только эта цель будет достигнута, Мандела будет отброшен в сторону как изношенный инструмент, отслуживший свое.

Конституция США не предусматривает "один человек - один голос", и это замечание может затеряться в криках о "зле южноафриканского апартеида", как его любит называть Мандела.

Конгресс США определяется Бюро переписи населения путем подсчета населения в определенных районах раз в десять лет, а не на основе принципа "один человек - один голос". Именно поэтому каждые четыре года происходит масштабная перекройка границ. Именно количество людей, проживающих в этих границах, затем выбирает своего представителя.

Либеральные политики могут захотеть иметь чернокожего или испаноязычного представителя в данном регионе, который, как они надеются, будет голосовать вместе с ними по их либеральной повестке дня. Но в регионе может не быть достаточного количества чернокожих или испаноязычных избирателей, чтобы добиться необходимых изменений, поэтому либеральные политики будут пытаться добиться изменения границ, даже используя смехотворную уловку соединения двух регионов, разделенных 100 милями, узким коридором между ними. Идея заключается в том, что если чернокожие или латиноамериканцы в целевом районе находятся в меньшинстве, то путем соединения двух районов можно создать большинство, которое изберет чернокожего или латиноамериканского представителя, подчиняющегося либералам в Палате представителей и Сенате.

Во время шумихи вокруг апартеида британская пресса тщательно скрывала гораздо больший апартеид, который предшествовал ЮАР на сотни лет: индийскую кастовую систему, которая действует и по сей день и все еще жестко соблюдается.

Со времени вторжения англичан в Индию в 1582 году суфии использовались для того, чтобы разделить мусульман и сикхов и настроить их друг против друга. В 1603 году Джон Милденхолл прибыл в Агру в поисках концессий для английской Ост-Индской компании, основанной в Лондоне 31 декабря 1600 года. Компания изменила свое название на Британскую Ост-Индскую компанию и использовала своих агентов, чтобы сломить власть сикхов, которые выступали против кастовой системы. В 1717 году взяток и обманчивой дипломатии, а также пожертвований в виде медицинских товаров было достаточно, чтобы добиться крупных уступок от Моголов, которые также освободили БЭИК от налогов на доходы от выращивания мака и производства опиума-сырца.

К 1765 году Клайв Индийский, легендарная личность в период британской оккупации Индии, установил полный контроль над богатейшими в мире маковыми полями в Бенгалии, Бенаресе и Бихаре, осуществляя контроль над сбором доходов с Моголов. К 1785 году торговля опиумом была прочно захвачена БИК под руководством сэра Уоррена Гастингса. Одна из индийских "реформ" Гастингса заключалась в том, чтобы закрепить за собой все земли, на которых выращивался мак, и поставить их под свой контроль. Это включало в себя производство опия-сырца.

Британская корона продлила действие устава BEIC на 30 лет после того, как в 1813 году в парламент были поданы соответствующие представления. В 1833 году парламент вновь продлил устав БЭИК еще на 20 лет. Видя, что власть ускользает от них, индийская высшая каста начала восставать против британского правления через БЕИК. Чтобы предотвратить это, британский премьер-министр обманул индийское руководство, приняв 2 августа 1856 года Акт о правительстве Индии. Этот акт якобы передал все активы и земли БИК в Индии британской короне. Этот дипломатический маневр был основан на чистой лжи, потому что на самом деле ничего не изменилось. БЭИК была короной.

Премьер-министр Дизраэли сделал еще один шаг вперед, когда в 1896 году по его инициативе парламент объявил королеву Викторию "императрицей Индии". В том же году от голода погибло более 2 миллионов индийцев из низших каст. В общей сложности, во время британского правления (навязанного БИК) более 6 миллионов индийцев из низших каст умерли от голода. В Южной Африке никогда не происходило ничего даже отдаленно напоминающего эту катастрофу. Во время спровоцированных ЦРУ беспорядков "Шарпевиль" Южная Африка стала предметом мирового возмущения и осуждения, когда силами безопасности было убито менее 80 чернокожих участников беспорядков. Черных подстрекали к бунту внешние силы, не понимая, что их используют.

Кастовая система "джати" в Индии на 100% основана на расовой принадлежности. На вершине пирамиды находятся арийцы (белые с голубыми глазами, предположительно потомки Александра Македонского - грека, захватившего страну). Непосредственно под ними находятся брамины, цвет кожи которых варьируется от белого до светло-коричневого. Из этой касты происходят жрецы-брамины. Ниже браминов стоят воины и правители, называемые кшатриями, которые также очень светлокожи. Ниже кшатриев стоят вайшьи, класс мелких чиновников, купцов, торговцев, ремесленников и квалифицированных рабочих. У них более темная кожа.

Далее следуют судры или неквалифицированные рабочие, те, кто не является сантехником, электриком, автомехаником или другим. Наконец, в самом широком основании пирамиды власти находятся "хариджаны", что буквально означает "отверженные", известные под общим названием "парии". Они также известны как "неприкасаемые" и имеют очень темную или черную кожу. Чем темнее их кожа, тем менее они "осязаемы". В 1946 году лорд Луис Маунтбаттен (Баттенберг), непосредственно представляя Комитет 300, предложил Индии полную независимость - уловка для подавления жестоких беспорядков, вызванных непрекращающимся голодом, который забрал печень сотен тысяч хариджан. Это событие было в значительной степени проигнорировано западной прессой. Еще одним пустым жестом "неприкасаемость" была объявлена незаконной год спустя, но практика продолжалась, как будто закон никогда не был принят.

Неприкасаемость" была самой жестокой из всех жестких кастовых систем в Индии. Это означало, что хариджанам не разрешалось прикасаться к представителям других каст.

Если такое случалось, обиженный представитель высшего класса имел право убить обидчика-хариджана. Система жесткого разделения была не только классовой мерой, но и была призвана предотвратить распространение болезней, которые были распространены среди хариджан.

Хариджаны - самая многочисленная расовая группа в Индии, и на протяжении веков они подвергались скандальному жестокому обращению и насилию. Когда хочется политических перемен, эту группу используют как пушечное мясо, считая их жизнь малоценной или вообще не ценной. Это было продемонстрировано, когда хариджан использовали для разрушения древней мечети в Индии, чтобы добиться политических перемен в индийском правительстве. Об этом зле редко, если вообще когда-либо, упоминается в западной прессе или на телевидении.

К сожалению для черных, они являются лишь пешками в игре. Их значение закончится, когда Комитет 300 достигнет своей цели, а Мандела будет выброшен как износившийся инструмент, отслуживший свой век. После этого к ним будет применена программа сокращения численности населения "Global 2000". Они заслуживают лучшей участи, чем судьба контролеров Манделы, Оппенгеймеров и Комитета 300.

XII. Заметки о массовом наблюдении

США и Великобритания очень тесно сотрудничают друг с другом, шпионя за своими гражданами и иностранными правительствами. Это относится ко всему трафику: коммерческим, дипломатическим и частным сообщениям. Нет ничего святого и ничего недоступного для Агентства национальной безопасности (АНБ) и Штаб-квартиры правительственной связи (GCHQ), которые объединили свои усилия для незаконного массового мониторинга телефонных, телексных, факсимильных, компьютерных и голосовых передач.

Оба агентства имеют опыт прослушивания любого человека в любое время. Каждый день станции прослушивания GCHQ, расположенные в Менвит Хилл в Йоркшире и Морвенстоу в Корнуолле, Англия, принимают 1 миллион сообщений. Эти станции эксплуатируются АНБ для обхода британских законов, запрещающих национальной безопасности шпионить за своими гражданами. Технически, GCHQ не нарушает закон Великобритании, поскольку перехваты осуществляются АНБ.

Компьютеры GCHQ/NSA ищут триггерные слова, которые помечаются и сохраняются. Это простая процедура, поскольку все сообщения передаются в виде цифровых импульсов. Это относится как к письменному, так и к устному общению. Затем отмеченные сообщения анализируются, и если в них есть что-то, представляющее интерес для этих агентств, начинается дальнейшее расследование. Тот факт, что вся операция является незаконной, не мешает ни одному из этих агентств выполнять поставленную перед ними задачу.

Компьютеры HARVEST АНБ могут считывать 460 миллионов символов в секунду, что эквивалентно 5000 страницам книг. В настоящее время, по оценкам разведки, компьютеры HARVEST, используемые GCHQ и АНБ, перехватывают более 80 миллионов звонков в год, из которых 2,5 миллиона помечаются и сохраняются для дальнейшего изучения. Оба агентства располагают большим штатом специалистов, которые путешествуют по миру, находя и оценивая новые продукты, которые могут быть использованы для защиты частной жизни, и которые они затем находят способы нарушить.

С появлением мобильных телефонов возникла серьезная проблема. В настоящее время трафик мобильных телефонов "прослушивается" путем прослушивания сотовых сигналов (которые предназначены для выставления счетов), а различные сотовые коды, которые имеют свою собственную идентификацию, отслеживаются, чтобы отследить происхождение звонка. Но мобильные телефоны нового поколения A5 представляют серьезную проблему для правительственного шпионажа.

Эти новые телефоны имеют код скремблирования A5, очень похожий на военные системы скремблирования, что делает практически невозможным для правительственных агентств расшифровать сообщения и отследить происхождение звонка. В настоящее время командам GCHQ и АНБ потребуется 5 месяцев, чтобы расшифровать сообщения, передаваемые мобильными телефонами A5.

Правительство утверждает, что это серьезно затруднит его усилия по борьбе с незаконным оборотом наркотиков и организованной преступностью - старое неубедительное оправдание, которое мало кто принимает. Ничего не говорится о том, что в ходе этих мер по борьбе с преступностью грубо нарушаются права граждан на частную жизнь.

Теперь АНБ, ФБР и GCHQ требуют отозвать мобильные телефоны с существующей глушилкой A5 для "модификации". Хотя они не говорят об этом, правительству необходимо иметь такой же доступ к частным передачам, какой оно имело до появления системы глушения А5. Поэтому британские и американские правительственные агентства требуют, чтобы система глушения сотовой связи А5 была заменена системой А5Х, которая дает им "дверь-ловушку" к ранее защищенным мобильным телефонам.

Звонки по стационарным телефонам (местные звонки) легко перехватываются путем "переключения" на информационный центр, которым управляют АНБ и GCHQ. Междугородние звонки не являются проблемой, поскольку они обычно передаются с помощью микроволновых вышек и легко улавливаются из эфира. Кроме того, у АНБ есть спутники RHYOLITE, которые способны принимать все разговоры, передаваемые по телексу, микроволновым, радиотелефонным, УКВ и УВЧ сигналам.

Брюс Локхарт из МИ-6, контролер Ленина и Троцкого

Сидней Рейли - специалист МИ-6 по экономике.

Сомерсет Моэм - специальный агент МИ-6 при Керенском.

Штаб-квартира МИ-6, Лондон.

Бывший президент США Буш и эмир Аль-Сабах.

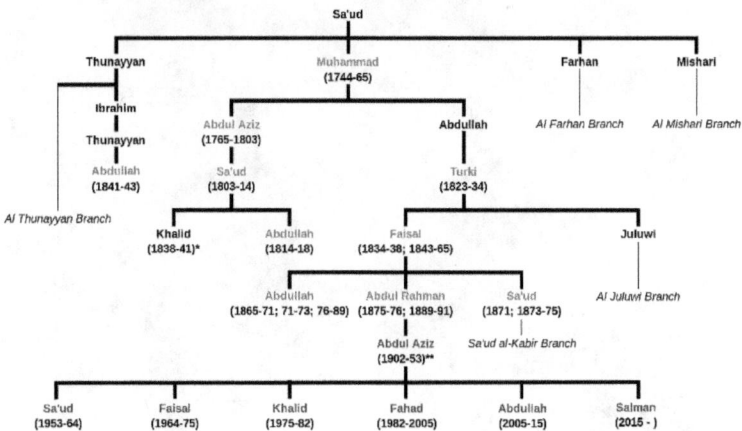

Саудовская династия ваххабитов.

Примечания к источникам

Источником информации об убийстве **Мартина Лютера Кинга-младшего** является репортаж Associated Press из Мемфиса от 9 апреля 1965 года. Два других репортажа Associated Press были сделаны в Мемфисе, один - Доном Макки, другой - Гейлордом Шоу, 14 апреля 1965 года. Настоящего убийцу увидел репортер *New York Times* Эрл Колдуэлл, которого так и не допросили ни правоохранительные органы, ни следственные агентства.

Личные бумаги Витторио Орландо.

Личные бумаги генерала Антона Деникина.

Протоколы заседаний конференции в Сан-Ремо.

Документы Конгресса США, Палаты представителей и Сената.

Протоколы заседаний, Лозаннская конференция.

Уэллс. Г. Г. "После демократии".

Рассел. Сэр Бертран. "Влияние науки на общество.

Британская Ост-Индская компания (ВЕІС). Индия Хаус, Лондон. Вильсон, президент Вудро.

Записи Конгресса, Палата представителей и Сенат.

Документы Версальского договора, Париж, Франция.

Ян Кристиан Смутс. Мемориальный архив бурской войны, Претория.

Требования союзников о репарациях. Версальская и Сан-Ремоская конференции.

Собрание речей конгрессмена Л.Т. Макфадден. Документация Лиги Наций, Женева.

Королевский институт международных отношений.

Доктор КоИман, "Комитет 300".

Социализм: Ф. Д. Рузвельт "Наш путь". Коммунистический манифест 1848 года.

"Fabian Freeway: дорога к социализму в Америке". Роуз Мартин.

Сенатор Уолш. Диктатура "большой пятерки" в Организации Объединенных Наций.

Записи Конгресса, Сенат, страницы 8165-8166.

Доктор Дж. Коулман. "Рассмотрены цели войны в Персидском заливе".

Публичный закон 85766, раздел 1602. Публичный закон 471, раздел 109.

Джон Рарик. "ООН - творение невидимого правительства".

Записи Конгресса, Палата представителей, страницы Е 10400-10404, 14 декабря 1970 года.

Дебаты между сенатором Алленом и сенатором Теллером Записи Конгресса (Сенат) 6586-6589 1 июля 1898 года.

Доктор Дж. Коулман. "Не суверенное тело.

Устав Организации Объединенных Наций, известный как "Устав". Страницы 2273-2297 Записи Конгресса, Палата представителей 26 февраля 1900 года.

Представитель Смит. Пределы президентской власти Запись Конгресса, страница 12284.

Аллен Даллес. Давление на Конгресс, запись Конгресса, страницы 8008 - 80209, 25 июля 1945 года.

Леонард Мосли. "Даллес; биография Элеоноры, Аллена и Джона Фостера Даллесов". "

Конституционное право. Судья Кули. Конституция не отступает перед договором или статутом.

Профессор ван Халст "Конституционное право США".

Хаус, Кол. CFR и контролер Вильсона и Рузвельта, документы из Британского военного музея и Британского музея, Лондон.

Доктор Дж. Коулман "Иностранная помощь - это невольное рабство". Страна Аравия. Британский музей и Каирский музей.

Принципы Корана. Из Корана.

Лоуренс Аравийский предал. Сэр Арчибальд Мюррей Арабские документы.

Депеши Министерства иностранных дел Великобритании, Британский музей, Лондон.

Декларация Бальфура.

Документы сэра Артура Бальфура, Британский музей, Лондон.

Генерал Эдмунд Алленби, Палестинские документы, Британский музей, Лондон.

Луис Фишер. "Нефтяной империализм: международная борьба за нефть".

Независимость Ирака.

Протокол 1923 года. Документы Лиги Наций, Женева.

Л. М. Флеминг, Нефть в мировой войне.

Анналы Американской академии политических наук. Приложение за май 1917 года, "Мексиканская конституция".

Вашингтонское советское обозрение, январь 1928 года. *Лондон Петролеум Таймс*, 26 ноября 1927 года.

Доктор Дж. Коулман "Уильям К. Д'Арси. Таинственный новозеландец, проложивший путь для Комитета 300 нефтяных компаний. Комитет 300".

Турецкая нефтяная компания. Документы сэра Перси Кокса, Лондонский нефтяной институт, Министерство иностранных дел, Лондон.

Статус Кувейта и Мосула остается неясным.

Протоколы заседаний конференций в Сан-Ремо и Лозанне, 1920 и 1923 гг.

Статус Палестины.

Белая книга Комиссии Пасфилда Великобритании.

Консульская директива Государственного департамента США от 16 августа 1919 года. Подчеркивает жизненную необходимость для США получить иностранные нефтяные концессии и призывает сотрудников консульств шпионить за иностранными агентами, конкурирующими с США за контроль над нефтью.

Государственный департамент "Внешние отношения Соединенных Штатов". 1913 г. стр. 820.

Федеральная торговая комиссия, стр. XX-XXI, 69-й Конгресс, Государственный деп. док. том 10 стр. 3120.

Мор, Антон. "Нефтяная война".

Итон, М. Дж. "Ответ нефтяной промышленности сегодня".

Торговый департамент T.I.B № 385 "Иностранные комбинации для контроля цен на сырье".

Бертран Рассел. "Одним из важнейших видов сырья является нефть". Заявление сделано в 1962 году.

Кулидж. Федеральный совет по сохранению нефти. Политика "открытых дверей" федерального правительства в отношении нефти. Высказывания Чарльза Эванса Хьюза в этом совете.

Нефтяные и земельные концессии с Мексикой : из архивов Библиотеки Конгресса Договор Гваделупе и Идальго, 1848.

"Рокфеллеровские интернационалисты" Эммануэль Джозефсон описывает международную нефтяную политику Р. Рокфеллера.

Скандал вокруг Teapot Dome. Роль Альберта Б. Падение и происхождение термина "падший парень".

Использованные документы взяты из источников в Британском музее, записей Конгресса, Палаты представителей и Сената и газетных сообщений того времени.

Слушания Комитета по международным отношениям Сената по "Революции в Мексике" 1913 г. В 1912 году президент Вильсон взбудоражил американский народ, назвав "угрозу Уэрты" опасностью для Панамского канала.

Генри, Дж. Д. "Захват российской нефти, Баку и богатая событиями история". Испанский де ла Трамерга, Пьер. "Мировая борьба за нефть".

Обзор Советского Союза, янв.1928.

McFadden, L.T. Соглашение Уэрта-Томас Ламонт

Информационное бюро Советского Союза. "Экономические условия России 1928".

Раздел Палестины.

"Евреи и арабы не могут жить вместе". Отчет Комиссии Пиля, документы Министерства иностранных дел Великобритании.

Меморандум Госдепартамента Джеймсу Бейкеру III, октябрь 1989 года. "Отгородиться от сельскохозяйственного департамента" в связи со скандалом вокруг БНЛ.

Директива национальной безопасности 26 по Ираку и БНЛ, санкционирующая предоставление Ираку расширенных кредитов.

Меморандум Федерального резервного банка Нью-Йорка от 6 февраля. Раскрывает механизмы сокрытия кредитов СНЛ для Ирака.

Межведомственный комитет заместителей по меморандуму Совета национальной безопасности созывает совещание в Белом доме, чтобы ограничить ущерб от БНЛ-Ирак.

"Резидент Буша фальсифицирует численность иракских войск. Совместное заседание Конгресса, запись Конгресса 11 сентября 1990 года.

Генри Гонсалес задает неудобные вопросы: Записи Конгресса, Палата представителей и письма генеральному прокурору Торнбургу сентябрь 1990 года. Копии писем Палаты представителей, Congressional Record.

Уильям Барр, генеральный прокурор, отказывается сотрудничать с конгрессменом Гонсалесом. Письма май 1992 года.

Судебные документы, судья Марвин Шуб, Кристофер Другал, дело BNL, Атланта, судья Шуб просит Министерство юстиции назначить специального прокурора.

Письмо сенатора Борена генеральному прокурору Барру с просьбой о назначении специального прокурора. 14 октября 1992 года.

"Продажа книг" Ираку и Ирану. Показания Бен Маше на суде в 1989 году, взятые из судебных документов.

Доктор Джон Коулман. "Сесил Джон Родс, экстраординарный

заговорщик".

Доктор Дж. Коулман. "В Конституции нет закона "один человек - один голос"".

Британская торговля опиумом с Индией.

India House Документы о Британской Ост-Индской компании, India House, Лондон. Упоминается Джон Милденхолл, который получил первую индийскую концессию. В книге также есть подробности о работе "Клайва из Индии" и о том, как различные опиумные "хартии" заключались с индийскими моголами.

Дизраэли. Речь в Палате общин об индийской политике, "Хансард" 1896 г.

Томспон-Урруттийский договор 20 апреля 1921 года. Документы Британского музея и записи Конгресса, Палаты представителей и Сената.

"Право народов" Ваттеля о договорах и соглашениях. Доктор Малфорд. "Суверенитет наций".

Джон Лоун. Директор Агентства по борьбе с наркотиками США (DEA). Письмо Мануэлю Норьеге, 27 мая 1987 года.

Британская секретная разведывательная служба.

Первые дни, сэр Фрэнсис Уолсингем, шпион королевы Елизаветы I, документы в Британском музее, Лондон.

Джордж Бернард Шоу. "Заметки о Фабианском обществе".

Уже опубликовано

Antony Sutton придерживается конкретной, поддающейся проверке и подтвержденной документации

Ротшильды были не казначеями, а лидерами этого первого тайного коммунизма. Ведь хорошо известно, что Маркс и высшие руководители Первого Интернационала находились под руководством барона Лионеля де Ротшильда...

Важный исторический труд

Именно в это время были открыты два опасности для существования немецкого народа мои: марксизм и иудаизм.

Документ исторического интереса

www.ingramcontent.com/pod-product-compliance
Lightning Source LLC
Chambersburg PA
CBHW070740270326
41927CB00010B/2053